CLASSIQUE

Collection fondée en

conti

LÉON LEJEALLE (1949 à 1968)

Agrégé

DU BELLAY

LA DÉFENSE ET ILLUSTRATION DE LA LANGUE FRANÇAISE

extraits

ŒUVRES POÉTIQUES DIVERSES

extraits

avec une Notice biographique, une Notice historique et littéraire, un Index des thèmes de la Défense et illustration, un Lexique du vocabulaire des poésies, un Index des noms propres, des Notes explicatives, une Documentation thématique, des Jugements, un Questionnaire et des Sujets de devoirs,

par

YVONNE WENDEL-BELLENGER

Agrégée des Lettres modernes
Assistante à la Sorbonne

LIBRAIRIE LAROUSSE

17, rue du Montparnasse, 75298 PARIS

RÉSUMÉ CHRONOLOGIQUE
DE LA VIE DE DU BELLAY
1522-1560

1522 (date actuellement admise) — **Naissance, au château de la Turme-lière, dans la paroisse de Liré, de Joachim du Bellay.** Son père, Jean, est le cousin germain des frères Guillaume du Bellay, seigneur de Langey et futur gouverneur du Piémont, et Jean du Bellay, le futur cardinal, évêque de Paris, tous deux protecteurs de Rabelais.

1523-1531 — Mort de ses parents. Joachim est confié à la tutelle de son frère aîné, René, qui ne s'occupe guère de lui : enfance délaissée, passée au contact de la nature.

1545-1546 — Études de droit à l'université de Poitiers. Du Bellay y fréquente un milieu lettré, épris de culture et de poésie. Il se lie avec l'humaniste Muret, le poète Salmon Macrin et surtout Peletier du Mans, qui encourage sa vocation poétique.

1547 — **Rencontre et amitié avec Ronsard.** Jean Dorat, principal du **collège de Coqueret** à Paris, y attire ses deux élèves Ronsard et Jean Antoine de Baïf, bientôt rejoints par du Bellay. Jusqu'au départ pour Rome, ce sont des années studieuses, où du Bellay découvre les Grecs et les Italiens, et devient un excellent latiniste.

1549 — **Publication de la Défense et illustration de la langue française,** manifeste de « la Brigade » dédicacé au cardinal du Bellay. — **Première édition de l'Olive,** recueil pétrarquiste de 50 sonnets par lequel du Bellay acclimatait en France le sonnet introduit par Marot, suivi de l'**Antérotique** et des **Vers lyriques** (mars). — Publication du **Recueil de poésies,** conçu pour s'attirer la faveur des grands (novembre).

1550 — **Deuxième édition de l'Olive,** portée à 115 sonnets et précédée d'une **Préface,** sorte d'épilogue à la Défense, et suivie de la **Musagnaeomachie** ou « Combat des Muses contre l'ignorance » (octobre).

1551 — Mort de René du Bellay, frère de Joachim; le poète devient le curateur des biens de son neveu, âgé de onze ans : tutelle harassante par les soucis d'une succession embrouillée (procès contre Magdelon de La Roche, qui revendique la terre d'Oudon, acquise de façon douteuse par René du Bellay). — Du Bellay, surmené, tombe malade, probablement de tuberculose pulmonaire : périodes de crises alternant avec des répits. Et, déjà, les premières atteintes de la surdité.

1552 — **Publication de la traduction du Quatrième Livre de « l'Énéide »,** accompagnée d'Autres Œuvres de l'invention du Translateur (les Inventions) : on y trouve les « Sonnets de l'Honnête Amour », et la première pièce, « la Complainte du Désespéré », reprend le thème du « Chant du Désespéré » publié dans les Vers lyriques de 1549, tandis que la dernière, l' « Adieu aux Muses », exprime le découragement du poète (février).

***

1553 — Nouveau **Recueil de poésies,** augmenté notamment de la pièce « A une Dame » (qui sera reprise dans « Contre les pétrarquistes » des Divers Jeux rustiques), où du Bellay répudie les habitudes et les thèmes pétrarquistes (mars). — **Voyage de Paris à Rome** (avril-juin) dans la suite du cardinal du Bellay, envoyé par Henri II auprès du pape Jules III. Arrivée à Rome en juin.

© Librairie Larousse, 1972.   ISBN 2-03-870016-8

1554 — L'affaire du procès pour la terre d'Oudon se complique : le très puissant connétable de Montmorency rachète les droits de Magdelon de La Roche et engage un procès contre les du Bellay (printemps).

1555-1556 — Suite du séjour à Rome. Du Bellay travaille aux quatre recueils qu'il publiera à son retour en France. Il supporte de plus en plus difficilement les tâches que lui impose son rôle de secrétaire-intendant du cardinal, et il est harcelé par le souci du procès contre Montmorency, qui se poursuit pendant tout son séjour. Sa santé est mauvaise.

1557 — Voyage de retour à Paris (août-septembre).

1558 — **Publication des *Regrets* et des *Divers Jeux rustiques*** (janvier). — Les *Antiquités de Rome* et les *Poemata*, recueil de poésies latines, paraissent en mars. Du Bellay et Louis Le Roy publient en collaboration leur **traduction** du *Banquet* de Platon (novembre).

1558-1559 — Bien que sa situation matérielle soit meilleure qu'avant son départ pour Rome, du Bellay est en mauvaise santé. Il s'occupe des affaires du cardinal, resté à Rome : nouvelles sources de tracas. Cependant, il travaille, en particulier à des pièces de circonstance en français et en latin, à des *Discours* (qui seront publiés après sa mort).

1559 — Règlement satisfaisant du procès de succession de son pupille : moyennant indemnité, du Bellay renonce, au nom du jeune homme, à ses droits sur Oudon. Publication, d'abord en latin, d'une satire traduite ensuite en français : *la Nouvelle Manière de faire son profit des lettres*, qu'accompagne *le Poète courtisan*. Tous les travaux de cette période montrent le poète se dirigeant vers de nouvelles expressions poétiques. — Du Bellay tombe de nouveau gravement malade, et sa surdité devient totale (automne).

1560 — Chez son ami Claude de Bize, dans sa maison du cloître Notre-Dame à Paris, **Joachim du Bellay meurt dans la nuit du 1er janvier,** à trente-sept ans.

***

1560 — Publication du *Discours sur la poésie*, de la traduction du *Sixième Livre de « l'Énéide »* (février), *Discours sur le sacre du très chrétien Roi François II* (mars).

1567 — Publication de l'*Ample Discours au roi sur le fait des quatre états du royaume de France*.

1568-1569 — Première édition complète des *Œuvres françaises de Joachim du Bellay* par les soins de ses deux amis Guillaume Aubert et Jean Morel.

1569 — Publication de l'*Élégie latine à Jean Morel*.

Du Bellay avait vingt-huit ans de moins que Rabelais, vingt-six ans de moins que Marot, vingt et un ans de moins que Scève, quatorze ans de moins que Dorat, dix ans de moins que Sébillet, neuf ans de moins qu'Amyot, cinq ans de moins que Peletier du Mans, deux ans de plus que Ronsard, six ans de plus que Belleau et qu'Henri Estienne, sept ans de plus qu'Étienne Pasquier, dix ans de plus que Baïf et Jodelle, onze ans de plus que Montaigne, trente ans de plus que d'Aubigné, trente-trois ans de plus que Malherbe.

DU BELLAY ET SON TEMPS

	la vie et l'œuvre de Du Bellay	le mouvement intellectuel et artistique	les événements historiques
1522	Naissance de Joachim du Bellay au château de la Turmelière, près de Liré, en Anjou.	Luther : traduction du Nouveau Testament en allemand. — Naissance de Cujas.	Les Français chassés du Milanais. Prise de Rhodes par Soliman. Cortez, capitaine général de la Nouvelle-Espagne. Retour de l'expédition de Magellan. Premier emprunt d'État en France (rentes sur l'Hôtel de Ville de Paris).
1547	Rencontre avec Ronsard. Début des études au collège de Coqueret, sous la direction de Dorat.	Marguerite de Navarre : *les Marguerites de la marguerite des princesses*. Budé : *Institution du prince*. Noël du Fail : *Propos rustiques*. Michel-Ange à Saint-Pierre de Rome. Rabelais à Rome avec le cardinal du Bellay.	Mort d'Henri VIII et de François Ier. Avènement d'Henri II : persécutions contre les calvinistes. Révolte des gabelles en Guyenne. Victoire de Charles Quint sur les luthériens à Muhlberg.
1549	*La Défense et illustration de la langue française*. — *L'Olive*, suivie des *Vers lyriques*. — *Recueil de poésie*.	Pontus de Tyard : *Erreurs amoureuses*. Jean Goujon : *Fontaine des Innocents* à Paris.	Mort de Marguerite de Navarre. Mort du pape Paul III. Nouvelle ligue protestante en Allemagne.
1550	Deuxième édition (augmentée) de *l'Olive*, et *Musagnœomachie*. Grave maladie et début de la surdité.	Ronsard : *Odes*. Théodore de Bèze : *Abraham sacrifiant* (tragédie). Traduction française de l'*Utopie* de Thomas More. Ph. Delorme et P. Bontemps : *Tombeau de François Ier*.	Rachat de Boulogne à l'Angleterre. Élection du pape Jules III.
1552	Traduction du *Quatrième Livre de « l'Enéide »*. — *Les Inventions* : « la Complainte du Désespéré », « Sonnets de l'Honnête Amour », « Adieu aux Muses ».	Ronsard : *les Amours*. Jodelle : *Cléopâtre*. Baïf : *Amours de Méline*. Rabelais : *Quart Livre*. Peletier du Mans : l'*Arithmétique*. Pontus de Tyard : le *Solitaire premier*. En Espagne, *Histoire générale des Indes de Las Casas*.	Henri II occupe Metz, Toul et Verdun : siège de Metz par Charles Quint. En France, création des présidiaux. Mort de saint François Xavier. Suspension du concile de Trente.
1553	Nouveau *Recueil de poésie*. — Départ pour Rome avec le cardinal du Bel-	Ronsard : *Folâtries*. Magny : *les Amours*. Calvin : *Défense de la foi orthodoxe*	Avènement de Marie Tudor. Supplice de Michel Servet à Genève. Échec

1555	Du Bellay à Rome : tracas domestiques, soucis du procès, mauvaise santé. Il travaille aux recueils romains : les Regrets, les Antiquités, Divers Jeux rustiques, Poemata.	Ronsard : Continuation des Amours, Hymnes. Baïf : les Amours de Francine. Pontus de Tyard : le Solitaire second. Peletier du Mans : Art poétique. Nostradamus : Centuries. Les céramiques de Bernard Palissy.	Paix d'Augsbourg : liberté religieuse des princes allemands. Mort de Jules III, élection de Marcel II, puis de Paul IV, qui s'allie à Henri II. Capitulation de Sienne, défendue par Monluc, devant les Impériaux.
1557	Retour à Paris.	Montaigne, conseiller au parlement de Bordeaux. Magny : les Soupirs. Premiers sonnets pétrarquistes anglais (posthumes) de Wyatt et Surrey.	Campagne de François de Guise en Italie. Désastre de Saint-Quentin. Édit de Compiègne pour la répression de l'hérésie. Banqueroute espagnole.
1558	Du Bellay publie les Regrets, Divers Jeux rustiques, les Antiquités de Rome, les Poemata.	Marguerite de Navarre : l'Heptaméron. Bonaventure Des Périers : Nouvelles Récréations et joyeux devis (posthumes). — Mort de Mellin de Saint-Gelais. Amitié entre Montaigne et La Boétie.	Mort de Charles Quint. Mort de Marie Tudor : avènement d'Élisabeth d'Angleterre. François de Guise reprend Calais aux Anglais. Mariage de Marie Stuart et du Dauphin.
1559	Règlement satisfaisant du procès contre Montmorency. Publication de la Nouvelle Manière de faire son profit des lettres, ensemble le Poète courtisan. — Grave rechute, surdité totale.	Ronsard : second livre des Mélanges. Amyot : Vies des hommes illustres de Plutarque. Janequin : Verger de musique, préfacé par Baïf. En Espagne, Diana Enamorada de Montemayor. Calvin fonde l'académie de Genève.	Paix du Cateau-Cambrésis : fin des guerres d'Italie. Mort d'Henri II : avènement de François II. Premier synode des églises réformées de France à Paris. Création de l'Église presbytérienne d'Écosse.
1560	Mort de Joachim du Bellay, le 1er janvier, à Paris.	A Genève, publication des Psaumes de Marot. Mélange des chansons de Josquin des Prés, avec une Préface de Ronsard. Ronsard, poète favori de Charles IX. Édition des Œuvres de Ronsard.	Conjuration d'Amboise. Mort de François II : avènement de Charles IX et régence de Catherine de Médicis. Alliance d'Élisabeth et des révoltés écossais. États généraux d'Orléans.

BIBLIOGRAPHIE SOMMAIRE

ÉDITIONS CRITIQUES

Henri Chamard — *Œuvres poétiques de Joachim du Bellay* (Paris, « Société des textes français modernes », Didier, 1908-1931 ; 7 volumes).
la Deffence et illustration de la langue françoyse (Paris, « Société des textes français modernes », Didier, 1948).

Pierre Grimal — *les Regrets et les Antiquités de Rome* (Paris, Éd. de Cluny, 1949).

V. L. Saulnier — *Divers Jeux rustiques* (Genève, « Textes littéraires français », Droz ; Paris, Minard, 1965).

J. Jolliffe et M. A. Screech — *les Antiquités de Rome et les Regrets* (Genève, « Textes littéraires français », Droz ; Paris, Minard, 1966).

Gilbert Gadoffre — *Du Bellay et le sacré* (Paris, Gallimard, 1978).

SUR L'ŒUVRE DE DU BELLAY

Henri Chamard — *Joachim du Bellay* (Lille, Le Bigot, 1900) ; — *Histoire de la Pléiade* (Paris, Didier, 1939-1940 ; 4 volumes).

Pierre Villey — *les Sources italiennes de « la Deffence... »* (Paris, Champion, 1908).

Joseph Vianey — *le Pétrarquisme en France au XVIe siècle* (Montpellier, Coulet, 1909).

V. L. Saulnier — *Du Bellay, l'homme et l'œuvre* (Paris, Hatier-Boivin, 1951).

Henri Weber — *la Création poétique au XVIe siècle en France* (Paris, Nizet, 1956).

Frédéric Boyer — *Joachim du Bellay* (Paris, Seghers, 1958).

Yvonne Bellenger — *Du Bellay : ses « Regrets » qu'il fit dans Rome. Étude et documentation* (Paris, Nizet, 1973).

ANTHOLOGIES DU XVIe SIÈCLE PERMETTANT DE MIEUX SITUER DU BELLAY DANS SON ÉPOQUE

Joseph Vianey — *Chefs-d'œuvre poétiques du XVIe siècle* (Paris, Hatier, 3e édition, 1932).

Albert Marie Schmidt — *Poètes du XVIe siècle* (Paris, « Bibliothèque de la Pléiade », Gallimard, 1953).

Maurice Allem — *Anthologie poétique française. XVIe siècle* (Paris, Garnier-Flammarion, 1965; 2 volumes).

SUR LA LANGUE DU XVIe SIÈCLE

Ferdinand Brunot — *Histoire de la langue française, tome II, Seizième Siècle* (Paris, A. Colin, 1906; 2e édition remise à jour en 1967).

Georges Gougenheim — *Grammaire de la langue française du XVIe siècle* (Lyon et Paris, I. A. C., 1951).

Edmond Huguet — *Dictionnaire de la langue française du XVIe siècle* (Paris, Champion et Didier, 1925-1967).

Joachim du Bellay.

ŒUVRES DIVERSES[1]
1549-1559

NOTICE

CE QUI SE PASSAIT EN 1549-50

(LA DÉFENSE ET ILLUSTRATION, 1ʳᵉ et 2ᵉ édition de l'Olive)

■ *EN POLITIQUE EXTÉRIEURE :* L'Angleterre conclut la paix avec l'Écosse et avec la France (1550), qui, moyennant indemnité, rachète Boulogne. La guerre contre Charles Quint est interrompue.

Affaires religieuses : Édit d'Henri II atténuant celui de 1547; les délits d'hérésie sont rendus à la compétence de la juridiction ecclésiastique (1549). Le pape Paul III meurt; Jules III lui succède (1550).

■ *EN LITTÉRATURE :* En 1549, publication des Erreurs amoureuses de Pontus de Tyard et voyage à Arcueil des membres du collège de Coqueret. 1550 : Ronsard publie les quatre premiers livres des Odes; la Défense et illustration est l'objet de violentes attaques, notamment du Quintil Horatian; à Genève, Théodore de Bèze publie Abraham sacrifiant, et Calvin De scandalis.

Traduction de l'Utopie de Thomas More en français (1550).

■ *DANS LES ARTS :* Jean Goujon achève la Fontaine des Innocents (1549) à Paris. En 1550, Philibert Delorme et Pierre Bontemps travaillent au Tombeau de François Iᵉʳ.

CE QUI SE PASSAIT EN 1552 (LES INVENTIONS)

■ *EN POLITIQUE :* La guerre reprend entre la France et l'Empire; d'accord avec les princes protestants allemands, Henri II occupe Metz, Toul et Verdun. Charles Quint commence le siège de Metz, défendu par François de Guise : il échoue et abandonnera au début de l'année suivante. Saint François Xavier meurt en Extrême-Orient. Henri II crée les présidiaux.

■ *EN LITTÉRATURE :* Rabelais publie le Quart Livre. La Pléiade domine : Ronsard fait paraître les Amours, Baïf les Amours de Méline, Peletier du Mans l'Arithmétique, Pontus de Tyard le Solitaire premier.

---

1. A l'exception des *Regrets*, auxquels est consacré un volume de cette collection (N. C. L.).

Au théâtre : Jodelle fait jouer sa Cléopâtre captive.

En Espagne : publication de l'Histoire générale des Indes de Las Casas.

■ *DANS LES ARTS ET DANS LES SCIENCES :* Le Primatice travaille à Fontainebleau. Ambroise Paré est nommé médecin du roi.

CE QUI SE PASSAIT EN 1558² (DIVERS JEUX RUSTIQUES, LES ANTIQUITÉS DE ROME et LE SONGE)

■ *EN POLITIQUE :* Charles Quint, qui a abdiqué toutes ses souverainetés, meurt au monastère de Yuste, en Espagne. La mort de Marie Tudor et l'avènement d'Elisabeth d'Angleterre mettent fin à l'alliance entre l'Angleterre et l'Espagne.

En Italie : la France a pratiquement abandonné la guerre depuis le rappel de François de Guise l'année précédente; celui-ci reprend Calais aux Anglais.

■ *EN LITTÉRATURE :* Publication posthume de l'Heptaméron de Marguerite de Navarre et des Nouvelles Récréations et joyeux devis de Bonaventure Des Périers. A Bordeaux commence l'amitié entre Montaigne et La Boétie. A Paris, la mort de Mellin de Saint-Gelais laisse à Ronsard la prééminence incontestée.

■ *DANS LES SCIENCES :* L'Historiae animalium de Gesner achève sa parution; c'est la première encyclopédie zoologique. Première édition de la Magia naturalis de Porta.

CE QUI SE PASSAIT EN 1559 (LE POÈTE COURTISAN)

■ *EN POLITIQUE EXTÉRIEURE :* La paix du Cateau-Cambrésis met fin à la guerre entre la France et la maison de Habsbourg. La France garde les Trois-Évêchés et Calais, et elle abandonne définitivement ses prétentions italiennes. Elle reste renforcée militairement, mais appauvrie. Les Espagnols occupent Naples.

Affaires religieuses : Henri II est décidé à intensifier la répression contre les calvinistes, ce qui provoque la réaction violente de certains parlementaires parisiens (arrestation et supplice du conseiller Anne Du Bourg). Il meurt accidentellement en juillet. Cependant, le calvinisme progresse : réunion du premier synode des Églises réformées de France à Paris. En Écosse, création de l'Église presbytérienne. En Espagne, publication du premier Index.

---

2. On trouvera plus de précisions sur la période allant de 1553 à 1558 (séjour de Du Bellay à Rome et publication des « recueils romains ») dans la Notice historique des *Regrets*.

■ *EN LITTÉRATURE :* Ronsard publie le second livre des Mélanges. *Traductions :* les Vies parallèles de *Plutarque* et Daphnis et Chloé par Amyot; le Banquet de *Platon* par Louis Le Roy (avec la collaboration de Du Bellay). En Espagne paraît la *Diana* enamorada de Montemayor.

■ *DANS LES ARTS :* Janequin donne son Verger de musique, *préfacé par Baïf.*

« SUM BELLAIUS ET POETA[3] »

Fier de sa race et heureux de ses dons, tel apparut peut-être du Bellay à ses premiers lecteurs : « Par je ne sais quelle naturelle inclination, j'ai toujours aimé les bonnes lettres [...]. Je me suis volontiers appliqué à notre poésie [...] contre la fausse persuasion de ceux qui pensent tel exercice de lettres déroger à l'état de noblesse[4]. » Portrait incomplet. C'est le même homme qui écrit, deux ans plus tard, il est vrai :

Je mérite qu'on me nomme
L'esclave de tout malheur[5].

Particulièrement évidente dans le double mouvement nostalgique et satirique des *Regrets*, cette ambiguïté colore toute l'œuvre.

Chétif dès l'enfance, sourd de bonne heure, probablement tuberculeux, du Bellay mourra jeune. « Dès mon enfance, dit-il ailleurs, la perte de mes parents me livra pour mon malheur à la volonté d'un frère. Sous sa direction, ma première jeunesse périt sans être cultivée[6]. » Abandonné à lui-même, c'est à la nature — à la « douceur angevine » si bien chantée — et à la poésie qu'il dut les premières joies de ses tristes débuts dans la vie. Mais, gentilhomme, il appartient à une famille qu'illustrent alors deux personnages considérables, les frères Guillaume et Jean du Bellay : le premier, gouverneur du Piémont sous François Ier, disparaît en 1543, trop tôt pour s'intéresser à son jeune cousin; c'est l'autre, l'évêque de Paris, le futur cardinal, qui l'emmènera à Rome en 1553.

En attendant, cadet de famille sans fortune, il lui faut vivre, et, comme tant d'autres, il pense aux offices publics, à une carrière politique ou diplomatique dans laquelle son cousin le cardinal pourra lui être utile : « J'aime la poésie [...], mais je n'y suis tant affecté que facilement je ne m'en retire, si la fortune me veut présenter quelque chose où avec plus grand fruit je puisse occuper mon esprit[7]. » Vers 1545-46, il entreprend des études juridiques à l'université de Poitiers. Il y découvre un milieu lettré et se lie notamment avec Peletier du Mans, qui venait de publier (1545) sa traduction de l'*Art poétique* d'Horace[8] et qui encouragea les essais poétiques du jeune homme.

---

3. Épitaphe rédigée par du Bellay lui-même pour son tombeau; **4.** Seconde Préface de *l'Olive* (1550); **5.** « La Complainte du Désespéré », vers 119 et 120 (1552); **6.** Élégie latine à Morel (1559); **7.** Seconde Préface de *l'Olive*; **8.** La Préface de *l'Art poétique* inspira, avant la *Défense*, les théories poétiques de la Pléiade.

Mais la rencontre déterminante fut sans doute celle de Ronsard, que la tradition place en 1547, « dans une auberge poitevine, lieu bachique propice aux libres entretiens[9] ».

Cette même année, Dorat, l'humaniste limousin, est nommé principal du collège de Coqueret, sur la montagne Sainte-Geneviève à Paris : Ronsard, Jean Antoine de Baïf, puis du Bellay viennent recevoir l'enseignement du grand helléniste dans l'atmosphère incroyablement studieuse du collège. « On se lève à quatre heures; après la prière, on est dès cinq heures « aux études »; à dix heures, un colloque; à dix heures et demie, le déjeuner; après quelque lecture du texte, qui passait pour récréation, nouvelle étude d'une heure à cinq : suivait une heure de conférence; on soupe à six heures et l'on se replonge dans les livres[10]. » Vie féconde. Du Bellay s'initie aux lettres grecques, approfondit sa connaissance des Latins, découvre les Italiens, Pétrarque, Boccace, l'Arioste, et les pétrarquistes, qu'il lit dans les anthologies vénitiennes parues entre 1545 et 1549, notamment chez l'imprimeur Giolito : Bembo, Sannazar, Castiglione, l'auteur du *Courtisan*, et bien d'autres.

Cependant, en 1548, il a vingt-six ans. Il a perdu beaucoup de temps, ayant, dira-t-il, « passé l'âge de [s]on enfance et la meilleure part de [s]on adolescence assez inutilement[11] ». Dès Poitiers, il a commis quelques poésies où apparaissait l'influence de Marot, le grand homme de l'époque. A Coqueret, il a participé à l'élaboration théorique de la « nouvelle poésie », dont l'ambition consiste à rivaliser avec les Anciens et les Italiens. Et, selon les nouvelles formules ainsi élaborées, il s'est exercé à versifier.

LA DÉFENSE ET ILLUSTRATION
DE LA LANGUE FRANÇAISE (1549)

Si bien qu'en 1548, lorsque parut l'*Art poétique français* de Sébillet, il se trouva prêt à répondre. Un an plus tard retentissait l'éclat de son premier ouvrage : la *Défense et illustration de la langue française*. De quoi s'agissait-il ?

Alors que le groupe de Coqueret et ses amis (ceux que, dès 1549, Ronsard appelle « la Brigade ») rêvaient de rivaliser avec les grands modèles anciens et italiens dans le culte d'un art difficile, d'une poésie sacrée exigeant inspiration et travail, alors qu'ils refusaient de considérer la poésie comme un divertissement mondain tel que le pratiquaient ces marotiques admirateurs et imitateurs du très courtisan Mellin de Saint-Gelais, Sébillet ne prétendait-il pas que Marot et

---

9. A. M. Schmidt, *Poètes du XVIe siècle*, page 409 (« la Pléiade », Gallimard); 10. V. L. Saulnier résume ainsi un passage des *Mémoires* d'Henri de Mesmes dans son livre *Du Bellay*, *l'homme et l'œuvre*, page 16; 11. Seconde Préface de l'*Olive* (1550).

quelques autres avaient atteint la perfection ? L'ouvrage était d'autant plus irritant que, sur bien des points, les idées de Sébillet coïncidaient avec celles de la future Pléiade : valeur éminente de la poésie, exemple des Anciens, ambitions patriotiques...

Conçue d'abord comme une Préface à la première *Olive* et finalement publiée à part, *la Défense* constitua le premier pamphlet poétique français, « la borne première, dans l'histoire de la littérature classique, [...] l'œuvre qui fondait en esprit le classicisme[12] » : œuvre polémique, parfois contestable et incertaine, souvent désordonnée, plagiat même, puisque du Bellay démarquait dans maints passages de son premier livre le *Dialogue des langues,* ouvrage publié à Venise en 1542 par l'humaniste italien Sperone Speroni : pour défendre son « vulgaire » contre les prétentions du latin[13]. Constamment inspiré de Cicéron, d'Horace, de Quintilien, le manifeste se signalait non pas par la nouveauté d'idées reprises à d'autres et dont on parlait beaucoup ces années-là, mais par l'ardeur, la véhémente allégresse, la partialité parfois outrancière, en un mot par la jeunesse du ton et par la fracassante certitude de soi qu'il révélait de la part de son auteur, qui scandalisa autant qu'il enthousiasma.

Manifeste d'école — du groupe de Coqueret —, plaidoyer en faveur du français, art poétique : *la Défense,* à peu de chose près, présentait tout le programme qu'allait illustrer la Pléiade.

ANALYSE DE L'OUVRAGE

Deux livres. Le premier est consacré à la langue française, d'abord pour en affirmer les *possibilités* (chapitres I à III) : toutes les langues sont égales, au moins en devenir (I) ; les Français valent bien d'autres peuples et ne sont nullement « barbares » : les langues n'étant jamais que la création des hommes, il n'y a aucune raison pour que la langue française soit « barbare » et inférieure à d'autres (II) ; c'est même par excès de vertu qu'ont péché les Français jusqu'ici en négligeant leur langue, plus soucieux de « bien faire » que de « bien dire » (III). Viennent alors les fameux chapitres sur la *traduction* et l'*imitation* (chapitres IV à VIII) : les traductions prouvent que le français n'est pas une langue pauvre (IV), mais, si utiles qu'elles soient pour véhiculer les connaissances, elles ne sauraient suffire à enrichir la langue (V), et elles sont blâmables dès qu'elles touchent aux poètes (VI). C'est à l'exemple des Romains qu'il faut s'en remettre, en imitant au lieu de traduire (VII), mais en s'abstenant cependant d'imiter dans une même langue et en particulier de prendre pour modèles des poètes modernes français (VIII). Revenant sur ces idées, *la Défense*

---

12. V. L. Saulnier, *ouvr. cit.,* pages 42 et 43 ; 13. Voir *les Sources italiennes de* « *la Défense...* », de Pierre Villey.

les précise en mettant en parallèle les *langues anciennes* et le *français* (chapitres IX et X) : de même que les hommes d'aujourd'hui valent bien ceux de l'Antiquité, la langue française est bel et bien capable d'égaler les langues anciennes (IX), y compris dans le domaine des sciences et de la philosophie, car ce qui est admirable chez les Anciens, ce sont les connaissances et la réflexion bien plus que la langue (X). Du Bellay examine les motifs de l'*infériorité actuelle du français* (chapitre XI) : les Français, s'adonnant aux langues anciennes, passent trop de temps à cet apprentissage, au lieu que les Anciens pratiquaient leur langue maternelle. Ayant ainsi posé ses principes, l'auteur annonce son second livre (chapitre XII).

Il y proclame la *nécessité d'une nouvelle poétique* (chapitres I à III) : son ambition est de voir la poésie française s'illustrer dans un « plus haut et meilleur style » (I). Des poètes français, il ne sauve au Moyen Age que les auteurs du *Roman de la rose*, et, s'il admire Jean Lemaire de Belges, il rejette l'exemple des contemporains, Marot, Héroët, Saint-Gelais, et même Scève (II). Il formule alors l'exigence fondamentale : nul n'est poète sans art, et le don naturel, indispensable, n'est rien sans la culture (III). Dès lors, c'est l'examen des *techniques* propres à favoriser l'éclosion de cette nouvelle poésie (chapitres IV à X). Il faut délaisser les *genres* traditionnels de la poésie médiévale et reprendre les genres pratiqués par les Anciens (épigrammes, élégies, odes, épîtres, satires, églogues, comédies et tragédies) ou par les Italiens, comme le sonnet (IV), sans négliger, bien sûr, l'épopée — dont il ne sera pas mauvais de chercher le sujet dans un de ces « beaux vieux romans français » — et l'histoire, inspirée des vieilles chroniques (V). Il faut enrichir le vocabulaire par l'introduction de néologismes calqués sur le latin et le grec, de termes techniques, d'archaïsmes (VI); il faut être attentif à la *rime,* qui sera expressive et musicale (VII). Après une digression sur l'ancienneté de la tradition quelque peu mythique des bardes en Gaule et l'éloge de l'anagramme et de l'acrostiche (VIII), c'est le chapitre important consacré aux *tours* et aux *figures* (où l'auteur recommande l'emploi de l'infinitif et de l'adjectif substantivés, de l'adjectif à valeur adverbiale, du verbe intransitif suivi de compléments, de l'antonomase, de l'épithète significative, de l'article), ainsi qu'aux *rythmes* (césure, alternance) [IX], puis un bref mais nécessaire chapitre sur la diction du vers (X). Enfin, quelques considérations sur la raison d'être et la récompense de toute création artistique : la *gloire poétique* (chapitres XI et XII), que seul gagnera le dur labeur du poète, évocation qui entraîne une invective violente contre les « rimeurs », frivoles poètes de cour (XI). Gloire qui vaut celle des armes, gloire digne d'un pays comme la France et que ne dédaignèrent ni les grands Romains ni, à une époque plus récente, des lettrés qui pratiquèrent leur langue (XII). En conclusion, dans un véritable *appel aux armes,* du Bellay sonne la charge contre les Anciens, qu'il s'agit de piller et de détrôner sans vergogne.

« LA DÉFENSE », MANIFESTE D'UNE ÉPOQUE

Manifeste d'une école, *la Défense* est aussi, et plus encore, le manifeste d'une époque. De cela témoignent les sources, son rapport étroit avec les *Arts poétiques* qui l'ont précédée dans le siècle et l'accueil qui lui fut réservé.

Sources établies, certaines, parfois avouées quand il s'agit des grands Latins, tels Horace, Cicéron, Quintilien, et de certains Italiens, comme Vida. Sources découvertes depuis, comme celle que constituent les *Adages* d'Érasme, mais surtout le *Dialogue des langues* de Speroni, dont du Bellay s'est contenté de traduire, parfois mot à mot, certains longs passages qui forment l'essentiel du premier livre.

D'autre part, et c'est au moins aussi important, tous les aspects linguistiques ou poétiques du livre correspondent à des problèmes qui hantaient le siècle et qu'on trouve couramment traités plus ou moins méthodiquement avant 1549 : chez un Geoffroy Tory, dont le *Champfleury*, dès 1529, prônait l'enrichissement de la langue française; chez un Dolet, dans sa *Manière de bien traduire,* en 1540; chez un Marot, dont la traduction des Psaumes présentait dans la dédicace la théorie de l'inspiration comme un don divin, théorie qui va jouir d'une vogue prodigieuse après la traduction en français (publiée en 1546) du commentaire de Marsile Ficin sur l'*Ion* de Platon[14]. Quant à l'admiration pour l'Antiquité, on sait qu'elle constituait un legs de l'humanisme et que, dès 1532, Rabelais avait raillé le jargon incompréhensible de ceux qui, pour « enrichir » leur langue, décalquent le latin sans discernement : tel son écolier limousin qui « despum[ait] la verbocination latiale[15] ». En somme, sur l'invention, sur l'inspiration, sur le style poétique, du Bellay, qui à Coqueret avait lu ses « classiques », qui connaissait Peletier[16], qui, bien sûr, avait lu Sébillet, du Bellay, donc, n'offrait guère avec *la Défense* qu'une compilation d'idées en faveur depuis quelques décennies. A considérer les choses froidement, on ne peut que souscrire au jugement sévère de Ferdinand Brunot : dans sa partie linguistique, *la Défense* « est à peu près dénuée d'intérêt », et « si on considère son plaidoyer en général, il vient après vingt autres. Si on l'applique plus spécialement à la poésie, il manque de portée et n'était nullement nécessaire[17]. » Ou, comme l'admet V. L. Saulnier, défenseur ardent de Du Bellay : « Nous voici presque en droit de conclure : en ce livre, ce qui est nouveau n'est pas bon, c'est le parti pris contre Sébillet; et ce qui est bon n'est pas nouveau : ce serait tout le reste » — pour ajouter aussitôt : « Conclure ainsi serait n'y rien comprendre[18]. »

---

14. C'est dans sa *Théologie platonicienne* que Marsile Ficin a commenté l'*Ion* de Platon; 15. Qui « polissait la langue latine » (*Pantagruel,* VI); 16. La Préface à la traduction de l'*Art poétique* d'Horace de Peletier du Mans avait paru en 1545; 17. *Ouvr. cit.,* page 85; 18. *Id.,* page 83.

Sans même considérer l'ouvrage en lui-même, un fait semble montrer que *la Défense* fut autre chose qu'un plagiat, qu'une compilation, qu'une entreprise « à peu près dénuée d'intérêt », c'est l'accueil qu'elle reçut et les réactions passionnées qu'elle suscita : plus ou moins acerbes, plus ou moins intéressantes, plus ou moins judicieuses. Sébillet se fâche, Guillaume Des Autels défend l'école lyonnaise, celle d'Héroët et de Scève, en critiquant finement et justement la théorie de l'imitation. La riposte la plus complète, la plus véhémente provient d'un anonyme identifié depuis comme Barthélemy Aneau, régent de collège à Lyon, dont même F. Brunot[19] admet que, s'il n'est point sot, il est bien pédant — qui publie une brochure intitulée le *Quintil Horatian*[20], où, phrase par phrase, sentencieusement, l'auteur critique *la Défense* et *l'Olive* (dans sa première édition de 1549), tombe parfois juste et prouve ainsi, en tout cas, que les idées soutenues par du Bellay, si elles n'étaient pas nouvelles, étaient encore loin d'être acceptées unanimement et qu'il n'était pas inutile de les « défendre ».

Ouvrage discutable, ouvrage discuté mais nécessaire, qui venait à son heure et dont le renom, comme tant d'autres, semble usurpé aux dépens du travail et du mérite des précurseurs, parce que la gloire reste à celui qui sait formuler plus qu'à ceux qui, les premiers, aperçoivent les idées nouvelles, *la Défense* ne doit pas être jugée comme une œuvre théorique, mais il faut la lire pour ce qu'elle est : un manifeste, un pamphlet, une œuvre polémique, un « de ces textes où c'est le ton qui compte, plus encore que le contenu, parce qu'ils sont faits pour remuer, pour renouveler un climat[21] ».

LE PROGRAMME DE « LA DÉFENSE »

Langue et poésie, *défense* et *illustration,* ces deux points ne sont fondamentalement pas dissociés dans l'ouvrage de Du Bellay : de là, en grande partie, ce reproche de désordre si fréquemment porté contre lui. Avec *la Défense,* du Bellay n'entendait pas composer un ouvrage scientifique — ce mot avait-il un sens, d'ailleurs, au XVIe siècle ? —, encore moins un manuel. Il parlait en poète, tolérant mal, comme tant d'artistes, qu'on puisse se fourvoyer hors d'une idée du beau qui était la sienne et celle de ses amis, et acceptant encore plus mal qu'on puisse manquer à l'exigence qui lui paraissait seule digne de la poésie. Il s'agissait de se rendre immortel, rien de moins.

Intransigeance, dédain de la foule des médiocres, du « vulgaire », refus de toute compromission au nom des usages ou encore de la réussite, telle est en somme l'unité du livre, tel est le programme exclusif de *la Défense*. On comprend que l'ouvrage ait suscité des protestations et que celles-ci aient même pu être légitimes. Ridicule à part, les hardiesses de Du Bellay tombaient dans le petit monde

19. Voir Bibliographie, page 48; 20. Le Quintilien d'Horace, c'est-à-dire le censeur vigilant tel que le demandait Horace; 21. V. L. Saulnier, *ouvr. cit.*, page 49.

de ses lecteurs comme les outrances d'Alceste dans le salon de Célimène.

Premier point : la France n'avait pas encore de poésie digne de ce nom, c'est-à-dire comparable à ce que les Anciens et les Italiens avaient produit. C'était, d'un trait de plume, supprimer non seulement le Moyen Age — en pleine Renaissance, cela ne choquait guère —, mais Marot, ses admirateurs, ses disciples, en un mot toute l'argumentation de Sébillet dans son *Art poétique français* de 1548 et tous les poètes de cour amis ou ennemis, émules, en tout cas, de Mellin de Saint-Gelais. Du Bellay accusait la complaisance, la paresse d'esprit des poètes, celle de leurs lecteurs, leur manque de culture. Un seul remède, qui faisait coup double : ignorer les récriminations des indoctes, se soucier non pas de la quantité, mais de la qualité des lecteurs — c'était en éliminer beaucoup ! —, et retourner aux sources de toute connaissance, de toute beauté ; imiter les Anciens et ainsi égaler les plus grands. Pas de scrupule : pillons-les, arrachons-leur cette suprématie que seule leur accorde notre pusillanimité, car nous les valons bien ! On comprend pourquoi la traduction ne pouvait suffire, alors que l'imitation s'imposait, au moins dans un premier temps.

Mais il fallait encore forger l'outil, la langue. Et pour cela ne négliger aucune possibilité : ne pas laisser se perdre ces vieux mots pleins de sève, emprunter ceux qui manquaient partout où on pourrait les trouver, aux langues techniques, aux langues anciennes — imitation là encore. Sur le vocabulaire, du Bellay ne dira rien de plus, mais on peut l'imaginer d'accord avec Ronsard, qui recommandera le recours aux dialectes et à la dérivation. Sur la syntaxe, sur le style, même procédé : puiser chez les Anciens les tours, les figures, qui enrichiront et assoupliront le français — souci technique —, et ne prendre pour limites que les exigences de l'harmonie et de l'expressivité — souci artistique.

L'ambition poétique se confondait en outre avec le sentiment patriotique. Là encore, signe de l'époque. La France pouvait bien triompher de l'Italie par les armes, elle restait inférieure dans le domaine de la culture. Etre Français, pour un jeune homme de 1550, cela pouvait donc signifier être condamné à rester tributaire d'une littérature de second ordre. Se battant pour la victoire de ses idées et de ses ambitions, un du Bellay devait nécessairement se battre en même temps pour la suprématie culturelle de son pays. Mais l'inverse est vrai : « illustrant » la langue française, la Pléiade allait donner à la France une gloire incontestée à travers l'Europe, et bien des souverains allaient envier la Cour, où chantait un Ronsard.

Cependant, un manifeste ne pouvait suffire à assurer ce triomphe. Beau joueur, du Bellay courut le risque et, « premier de tous » — au moins chronologiquement —, il publia en même temps que la *Défense* un recueil de sonnets, *l'Olive*.

L'OLIVE (1549-1550)

Sous ce titre paraît d'abord en 1549 un recueil chantant l'amour du poète pour une Dame dont il n'obtient que de trop menues faveurs : 50 sonnets, dont une dizaine s'inspirent des anthologies italiennes de Giolito, une quinzaine de l'Arioste et 2 seulement de Pétrarque. L'année suivante, *l'Olive*, augmentée, compte 115 sonnets au lieu de 50; elle est précédée d'une longue Préface, épilogue à *la Défense*, où l'auteur répondait vivement aux critiques. Les nouveaux sonnets sont dans une moindre proportion imités de l'italien, et même cette imitation se modifie : moins d'Arioste, plus de Pétrarque. Mais c'est l'orientation générale du recueil qui n'est plus la même. A la fin de la première *Olive*, le poète restait transi aux pieds de sa belle; ici, l'histoire d'amour se complète, le poète connaît la jalousie, puis le désespoir et l'inquiétude quand la Dame tombe malade, mais c'est sa propre guérison qu'il implore dans les derniers sonnets : appel à Dieu, effort de purification spirituelle, reconquête d'une sérénité. Du pétrarquisme au platonisme : c'était déjà, sinon dans ces termes, l'itinéraire de Pétrarque dans son *Canzoniere*.

PÉTRARQUE

C'était un érudit italien du XIVe siècle, fervent latiniste et passionné de l'Antiquité. Mais c'est surtout par son *Canzoniere*, recueil de poèmes consacrés à Laure, la femme qu'il aima, que son influence allait être considérable sur toute la poésie européenne au XVIe siècle.

Héritier non seulement de la tradition amoureuse des élégiaques latins — Catulle, Properce, Ovide —, mais aussi de l'idéal courtois provençal, où, comme le vassal à son suzerain, l'amant rend à sa Dame un hommage raffiné, le *Canzoniere* de Pétrarque offre de ces divers courants une synthèse qui est une véritable création. Le culte rendu à la Dame est en même temps le chant de la vie intérieure, illustré d'images stylisées de la beauté féminine — cheveux d'or, teint de lait où fleurissent des roses, éclat du regard, démarche... — en rapport avec la beauté du monde qui l'entoure. L'amour est une hantise de la paix dans la nature, de la retraite loin des vanités mondaines, mêlée à une tristesse interdisant la sérénité. C'est de cette contemplation de la femme, de la nature et de soi que naît la poésie, plainte de l'amant insatisfait et désespéré qui trouve dans l'harmonie de ses plaintes une sorte d'enchantement morbide et exaltant. Si bien que cette douleur, ce désespoir, qui naissent d'un amour senti comme un état privilégié, sont sources de joies ineffables. Contradictions et antithèses continuelles, stylisation des états et des images : ce qui deviendra le répertoire, souvent usé, souvent peu convaincant des pétrarquistes, exprimait chez Pétrarque les tourments exquis d'une angoisse déjà moderne.

Le *Canzoniere* ne chantait pas seulement les désespoirs de l'amant d'une femme trop honnête. Laure mourut, et cet événement incita le poète à une purification plus profonde en le contraignant à un renoncement authentique. « L'aspiration à rejoindre Laure se confond avec l'aspiration à la vie éternelle[22]. »

LE PÉTRARQUISME

Dès la fin du XVe siècle en Italie, des poètes de cour, Tebaldeo, Serafino, Sasso, Chariteo, tiraient de Pétrarque des images et des antithèses propres à susciter, plus que l'émotion, des effets de surprise. Pour en avoir une idée, on peut lire de Du Bellay la pièce parodique « A une Dame » reprise dans les *Jeux rustiques* sous le titre de « Contre les pétrarquistes[23] ». Malgré un Bembo[24] qui était remonté aux sources, à l'œuvre même de Pétrarque, les thèmes pétrarquistes ainsi pris et repris étaient devenus aussi conventionnels qu'ils étaient en vogue. En 1545 et en 1547 paraissent à Venise, chez l'imprimeur Giolito, les deux livres d'une anthologie de poètes pétrarquistes, souvent rééditée ensuite et que du Bellay avait lue attentivement.

En France, si on laisse de côté les quelques imitations pétrarquistes de Marot ou de Saint-Gelais, c'est Maurice Scève qui, en 1544, publia avec un recueil de dizains, *Délie objet de plus haute vertu*, le premier *canzoniere* français, c'est-à-dire le premier recueil de poèmes tout entier consacré à chanter une même femme, où déjà se trouvaient largement appliquées les recommandations contenues cinq ans plus tard dans *la Défense*[25]. Mais si le recueil de *l'Olive*, par l'inspiration et par la composition, n'était pas « premier en France », il l'était par l'utilisation exclusive du sonnet, qui devait, après du Bellay, connaître une si grande fortune.

LE SONNET

Avant 1549, le sonnet, genre acclimaté en Italie par Pétrarque, n'est pas inconnu en France. C'est Marot qui l'introduisit en 1536, et Saint-Gelais, puis Peletier suivirent. En 1548, on publie la traduction des 196 premiers sonnets du *Canzoniere*. Mais le sonnet, avant du Bellay, « demeure un genre froid et rigide, un pensum versifié[26] ».

Cependant, à la disposition des rimes des tercets[27], variée et fort libre chez les Italiens, Marot et Peletier avaient apporté des innovations, la disposition dite « marotique » *c c d - e e d* et la disposition

---

22. Henri Weber, *la Création poétique au XVIe siècle en France*, page 166; **23.** Voir page 142; **24.** Voir Index des noms; **25.** Quelque peu malmené dans *la Défense*, à cause de l'admiration que lui portait Sébillet, Scève jouit en fait de l'admiration des hommes de la Pléiade, et du Bellay, dès cette année 1550, lui rend un hommage éclatant qui ne se démentira pas; **26.** Frédéric Boyer, *Joachim du Bellay*, page 68; **27.** Celle des quatrains étant toujours *abba-abba*.

dite « régulière » c c d - e d e, toutes deux à peu près inconnues des
Italiens et que Ronsard imposera en les reprenant à l'exclusion de
toute autre dans ses *Amours* de 1552. Avant cette date, et dans *l'Olive*
donc, du Bellay emploie librement, avec la disposition marotique,
les combinaisons italiennes. De même, il ne se sent nullement tenu
de respecter l'alternance[28], qu'il n'observera scrupuleusement qu'à
partir du *Recueil de poésie* de 1550. L'intérêt de *l'Olive* n'est donc
pas là. Il est d'une part dans le fait qu'il s'agissait d'un recueil *unique-
ment* composé de sonnets, mais surtout dans la musicalité, la richesse
de suggestion, la grâce que du Bellay conférait au genre et qui,
d'emblée, faisaient de lui le maître des sonnettistes français.

De ce moule strict, il tirait un parti jusqu'alors insoupçonné : jeux
de sonorités dans les rimes, de rythmes et de contrastes d'une strophe
à l'autre; effets d'antithèses et de comparaisons, favorisés par la
disposition en quatrains et tercets, propre à exprimer le déchirement
de l'âme du poète; resserrements surprenants et soudains, provo-
qués par la brièveté d'une structure propice à l'expression de toutes
les contradictions. On le voit, du Bellay sonnettiste révélait ainsi,
si traditionnels que fussent les thèmes de *l'Olive*, quelque chose de
sa nature profonde, de son ambiguïté.

LES THÈMES DE « L'OLIVE » : LE FAUX PROBLÈME DE LA SINCÉRITÉ

Thèmes traditionnels, c'est le poète qui, dès le premier sonnet, nous
en avertit : son intention est de chanter l'olivier et de rendre cet
arbre « égal un jour au laurier immortel ». Rivaliser avec Pétrarque
(Olive = Laure), voilà quelle est son ambition. Il chante donc la
beauté de sa Dame, digne de recevoir l'hommage de la nature. Il
l'a rencontrée une nuit de Noël (comme un vendredi saint Pétrarque
avait rencontré Laure). Son éclat éclipse celui du soleil, et ses beautés,
ses « cheveux d'or », ses yeux pareils aux astres, sa voix sont
célébrés dans une série de sonnets-blasons, genre ainsi défini par
A. M. Schmidt : « A cette époque les poètes, inattentifs à l'harmonie
générale du corps de leurs maîtresses, en décrivent un par un les
charmes particuliers, quitte à louer plus longuement ceux qu'ils
favorisent d'un culte privilégié. Ainsi naissent ces liturgies intimes,
ces *Blasons anatomiques*, qui nous renseignent sur les emblèmes savou-
reux ou amers dont s'ornaient les rêves de nos ancêtres lorsqu'ils
négligeaient de censurer les travaux de leur inconscient[29]. » L'amant
rêve de ce que la réalité lui refuse (sonnet 14); il dit ses souffrances
et le ravissement qu'elles lui procurent (sonnets 33, 93), son amour
éternel et la cruauté de sa Dame. Il retrouve ses états d'âme dans

---

28. Alternance des rimes : une rime féminine succédant toujours à une rime masculine et *vice versa* ; **29.** A. M. Schmidt, *ouvr. cit.*, page 10.

l'aspect de la nature ou s'étonne de l'impassibilité de celle-ci. Il apostrophe le fleuve, qui, quotidiennement, peut contempler Olive (sonnet 77), laquelle, par son apparition matinale, offusque la lumière du jour (sonnet 83). Pour mieux dire sa jalousie et ses angoisses, il compare la Dame à la rose (sonnet 97). Fragile et belle, Olive est consumée par la maladie. Et le poète implore la grâce divine de lui apporter la paix et l'espoir du salut (sonnet 108), n'aspirant plus désormais qu'à l'idéale beauté de l'éternel (sonnet 113).

Pétrarquiste par le récit de l'amour ainsi conté — on n'ose parler d'intrigue, tant elle serait mince —, pétrarquiste encore par la description physiologique du trouble amoureux évoqué[30] : coup de foudre provoqué par la vue, extase morbide comparée à l'effet du poison, ravissement de l'âme emportée hors d'elle-même, tel est le schéma autour duquel s'organise *l'Olive* : seul schéma, conventionnel, mais senti comme naturel par les hommes du XVIe siècle, autour duquel puisse s'organiser l'émotion amoureuse. Et peu importe, en somme, que du Bellay écrivant *l'Olive* ait pensé à une personne réelle portant ce prénom alors courant (on en connaît quelques-unes dans son entourage) ou à une Mlle Viole, dont « Olive » serait l'anagramme, ou même à la princesse Marguerite, à qui il dédia la seconde édition et dont l'emblème était l'olivier, justement. A ce sujet, on pourrait reprendre les remarques de Gilbert Gadoffre sur *les Amours* de Ronsard : « De telles démystifications sont salutaires, car elles détruisent un vieux stéréotype : celui du poète traducteur d'émotions. Le cas de Ronsard est loin d'être isolé. Chaque fois que se présente l'occasion d'étudier de près la genèse d'une grande œuvre, l'explication anecdotique ne résiste pas à l'analyse. L'émotion ne cesse d'être un état passif que dans la mesure où le poète se montre capable de l'élever à un timbre de sensibilité sans commune mesure avec ses origines, et dans ce processus l'émotion anecdotique n'est qu'un point de départ, un prétexte qui pourrait être remplacé par un autre prétexte informulable en anecdote, ou même par la participation fictive à une émotion étrangère[31]. »

Ce qui compte, c'est qu'à propos de pétrarquisme, à propos de *l'Olive*, du Bellay ait pu manifester sinon sa sensibilité d'amant, du moins sa sensibilité d'artiste; et plus encore, que le futur auteur de « la Complainte du Désespéré » et des *Regrets* choisisse précisément ces thèmes et ces procédés pour chanter l'ineffable volupté de l'insatisfaction, lançant ainsi une mode (car Scève était trop isolé dans les cercles lyonnais pour exercer une influence aussi immédiate), mais révélant, à son insu peut-être, quelque chose de très profondément vrai, qui était, comme on disait alors, son « humeur ».

---

30. Mais, par-delà Pétrarque, il s'agit d'une tradition ancienne (alexandrine) et médiévale (courtoise); 31. Gilbert Gadoffre, *Ronsard par lui-même*, page 55 (Éd. du Seuil).

LES INVENTIONS (1552)

1522 : naissance — 1549 : premières œuvres — 1553 : départ pour l'Italie. Telles sont les dates commodément employées pour partager la vie de Du Bellay en grandes périodes. Après le creuset de Coqueret, la première production poétique jusqu'au départ pour Rome : *la Défense, l'Olive*, suivie, en 1549, des *Vers lyriques* et, en 1550, du premier *Recueil de poésie*. Du Bellay est célèbre, mais, malgré la protection de Marguerite de Valois, il ne s'enrichit pas. Physiquement, c'est, à moins de trente ans, un homme épuisé qui, pendant deux années (1550-1551), ne quitte guère son lit. Tuberculose, surdité, dont il ne se remettra jamais, malgré des rémissions trompeuses, et qu'accompagnent dès 1550 des soucis matériels divers : affaires de famille mêlées de procès, dont le principal lui est légué avec la tutelle de son jeune neveu par la mort de son frère aîné — les échos en résonnent d'un bout à l'autre des *Regrets!* Cependant, le poète malade ne se laisse pas oublier et participe en 1551 au *Tombeau de Marguerite de Valois;* il publie en 1552 la traduction du *Quatrième Livre de « l'Enéide »*, précédée d'une préface où celui qui invectivait les traducteurs de poètes dans sa *Défense* s'explique de ce revirement : il est las, il n'a plus la force nécessaire, son style est « refroidi », son enthousiasme est passé — forme à part, on croirait déjà lire les premiers sonnets des *Regrets*. Cependant, un tel reniement se renie lui-même puisqu'il s'accompagne d'*Autres Œuvres de l'invention du Translateur (les Inventions)*, avant la publication, en 1553, l'année suivante, de la deuxième édition remaniée du *Recueil de poésie* de 1550.

LA COMPLAINTE DU DÉSESPÉRÉ

Thème « à la mode », le désespoir fut d'abord traité par du Bellay dans une pièce des *Vers lyriques* de 1549, « le Chant du Désespéré », qu'il reprit dans *les Inventions* sous le titre de « la Complainte du Désespéré ». Entre-temps, des soucis bien réels l'avaient assailli, et son désespoir n'était plus seulement littéraire.

Cependant, sauf dans quelques strophes (seules retenues pour la présente édition), il ne s'agit guère de confidences directes. Long (souvent trop) de 500 vers, le poème vise à la « grande » poésie, et du Bellay s'y applique à l'amplification oratoire et à la multiplication des allusions mythologiques.

Mais, dans les meilleurs passages, le lieu commun s'anime des sonorités de la rime, de la richesse expressive des images — même mythologiques —, et le poète tire du rythme impair qu'il a choisi une mélodie parfois incantatoire. Ce désespéré, regrettant la disparition d'une jeunesse pourtant mélancolique, fait, pour la première fois au XVIᵉ siècle[32], intervenir l'inter-

---

32. Remarque d'Henri Weber : « Notons également que c'est l'automne et non pas seulement l'hiver auquel est associé chez du Bellay la mélancolie de la vieillesse; d'Aubigné n'est donc pas tout à fait le premier au XVIᵉ siècle, comme croit pouvoir l'affirmer Marcel Raymond, à donner une interprétation romantique de l'automne » (*la Création poétique au XVIᵉ siècle en France*, page 408).

prétation poétique de l'automne, la saison des romantiques :

> Comme l'automne saccage
> Les verts cheveux du bocage
> A son triste avènement,
> Ainsi peu à peu s'efface
> Le crêpe honneur de ma face
> Veuve de son ornement[33].

Et quand du Bellay évoque directement sa propre mélancolie et ce qui l'engendre : tracas, vieillissement, abandon, souffrances morales et physiques — qu'on lise les strophes où il évoque la mutilation que sa surdité inflige à la nature! —, c'est déjà le mythe romantique du poète maudit qui apparaît en filigrane. La malédiction ici est le fait, plus que de la société à peine mentionnée, de la marâtre nature, et c'est par la musique expressive du vers qu'elle s'exprime, beaucoup plus encore que par les idées, parfois trop (et trop longuement) élaborées. Henri Weber, rapprochant la tonalité de « la Complainte » de la première pièce des *Romances sans paroles* de Verlaine, remarque que celle-ci « comporte exactement la même disposition de vers et de rimes que « la Complainte » : sixains composés de vers de sept syllabes, rimes disposées suivant le schéma *a a b c c b,* dans lesquelles seule la rime *b* est masculine[34] ».

Exploitation parfois systématique, voire fastidieuse, d'un thème littéraire, le désespoir et le sentiment de la malédiction de « la Complainte » n'en expriment pas moins un dégoût de l'existence qu'on peut croire vrai et que, d'une tout autre manière, confirment les « Treize Sonnets de l'Honnête Amour », publiés eux aussi dans *les Inventions.*

« TREIZE SONNETS DE L'HONNÊTE AMOUR » : LE NÉO-PLATONISME

Appréciés de manière violemment divergente, puisque Henri Chamard y voit « du Bellay, sous l'influence momentanée de Pontus de Tyard, verser dans le galimatias », alors que A. M. Schmidt déplore que soient mal connus les « Treize Sonnets », « qu'une critique obtuse a trop longtemps décriés », ces poèmes chantent donc l'« honnête amour », c'est-à-dire l'amour spiritualisé, l'amour le plus noble et le plus raffiné — car il ne s'agit pas d'entendre le mot *honnête* dans le sens platement moralisant qu'il a pris de nos jours. Mis à part leur qualité propre, ces poèmes présentent la particularité d'être les seuls sonnets platoniciens de la « Brigade », si l'on excepte les dernières pièces de *l'Olive.*

On sait que, selon Platon, la seule réalité est constituée par le monde des Idées, ou Formes intelligibles, inaccessibles aux sens, le monde sensible n'étant lui-même que l'ombre, le reflet imparfait, de ce monde des Idées. Avant la naissance, les âmes ont contemplé

---

33. Vers 139-144; 34. Henri Weber, *Ouvr. cit.*, page 413.

les Idées, dont, une fois incarnées, elles gardent quelques réminiscences. Par la purification, par l'exigence spirituelle, l'âme peut s'élever vers le monde des Idées pendant la vie, pour y accéder de nouveau après la mort, considérée comme une délivrance de la prison charnelle qu'est le corps.

C'est à Marsile Ficin que le néo-platonisme dut sa vogue dans l'Europe de la Renaissance. Cet humaniste italien du XVe siècle avait commenté Platon en présentant sa philosophie comme un soutien nouveau de la foi chrétienne[35] : un moyen de libérer l'esprit de l'aspect matériel de la réalité. C'est par sa théorie de l'amour surtout que le néo-platonisme de Ficin exerça sur la poésie du XVIe siècle une influence considérable. L'amour humain est un degré vers l'amour divin ; il est provoqué par la vue de la beauté physique, qui est un reflet de la beauté de l'âme. La beauté se manifeste par certains sens « nobles », la vue, l'ouïe, mais elle est ignorée du goût et du toucher : l'amour charnel n'a donc pas de rapport avec la beauté, puisqu'il réclame une satisfaction violente opposée à la tempérance, donc à l'équilibre et à la proportion, qui caractérisent la beauté. « Le désir provoqué par la vue d'un beau corps ne doit pas s'arrêter à l'aspect physique, il doit s'élever à la beauté de l'âme, de là à la beauté angélique, siège des idées pures, de là encore à l'unité divine, qui est la lumière unique, la source commune de toute beauté et de toute bonté. De même qu'il y a gradation descendante de Dieu à son reflet lointain par la beauté du corps, l'amour est ce qui rappelle l'âme à Dieu par une gradation ascendante[36]. »

Cette tradition ne va pas sans se mêler à la tradition pétrarquiste[37] : l'amour entre par les yeux, trouble le corps de l'amant. Si l'aimée ne répond pas à cet amour, l'âme de l'amant meurt véritablement. Si l'amour est partagé, chacun meurt à soi-même pour vivre en l'autre. Le succès de cette théorie de l'amour fut considérable en Italie et s'exprima en particulier chez Bembo et chez Castiglione : l'amour apparaît comme une source de perfectionnement mutuel ; l'amant, « en semant au jardin de ce bel entendement, recueillera aussi les fruits de très belles mœurs et les goûtera avec un plaisir admirable. Ce sera véritablement engendrer et exprimer la beauté en beauté[38]. » L'école lyonnaise de Scève, d'Héroët (*la Parfaite Amie*, 1542), de Pontus de Tyard exalta ainsi, avant du Bellay, l'amour pur, l'amour spiritualisé, l'« honnête amour ».

DU BELLAY ET LE COURANT PLATONICIEN

Il serait fastidieux de redire ici la virtuosité de Du Bellay sonnettiste, son habileté à animer des images mythologiques traditionnelles,

35. Dans tout ce passage, nous suivons de très près les explications d'Henri Weber, *id.*, pages 18 et 19 ; 36. Henri Weber, *id.*, page 19 ; 37. Mais Pétrarque lui-même, rappelons-le, n'a vraisemblablement jamais lu Platon ; 38. B. Castiglione, *le Courtisan* (trad. de G. Chappuys, 1585). Cité par Henri Weber, *id.*, page 19.

à donner vie poétiquement à des lieux communs qui sont aussi des vérités inscrites dans l'esprit de son temps. A. M. Schmidt a raison de le souligner à propos de ces poèmes : « On y trouve une analyse éthique des relations chastes entre personnes de sexes différents, qui, si sublime soit-elle, possède une réelle valeur pratique et ne doit pas être tenue pour une vaine ratiocination à partir de prémisses absurdes[39]. » Et cela, sans doute, n'est si vrai que parce que du Bellay est avant tout un poète, un artiste attentif à la recherche de lui-même, plutôt qu'un philosophe comme cet Héroët — on pouvait bien s'être réconcilié depuis *la Défense* avec les amis de Sébillet et Sébillet lui-même ! — à qui, en 1549, il reprochait précisément de n'être pas assez poète. Comme au temps où il pétrarquisait en accord avec un thème qui jouissait de la faveur du siècle, c'est encore l'enthousiasme d'une découverte de lui-même qui l'inspire, même si cette découverte s'accorde à une mode littéraire. Découverte d'une reconquête possible sur le pessimisme, qui est le sien très profondément, pessimisme d'un homme voué à la désillusion comme en témoignent « la Complainte du Désespéré », plus tard *les Regrets*, et dont les moments de bonheur et de plénitude, semble-t-il, naissent de la création poétique, de la compensation littéraire. Qu'on lise *les Regrets*, justement. Pessimisme d'un esprit pour qui le beau ne peut être qu'ailleurs, comme l'amour, comme toute perfection :

> Rien de mortel ma langue plus ne sonne,
> Jà peu à peu moi-même j'abandonne
> Par cette ardeur[40] [...]

Homme malade, poète qui n'a pas la vigoureuse sensualité d'un Ronsard, profondément hanté par l'idée de la mort dès ces années sans doute, du Bellay trouve dans l'exaltation de l'au-delà, à quoi l'invite le platonisme, une raison et une permission de rêver en poète, accordées à sa foi de chrétien et justifiant les renoncements auxquels l'entraînent tant de diverses misères très matérielles.

L'ITALIE : LES RECUEILS ROMAINS

En 1553, ayant entendu les appels de son jeune parent, le cardinal du Bellay, qui repartait pour Rome, l'emmenait comme secrétaire. Rempli d'espoirs et d'ambitions au départ, le poète vit peu à peu se flétrir ses illusions et supporta mal sa déception. Accaparé par les corvées « ménagères » — des tâches d'intendance lourdes dans une grande maison —, il perdait son temps, sa liberté d'esprit, ses dons. Aucune carrière flatteuse ne s'offrait à lui, et les chicaneries familiales le poursuivaient jusqu'à Rome. Ce que furent ces jours de Rome, *les Regrets* nous le disent. Car, de ces quatre années, perdues à l'en croire, le poète, en 1557, rapportait en France les manuscrits

---

39. A. M. Schmidt, *ouvr. cit.*, page 410 ; 40. Sonnet 10.

de quatre ouvrages, parmi lesquels ses chefs-d'œuvre : les *Divers Jeux rustiques*, le recueil latin des *Poemata*, mais surtout *les Antiquités de Rome* et *les Regrets*[41]. Rentré à Paris, où sa situation matérielle, améliorée grâce au cardinal, le rendait enfin indépendant, il mettait au point ses recueils romains, les complétait, les organisait et les publiait en 1558 : en janvier, *les Regrets* et *les Divers Jeux rustiques*; en mars, *les Antiquités de Rome* et *les Poemata*[42].

DIVERS JEUX RUSTIQUES[43] (1558)

Écrits « parallèlement[44] » aux *Regrets,* les *Jeux rustiques* sont composés de pièces badines, poésie de divertissement comme le précise du Bellay lui-même dans sa dédicace à Jean du Thier[45] :

> Ne laisse pourtant de lire
> Les petits vers, que ma lyre
> Te vient présenter ici,
> Mêlant au bruit des trompettes[46]
> Le son des douces musettes,
> Pour adoucir ton souci.

« Petits vers » qui composent des pièces analogues à celles que Ronsard, ces années-là, intitulait « Folâtrie », « Bocage » ou « Mélange ». *Jeux* donc, et *jeux rustiques* puisque, la remarque est de V. L. Saulnier, « en un siècle où la ville n'était pas aussi loin de la campagne qu'elle est de nos jours, le mot « jeu rustique » ne voulait guère dire que « jeu de vacances ». Aller à la campagne, c'était en somme un pur et simple synonyme de « se délasser[47] ».

Cependant, il ne s'agit nullement d'une suite de poèmes livrés au hasard de l'inspiration. On y trouve des traductions de textes latins : le *Moretum* de Virgile, les *Vœux*, très célèbres alors, du poète néolatin Navagero (ou Naugerius), auxquels s'ajoute une *villanelle* dont le ton d'amour rustique s'harmonise avec le groupe. Puis des pièces d'amour non rustique, parmi lesquelles la satire « Contre les pétrarquistes ». Les épitaphes burlesques, notamment celle du petit chien Peloton, sont suivies des satires contre les courtisanes. Et enfin, le dernier morceau, pièce à la fois burlesque et satirique, est l'« Hymne de la Surdité ».

Textes de divertissement, de prime abord surprenants peut-être chez du Bellay, qu'on imagine plus volontiers pétrifié dans une atti-

---

41. Nous ne parlerons pas ici des *Regrets*, auxquels un volume est consacré dans la même collection; 42. Les dates indiquées sont celles des privilèges, autorisant la publication et suivis de peu par celle-ci; 43. Une excellente édition critique précédée d'une introduction très complète a été donnée de cet ouvrage par V. L. Saulnier dans les *Textes littéraires français* (Droz, Genève-Paris) en 1965; 44. L'expression est de V. L. Saulnier : « C'est un « parallèlement » au sens presque verlainien du mot » (*ouvr. cit.*, page 17); 45. Personnage fort important, conseiller du roi, dont il est déjà question dans *les Regrets;* 46. Allusion aux événements militaires qui se déroulent à Rome pendant la fin du séjour de Du Bellay; 47. *Ouvr. cit.*, page 20.

tude de désolation, mais qui ne constituent nullement une originalité de la part du poète. Qui traduit-il ? Les plus grands, les plus unanimement admirés des Latins, Virgile et Ovide, et, parmi les modernes néo-latins, l'initiateur du genre alors en vogue qu'est le *vœu*, Navagero, et l'illustre Bembo. De qui subit-il ailleurs l'influence ? De Sannazar et de l'auteur des *Baisers* latins, Jean Second. Distraction de lettré que ces *Jeux rustiques*, comme le confirment les parodies assez nombreuses du recueil : si la pièce « Contre les pétrarquistes » (qui, il faut le remarquer, révèle une sûre connaissance du pétrarquisme) reprend un poème déjà ancien, « A une Dame », publié dans le *Recueil de poésie* de 1553, c'est Marot que rappellent les épitaphes burlesques, le grand Marot si formellement désavoué dans *la Défense* — mais du Bellay à Rome est loin de Coqueret ! —, tant par la facilité des rythmes que par la virtuosité verbale. Ailleurs, dans les satires dirigées contre les courtisanes, contre le monde de Rome (en particulier dans l'« Hymne de la Surdité »), c'est l'Italien Berni[48] qu'imite l'auteur des *Jeux,* et dont on retrouve d'ailleurs l'influence dans maints sonnets des *Regrets*[49]. Du Bellay fonde ainsi en France la satire bernesque, l'hymne bernesque, qui connaîtront une si grande faveur chez les burlesques du XVIIe siècle, genre parodique qui consiste à louer gravement des objets dérisoires ou haïssables, ou l'inverse.

En somme, de l'ensemble des *Jeux rustiques* — dont les pièces, « quelque habiles qu'elles soient parfois, souffrent irrémédiablement du voisinage des *Regrets* » — se dégagent pour le lecteur moderne deux impressions dominantes : il s'agit d'« un de ces « repos de plus » grand travail » (le titre est celui de plusieurs recueils de Guillaume Des Autels, mais la chose est à tout le monde) que tout humaniste de la Renaissance, philosophe, philologue ou poète, s'accorde à certaines saisons : soit qu'il rédige des contes badins, soit qu'il rime ses badinages. Ce n'est nullement ici un accident, c'est un trait constant et essentiel du portrait de l'Humaniste[50]. » D'autre part, les *Jeux rustiques* constituent une trahison des principes de *la Défense*, puisque du Bellay s'y adonne à la poésie légère et « facile », puisqu'il traduit « à tour de bras », puisqu'il marotise tant par les genres choisis[51] que par les thèmes et par le style. Et même si, devant ces constatations, on se rappelle le passage où *la Défense* invitait le poète à adopter « en la famille française ces coulants et mignards hendécasyllabes, à l'exemple d'un Catulle, d'un Pontan et d'un Second », pour y trouver, ainsi affirmé dès 1549, le droit au lyrisme léger parallèlement à l'inspiration pathétique, il n'empêche que cette impression de reniement demeure et qu'elle se voit confirmée non seulement par les *Poemata*

---

48. Poète florentin (? 1497-1535), satirique, maître de la parodie burlesque, populaire et truculente, dont l'œuvre fut rééditée en 1555, pendant que du Bellay était à Rome ; **49.** F. Boyer, *ouvr. cit.*, page 97 ; **50.** V. L. Saulnier, *ouvr. cit.*, pages 17 et 18 ; **51.** On trouvera dans l'édition de V. L. Saulnier (page 44) la table des genres représentés dans les *Jeux rustiques*.

— poèmes latins de l'auteur de *la Défense et illustration de la langue française!* —, mais par *les Regrets*, désaveu sur tant de points des principes d'autrefois.

LES *ANTIQUITÉS DE ROME* (1558)

Œuvre inachevée, formant un tout avec *le Songe*, qui la suit, et dont le titre exact est *le Premier Livre*[52] *des Antiquités de Rome contenant une générale description de sa grandeur et comme une déploration de sa ruine plus un Songe ou Vision sur le même sujet*, on peut supposer qu'elle fut composée avant *les Regrets* malgré sa date de publication plus tardive. Au total, 33 sonnets pour *les Antiquités,* 15 pour *le Songe*, où alternent presque régulièrement (un sonnet sur deux) alexandrins et décasyllabes.

Imprégné de culture latine, convaincu, dès avant son départ, de la supériorité des écrits sur les autres formes de civilisation, ayant déjà peu à peu renoncé à quelques-unes de ses ambitions de jeunesse, obsédé par le sentiment de vieillir, de mourir, par la fuite du temps, du Bellay, arrivant à Rome, connut sans doute une de ses plus grandes déceptions devant le spectacle que présentaient les ruines confuses et peu respectées de l'ancienne capitale du monde. Ce spectacle, il l'a décrit lui-même dans un poème latin, *Romae descriptio*, ainsi résumé par Pierre Grimal[53] : « Les deux tiers de la Rome impériale demeuraient vides; la muraille « flottait » autour de la ville. Dans les lacunes, des ruines et des jardins [...]. Au centre, le Forum est abandonné; l'on y garde des troupeaux, et il s'appelle ordinairement le « Champ des Vaches » [...]. Çà et là, quelques tranchées de fouilles ouvertes et jamais refermées achèvent de dégrader ce qui reste des ruines. Partout s'élèvent des églises. Quelques-unes occupent de vieux temples [...]. Mais, le plus souvent, les ruines mêmes sont démolies [...]. Les vieux monuments ne sont guère plus que des carrières de travertin, la pierre dure de Tivoli, qui sert, réemployée, à construire des palais nouveaux [...]. Trente ans après, Montaigne écrira : « On « ne voyait rien de Rome que le Ciel sur lequel elle avait été assise « et le plan de son gîte. »

Il n'était nullement nécessaire d'avoir le goût du paradoxe pour être saisi du contraste, et c'est ce saisissement qu'expriment *les Antiquités*. Mais, par une réaction normale, la déception éprouvée par du Bellay sur les lieux mêmes de ce qui pour lui reste l'exemple de toute grandeur, de toute civilisation, de toute culture va s'exprimer par des réminiscences de lecture, parfois par des souvenirs plus précis encore. Reprendre, pour dire la déchéance de Rome, les mots de ceux qui en célébrèrent la grandeur, c'était marquer sa fidélité à

---

52. Il n'y eut pas de second livre; 53. Dans son introduction aux *Regrets suivis des Antiquités de Rome*, pages 14 et 15 (Éd. de Cluny).

l'essentiel d'une culture, à ce qui n'en meurt pas, à ce qui vainc le temps, ennemi « injurieux » — et dans le même moment souligner le caractère d'autant plus cruel et irrémédiable de la destruction. Virgile, Horace, Lucain, Lucrèce, et puis aussi Pétrarque ou Castiglione, et puis tant d'autres qu'avait publiés Giolito dans ses anthologies apparaissent ainsi tour à tour ou mêlés dans les *Antiquités*. Si bien que, par le fait même de cette révélation douloureuse que le monde antique était bien mort, du Bellay allait se retrouver plus que jamais fidèle à ce qu'il avait autrefois rêvé d'être : un continuateur, un « imitateur » des Anciens —, en créant cependant quelque chose d'absolument nouveau.

C'est donc, conformément à l'invocation du premier sonnet, un monde mort qui réapparaît :

> J'invoque ici votre antique fureur
> En cependant que d'une sainte horreur
> Je vais chantant votre gloire plus belle,

mais un monde d'ombres et de fantômes qui ne renaîtront plus. Car l'anecdote, le pittoresque n'intéressent pas du Bellay. S'il oublie — s'il semble oublier — la ville vivante qui existe à côté, s'il ne mentionne que rarement et par contraste avec la grandeur qui fut Rome le « successeur de Pierre », il n'empêche que lui est là et que, contemplant ces ruines, il imagine l'ancienne Rome et regarde ce qui en reste cesser d'être un homme venu d'ailleurs et d'une autre époque. Si bien que c'est en poète qu'il parle de Rome ou, pour reprendre l'heureuse expression de V. L. Saulnier, en « historien épique », accablé et exalté de cette grandeur que rien n'a remplacée et qui s'est détruite elle-même par la folie des hommes, de cette démesure admirable et foudroyée qui le transporte, et que seules les images de la poésie peuvent faire resurgir par magie. La magie, rites propitiatoires ou incantations, n'est pas absente du recueil — la magie à laquelle du Bellay croyait comme tous ses contemporains, même les plus cultivés, même les plus pieux.

Sensible à la poésie morbide des ruines, du Bellay inaugure ainsi une nouvelle mentalité poétique, et il le sait, se vantant

> D'avoir chanté, le premier des Français
> L'antique honneur du peuple à longue robe[54].

Peu à peu, l'évocation de cette splendeur détruite que tant d'images superbes imposent, en si peu de sonnets et dont il ne reste rien, qu'un nom :

> Rome de Rome est le seul monument[55]

et des écrits :

> Qui son los le plus beau
> Malgré le temps arrachent au tombeau[56],

---

54. Sonnet 32; 55. Sonnet 3; 56. Sonnet 5.

cette évocation entraîne une méditation sur le temps et sur le destin de toute chose. Rome devient le symbole de l'univers, voué, lui aussi, à la ruine et que le temps vaincra comme il détruit tout :

> Mais bien je dis...
> Que ce grand Tout doit quelquefois périr[57].

Grande leçon : « Tout retourne à son commencement[58] », mais l'exemple reste, car la gloire défie le temps et la mort :

> Ce vieil honneur poudreux est le plus honoré[59].

LE *SONGE*

« Vois comme tout n'est rien que vanité » : ce n'est pas sans raison que le souvenir de l'Ecclésiaste, concluant les *Antiquités,* introduisait le *Songe.* Grandeur et décadence, le thème peut bien être déjà traditionnel[60], c'est la première fois qu'il est chanté comme la réaction personnelle d'une sensibilité face à une réalité. La grandeur romaine, du Bellay en est nourri. La décadence, la ruine, il les contemple avec fascination. Ce qu'il va évoquer dans le *Songe,* c'est le passage de l'une à l'autre, l'écroulement — ce spectacle apocalyptique, inimaginable et qui pourtant est la vérité de toutes choses et de toutes créatures en ce monde.

Voici donc en quelques sonnets une suite de catastrophes métaphoriques et grandioses. Édifices fabuleux écroulés, Chêne de Dodone abattu, Louve romaine tuée et dépecée, aigle consumée en un instant, animaux symboliques soudain dépossédés d'attributs glorieux, nef engloutie, cité renversée, Titan foudroyé, c'est toujours le destin de Rome figurant le destin du monde qui surgit ainsi, tous les quatorze vers, sans commentaire d'aucune sorte cette fois : regret, morale ou philosophie. « Monotones, inéluctables, c'est le flux suivi du reflux[61].

Infernales visions dont l'insolite beauté suscite le malaise chez des lecteurs habitués à des poésies plus « raisonnables » et dont le « baroquisme est un exemple curieux de ce qu'on pourrait appeler le *délire humaniste,* qui saisit parfois (trop rarement hélas!) l'artiste de la Renaissance. On comprend alors que le concept d'Antiquité n'avait pas, à l'époque, la froideur raisonnable qu'il prendra chez les classiques. Il est au contraire appréhendé par un esprit enthousiaste et violent, qui transforme son savoir en poésie, l'ordre intellectuel en désordre imaginatif et sentimental[62]. »

---

57. Sonnet 9; **58.** Sonnet 18; **59.** Sonnet 28; **60.** Chanté par Pétrarque, Alain Chartier, Buchanan, Castiglione... et par l'Ancien Testament; **61.** V. L. Saulnier, *Du Bellay, l'homme et l'œuvre,* page 75; **62.** F. Boyer, *ouvr. cit.*, page 86.

LES DERNIÈRES ŒUVRES. *LE POÈTE COURTISAN* (1559)

Année fructueuse que 1558, puisqu'il faut encore y ajouter non seulement *les Regrets*, mais les premières œuvres politiques du poète : un *Discours au roi sur la trêve de l'an 1555*[63], un *Hymne au roi sur la prise de Calais*. Et puis, dans la traduction commentée du *Banquet* de Platon que donnait Louis Le Roy, du Bellay s'était chargé de la traduction des poètes grecs et latins cités dans le commentaire : une bonne trentaine de pages. L'année suivante, la dernière que vécut le poète, le montre composant des pièces de circonstance, *Discours* et *Epithalame*, qu'il publie, et d'autres encore, *Discours* et *Amours* nouvelles, poésies latines comme l'*Elégie à Jean Morel*, où il dit quelle fut sa vie et qui ne seront éditées qu'après sa mort.

C'est en 1559 que paraît une satire latine de l'humaniste Turnèbe. Sous le titre de *la Nouvelle Manière de faire son profit des lettres*, du Bellay la traduit aussitôt en l'accompagnant d'un morceau de son cru, *le Poète courtisan*, le tout publié sous le pseudonyme de Quintil du Tronssay — car les attaques y étaient vives. Portrait en négatif du bon poète, où l'auteur recommande en somme à celui qui veut réussir de se livrer à toutes les compromissions, à toutes les complaisances. Satire bernesque, où, par des allusions transparentes, du Bellay prend à partie certains poètes en vogue et certains procédés en faveur. On retrouve ainsi les thèmes déjà traités dans les sonnets 140-150 des *Regrets*, mais on décèle plus nettement encore dans cette presque dernière œuvre l'amertume du poète, plus que jamais fidèle au respect de la poésie, à l'idéal de *la Défense*. Désormais, sans illusion et sans fougue, il ne chante plus, il raille.

Si ce poème, écrit en alexandrins à rimes plates alternées, de facture déjà toute classique, mérita de Sainte-Beuve l'éloge suprême : « On peut considérer *le Poète courtisan* comme une de nos premières et de nos meilleures satires régulières ou classiques », c'est ailleurs, dans le moins bon, que se trouvaient sans doute les plus riches promesses. « Tout, dans ses écrits de 1558-1559, n'est pas chef-d'œuvre : presque tout traduit des recherches nouvelles[64]. » Du Bellay n'eut pas le temps de les accomplir. Devenu complètement sourd, très malade depuis quelques mois, n'ayant jamais cessé de travailler, il mourut subitement le 1er janvier 1560. Sa carrière poétique avait duré dix ans.

Cependant, son œuvre, pour peu qu'on veuille bien la lire sans s'arrêter à des idées toutes faites, étonne par la variété de son registre. Tour à tour pamphlétaire, élégiaque, satirique, chantre de l'inaccessible — la Dame dans *l'Olive*, l'au-delà dans « l'Honnête Amour »,

---

63. 1555 selon l'« ancien style », c'est-à-dire 1556 dans le « nouveau style », qui fait partir l'année du 1er janvier : c'est la trêve de Vaucelles; 64. V. L. Saulnier, *ouvr. cit.*, page 115.

Rome la morte dans les *Antiquités* —, poète des divertissements savants dans les *Jeux rustiques*, tel fut du Bellay, hanté d'une nostalgie de la perfection et qui sut dire son insatisfaction de lui-même et du monde, d'un monde où il passa moins de quarante ans.

Nous avons suivi l'édition des Œuvres de Du Bellay par Henri Chamard, tant pour l'établissement du texte que pour la numérotation des poèmes. Cependant, nous avons modernisé l'orthographe et, dans la Défense, pour faciliter la lecture, nous avons coupé les chapitres en paragraphes.

Ces textes sont précédés d'un Index des thèmes traités dans la Défense, d'un Lexique du vocabulaire des poésies et d'un Index des noms propres. Les références ne concernent que les extraits retenus dans la présente édition.

INDEX DE QUELQUES THÈMES
DE « LA DÉFENSE »

(Cet index ne concerne que nos extraits. Il renvoie à la page.)

LEXIQUE DU VOCABULAIRE DES POÉSIES
de Du Bellay citées dans ce recueil

Liste des abréviations : *Ol.*, *l'Olive* ; *C. D.*, « la Complainte du Désespéré » ; *H. A.*, « Sonnets de l'Honnête Amour » ; *J. R.*, *Divers Jeux rustiques* ; *A. R.*, *les Antiquités de Rome* ; *S.*, *le Songe* ; *P. C.*, *le Poète courtisan*.

Le chiffre arabe renvoie, selon l'indication [s.] ou [v.], au numéro du sonnet ou au numéro du vers. Pour les *Jeux rustiques*, le chiffre romain renvoie au numéro du poème (édition Chamard).

Chaque mot figurant dans le Lexique est signalé dans le texte par un astérisque (*).

Adonc [*J. R.*, XXXVIII, v. 190] : alors.

Ahanner [*J. R.*, III, v. 16] : peiner, travailler avec effort.

Ains [*J. R.*, XX, v. 147] : mais.

Aise [*Ol.*, s. 14, s. 77 ; *C. D.*, v. 286 ; *H. A.*, s. 6 ; *J. R.*, XXVII, v. 110 ; XXXVIII, v. 197] : bonheur, bien-être.

Amer [*Ol.*, s. 77, s. 93] : plante médicinale dont le jus a un goût amer. Image traditionnelle dans la poésie pétrarquiste.

Archets [*H. A.*, s. 2] : petits arcs, sourcils.

Ardeur, ardent [*Ol.*, s. 108 ; *H. A.*, s. 4, s. 10 ; *J. R.*, XX, v. 125] : sens étymologique de « brûlure » et de « brûlant ».

Arène [*A. R.*, s. 14] : sable.

Artifice [*J. R.*, XX, v. 188] : art, élaboration artistique.

Avarice [*J. R.*, XXXVIII, v. 8] : cupidité sous toutes ses formes.

Bessons [*S.*, s. 6] : jumeaux. Ici, Romulus et Remus.

Bienheuretés [*C. D.*, v. 283] : joies, bonheurs.

Brave(ment) [*J. R.*, XXXVIII, v. 209 ; *A. R.*, s. 9 ; *S.*, s. 15] : orgueilleux, arrogant. — **Braver** [*A. R.*, s. 14] : faire les braves.

Cassine [*A. R.*, s. 18] : cabane.

Celle [*H. A.*, s. 10] (adjectif) : cette.

Cestui [*J. R.*, XX, v. 121, v. 125] : celui, celui-ci.

Chef [*Ol.*, s. 1 ; *S.*, s. 14] : tête.

Chevance [*J. R.*, XXXVIII, v. 8] : revenus.

Consommer [*A. R.*, s. 3] : consumer.

Content(er) [*Ol.*, s. 93; *J. R.*, XX, v. 179; *P. C.*, v. 135] : (être) satisfait, sans autre désir.

Contrepeser [*J. R.*, XXXVIII, v. 21] : équilibrer, mettre en balance, à égalité.

Coral [*H. A.*, s. 2] : corail.

Créditeur moleste [*J. R.*, XXXVIII, v. 195] : créancier importun.

Crêpe [*C. D.*, v. 143] : frisé, chevelu.

Damoiselet [*J. R.*, XXVII, v. 92] : petit damoiseau, jeune homme bien né.

Décevant [*J. R.*, XX, v. 151] : trompeur.

Dédain, dédaigner [*Ol.*, s. 33; *H. A.*, s. 6, s. 10; *J. R.*, XX, v. 129; *A. R.*, s. 14; *P. C.*, v. 147]. Sans qu'il y ait jugement formel de mépris, c'est la volonté de ne pas prendre en considération une indifférence révélatrice d'un sentiment de supériorité.

Démener [*J. R.*, XX, v. 137] : pratiquer.

Dépité [*J. R.*, XIV, v. 5] : fâché. — [*S.*, s. 14] : irrité, violemment contrarié.

Despéré [*J. R.*, XIV, v. 27] : désespéré.

Dévaller [*A. R.*, s. 5] : s'écrouler, s'effondrer.

Domestique [*J. R.*, XXXVIII, v. 14] : familière.

Du tout [*J. R.*, XXXVIII, v. 28] : totalement, complètement.

Éjouir [*C. D.*, v. 285] : réjouir.

Embrasser [*Ol.*, s. 14, s. 108; *P. C.*, v. 107] : étreindre, se saisir de.

Emmieller [*Ol.*, s. 97] : adoucir.

Empenner [*Ol.*, s. 113; *J. R.*, XX, v. 182] : garnir d'ailes.

Emplumé [*H. A.*, s. 6] : garni d'ailes.

Ennui, ennuyé [*Ol.*, s. 108; *J. R.*, XX, v. 157; XXXVIII, v. 98] : tourment, torture morale.

Envie, envieux [*Ol.*, s. 14, s. 77; *J. R.*, XXVII, v. 109, v. 118; XXXVIII, v. 248; *A. R.*, s. 9] : malveillance diligente.

Ès [*A. R.*, s. 18] : aux (pluriel de *en*).

Essourder [*C. D.*, v. 297] : assourdir, réduire au silence.

Étranger (s') [*J. R.*, XX, v. 167] : quitter, partir.

Étuyé [*Ol.*, s. 108] : rengainé (cf. *étui*).

Fâcher, fâcheux [*J. R.*, XX, v. 175; XXXVIII, v. 99, v. 106, v. 194, v. 195; *S.*, s. 15; *P. C.*, v. 27, v. 147] : irriter, contrarier violemment.

Fanir [*J. R.*, XX, v. 167] : faner.

Fatal [*A. R.*, s. 6, s. 18, s. 27] : inéluctablement fixé par le destin.

Feu [*Ol.*, s. 108; *H. A.*, s. 4; *J. R.*, XX, v. 9, v. 163] : brûlure causée par un sentiment, une émotion violente (généralement amoureuse).

Flamme [*Ol.*, s. 14, s. 77, s. 108; *H. A.*, s. 6, s. 10; *J. R.*, XX, v. 14] : image de l'ardeur du sentiment, amoureux ou mystique.

Flatter, flatteur [*J. R.*, XX, v. 3, v. 151] : tromper par des illusions agréables.

Foi [*Ol.*, s. 33; *H. A.*, s. 4; *J. R.*, XXXVIII, v. 25] : loyauté, fidélité.

Fortune, fortuné [*Ol.*, s. 93; *C. D.*, v. 98, v. 131] : hasard, chance ou malchance aussi bien, auquel l'homme est soumis.

Franche(ment) [*H. A.*, s. 4; *J. R.*, XIV, v. 7, v. 15, v. 23, v. 31; XX, v. 2, v. 147] : libre, librement sollicitée ou acceptée.

Fureur [*J. R.*, XXXVIII, v. 9; *A. R.*, s. 1; *S.*, s. 4, s. 6] : déchaînement de forces plus qu'humaines : la fureur poétique, c'est l'enthousiasme de l'inspiration; la fureur guerrière, c'est l'ivresse de la conquête.

Gêner [*C. D.*, v. 118] : torturer (cf. *géhenne*).

Guinder (se) [*H. A.*, s. 10] : se hausser.

Heur [*J. R.*, XXXVIII, v. 27] : bonheur (cf. *heureux*).

Horreur [*J. R.*, XX, v. 10; *A. R.*, s. 1] : effet d'une émotion violente, d'une frayeur ou d'un enthousiasme qui met hors de soi (étymologiquement : ce qui donne la chair de poule).

Idée [*Ol.*, s. 113; *J. R.*, XX, v. 208]. Au sens platonicien, les idées sont les concepts, les pures essences dont notre monde visible n'est qu'un reflet.

Idole [*A. R.*, s. 5] : image.

Images [*A. R.*, s. 15] : fantômes.

Immortel, immortalité [*Ol.*, s. 1; *H. A.*, s. 10; *A. R.*, s. 32; *S.*, s. 14] : mots souvent employés pour évoquer le renom durable, plus fort que le temps et ses destructions, qu'apporte la création littéraire.

Indique [*Ol.*, s. 83; *J. R.*, XX, v. 19] : adjectif forgé sur « Inde » et qui évoque l'Orient lointain ou fabuleux.

Industrieux [*A. R.*, s. 27] : habile, actif.

Ingénieux [*Ol.*, s. 97] : habile, inspiré.

Jà [*C. D.*, v. 144; *H. A.*, s. 10] : déjà.

Laisser [*H. A.*, s. 6; *A. R.*, s. 32] : délaisser, abandonner. *Ne laisse pas de* : ne cesse pas de.

Lier [*Ol.*, s. 14, s. 33] : étreindre.

Liqueur [*Ol.*, s. 77, s. 97] : liquide.

Los [*J. R.*, XXXVIII, v. 246; *A. R.*, s. 1, s. 5] : louange.

Loyer [*J. R.*, XXXVIII, v. 245] : récompense.

Mignarder, mignardelet, mignardement [*J. R.*, XX, v. 127; XXVII, v. 91; *S.*, s. 6] : se parer d'une élégance délicate et raffinée, jusqu'à l'excès.

Mondaine [*A. R.*, s. 3; *S.*, s. 1] : de ce monde, par opposition à ce qui est éternel.

Monument [*A. R.*, s. 3, s. 32] : œuvre destinée à perpétuer le souvenir.

Morion [*S.*, s. 15] : casque, tel qu'en porte encore la garde suisse du Vatican.

Naïf [*Ol.*, s. 97] : naturel, spontané.

Nouveau, nouveauté [*J. R.*, XXVII, v. 122] : sens actuel. — [*H. A.*, s. 10; *J. R.*, XX, v. 206; *S.*, s. 6] : sens étymologique de « rare », « extraordinaire », et parfois même de « monstrueux ».

Nuisant [*C. D.*, v. 110; *J. R.*, XX, v. 161] : destructeur.

Offense, offenser [*C. D.*, v. 122; *J. R.*, XXXVIII, v. 224] : blessure, blesser.

Ombrageux [*J. R.*, III, v. 7; *A. R.*, s. 28] : qui donne de l'ombre.

Onc [*C. D.*, v. 131; *J. R.*, XXVII, v. 105; XXXVIII, v. 189; *S.*, s. 14] : jamais.

Or, ore, ores [*Ol.*, s. 93; *C. D.*, v. 126; *J. R.*, XIV, v. 17; XX, v. 175; XXXVIII, v. 202; *A. R.*, s. 28] : aujourd'hui, maintenant, tantôt (ce dernier sens en répétition seulement).

Orrais [*J. R.*, XXXVIII, v. 199, v. 201, v. 207, v. 212] (conditionnel de ouïr) : j'entendrais.

Outrage [*J. R.*, XX, v. 16; XXXVIII, v. 248; *A. R.*, s. 14] : blessure.

Parquet [*J. R.*, XXXVIII, v. 106] : procureur.

Poison [*H. A.*, s. 14] : sens étymologique de « potion », « breuvage ». Souvent au féminin au XVIᵉ siècle.

Poudreuse [*A. R.*, s. 1, s. 14, s. 15, s. 28; *S.*, s. 14] : réduite en poudre, en poussière; détruite.

Prin-vol [*H. A.*, s. 6] : d'un premier vol, subitement.

Priser [*J. R.*, XXXVIII, v. 23] : estimer.

Prison, prisonnier, emprisonner [*Ol.*, s. 33, s. 113; *H. A.*, s. 4] : sens toujours métaphorique (non sans rapport avec la notion moderne d'aliénation).

Quelquefois [*H. A.*, s. 6; *A. R.*, s. 3, s. 9, s. 15, s. 18, s. 28] : en rapport avec le passé, autrefois; avec le présent, sens moderne; avec l'avenir, un jour.

Querir [*Ol.*, s. 1] : chercher, demander.

Quinte essence [*J. R.*, XX, v. 132] : partie la plus subtile, la plus immatérielle, la plus raffinée, la plus précieuse de quelque chose (terme d'alchimie).

Ravir [*H. A.*, s. 6; *A. R.*, s. 14] : emporter, transporter (cf. *rapt*).

Reliques [*A. R.*, s. 15, s. 30] : vestiges, restes.

Rêver, rêveur [*P. C.*, v. 22, v. 30, v. 61] : méditer à l'excès, jusqu'à la déraison.

servage, serves [*Ol.*, s. 77; *C. D.*, v. 156] : voir prison.

Si [*J. R.*, XXXVIII, v. 20] : particule renforçant le sens de *pourtant*.

Soin [*C. D.*, v. 148] : souci.

Sonner [*H. A.*, s. 10] : chanter, célébrer par ses vers.

Souci [*Ol.*, s. 33, s. 93; *C. D.*, v. 135, v. 292; *S.*, s. 1] : tourment moral.

Souler [*J. R.*, XXXVIII, v. 186; *A. R.*, s. 14] : avoir l'habitude de, avoir accoutumé de.

Superbe [*J. R.*, XXXVIII, v. 216; *S.*, s. 14] : orgueilleux, arrogant et puissant.

Tige [*Ol.*, s. 1, s. 97] : au féminin, sens actuel; au masculin, plante, arbre.

Trop [*J. R.*, XX, v. 155] : beaucoup.

Tusque [*J. R.*, XX, v. 151] : toscan, italien.

Vif [*Ol.*, s. 77, s. 83; *A. R.*, s. 1, s. 32] : vivant.

Voire [*Ol.*, s. 14; *J. R.*, XXXVIII, v. 222] : même, surtout.

Voise [*J. R.*, XXXVIII, v. 218; *A. R.*, s. 9] (ancien subjonctif de *aller*) : aille.

INDEX DES NOMS PROPRES

(Personnages réels, personnages et lieux mythiques.)

Liste des abréviations : D., la Défense et illustration; Ol., l'Olive; C. D., « la Complainte du Désespéré »; H. A., « Sonnets de l'Honnête Amour »; J. R., Divers Jeux rustiques; A. R., les Antiquités de Rome; S., le Songe; P. C., le Poète courtisan.

Achille : le plus grand des héros grecs, chanté par Homère dans l'Iliade (D.).

Alcibiade [vers 450-404 av. J.-C.] : aristocrate athénien, pupille de Périclès, élève de Socrate, à qui Plutarque consacra une de ses Vies parallèles : fastueux et sans scrupule, il joua un rôle politique important (D.).

Alexandre [356-323 av. J.-C.] : le prestigieux conquérant, élève d'Aristote, stratège aussi bien qu'administrateur, protecteur des sciences et des arts, dont la gloire est devenue légendaire (D.).

Anacharsis [VIᵉ s. av. J.-C.] : philosophe scythe réputé pour son savoir et l'austérité de ses mœurs, et qui vécut longtemps à Athènes. De retour dans sa patrie, où il voulut introduire la mystérieuse religion de Déméter, il y fut mis à mort pour ce fait par le roi son frère (D.).

Apollon ou **Phœbus** : dieu des Arts, conducteur du chœur des Muses (D.; Ol.; A. R.).

Arioste [1474-1533] : poète italien, auteur notamment de l'épopée du Roland furieux (1516), dont l'influence sur toute l'Europe fut considérable au XVIᵉ siècle (D.).

Aristarque [v. 215-v. 143 av. J.-C.] : critique et grammairien grec connu pour ses travaux sur Homère. Son nom évoque la critique judicieuse et sévère (P. C.).

Aristophane [v. 445-v. 385 av. J.-C.] : le plus grand des poètes comiques athéniens. La plupart de ses pièces sont des œuvres d'actualité : pamphlets politiques ou littéraires (D.).

Aristote [384-322 av. J.-C.] : philosophe et savant grec, élève de Platon, précepteur d'Alexandre. Le Moyen Age en avait fait une autorité suprême dans presque tous les domaines de la connaissance. Sa Poétique exerça une grande influence (D.).

Auguste [63 av. J.-C. - 14 apr. J.-C.] : empereur romain, fils adoptif de César, d'abord nommé Octave. Après un début de règne agité, il pratiqua une politique de paix, et son nom devint un symbole de prospérité. L'« âge d'or », ou siècle d'Auguste, fut dans le domaine littéraire un moment très brillant *(D.)*.

Bacchus : dieu de la Vigne et de toutes les Ivresses, personnifiant la puissance de la nature. C'est aussi le dieu protecteur du Théâtre. — *Dieu deux fois né*, parce que, selon la légende, il fut d'abord arraché aux entrailles de sa mère morte par Jupiter, qui l'enferma trois mois dans sa cuisse afin qu'il puisse naître à terme *(D.; Ol.)*.

Baïf (Lazare de) [1496-1547] : conseiller de François Ier, diplomate, helléniste fameux, qui se distingua notamment par des traductions du grec. C'est le père du poète Jean Antoine de Baïf *(D.)*.

Bembo (Pierre) [1470-1547] : cardinal, secrétaire du pape Léon X. C'était un cicéronien passionné au point qu'il s'abstenait, dit-on, de lire les Épîtres de saint Paul de peur de gâter son style latin ! Cependant, ce fut un défenseur de sa langue nationale : ayant choisi Pétrarque pour maître de poésie, il en imita les *Rimes,* devenant ainsi le premier pétrarquiste italien de son siècle *(D.)*.

Boccace [1313-1375] : écrivain italien, ami de Pétrarque. Il écrivit en latin des traités et en langue toscane des poèmes et des romans. Son chef-d'œuvre est le *Décaméron,* qui fonda la prose italienne et qu'imitèrent les conteurs français de la Renaissance *(D.)*.

Budé (Guillaume) [1467-1540] : l'humaniste le plus fameux de la Renaissance française, qui fut à l'origine de la fondation, par François Ier, du Collège royal (futur Collège de France) en 1530. Il écrivit en français l'*Institution du prince* (1522), ouvrage qui ne fut publié qu'en 1547 *(D.)*.

Caton l'Ancien [234-149 av. J.-C.] : homme d'État romain. Célèbre par l'austérité de ses mœurs, il s'efforça d'enrayer le goût du luxe qui menaçait de corrompre l'ancienne vertu romaine. Cela ne l'empêcha pas d'étudier le grec à la fin de sa vie *(D.)*.

Catulle [v. 87-v. 54 av. J.-C.] : élégiaque latin, célèbre par ses poésies amoureuses, à la fois érudites et élégantes *(D.; J. R.)*.

César [101-44 av. J.-C.] : homme d'État romain. Politique habile et sans scrupule, il écrasa ses ennemis politiques (notamment Pompée à la bataille de Pharsale), puis régna sur Rome en dictateur. Il fut assassiné en plein sénat *(D.)*.

Cicéron [106-43 av. J.-C.] : le plus éloquent des hommes politiques latins. Condamné à l'exil, il périt assassiné. Il reste le modèle de la prose latine et il a exposé les principes de son art dans différents traités oratoires *(D.)*.

Corinne [Vᵉ s. av. J.-C.] : poétesse grecque, contemporaine et rivale de Pindare. Il ne reste de son œuvre que de rares fragments *(D.)*.

Cornélie [189-110 av. J.-C.]: illustre femme romaine, fille de Scipion l'Africain et mère des Gracques. Elle n'a jamais aspiré à la gloire de l'éloquence et de l'érudition, mais elle se distingua par l'éducation remarquable qu'elle donna elle-même à ses fils *(D.)*.

Cybèle : déesse de la Fécondité, honorée sous les noms de « Grande Déesse » et de « Mère des dieux ». On la représentait montée sur un char tiré par des lions, symboles de puissance, et coiffée de petites tours représentant les villes qu'elle protégeait *(A. R.)*.

Démon : être surnaturel, intermédiaire entre l'homme et les divinités *(A. R.; S.)*.

Démosthène [384-322 av. J.-C.] : le plus illustre des orateurs athéniens. Adversaire de Philippe de Macédoine, il lutta avec autant d'énergie que de clairvoyance pour l'indépendance de sa patrie *(D.)*.

Diane : déesse de la Chasse, d'une chasteté farouche *(D.)*.

Diomède : un des plus vaillants héros de *l'Iliade*, moins grand, cependant, qu'Achille *(D.)*.

Dolet (Étienne) [1509-1546] : l'un des plus fameux humanistes de la Renaissance française, à la fois philologue, érudit, poète et imprimeur (d'abord correcteur d'imprimerie il prit parti pour les ouvriers dans la grande grève des imprimeurs de Lyon en 1538). Sa vie, agitée, fut constamment l'objet de poursuites, en particulier de la part des autorités ecclésiastiques. Il fut arrêté en 1544 pour avoir traduit par « Après la mort, tu ne seras rien du tout » la phrase « Tu ne seras plus » qui figurait dans le texte d'un dialogue alors attribué à Platon, l'*Axiochos*. Accusé d'athéisme par la faculté de théologie, puis par le parlement de Paris, tributaire d'une réputation fâcheuse, plus ou moins brouillé avec tout le monde, il fut condamné et brûlé place Maubert, à Paris, le 3 août 1546 *(D.)*.

Dorat ou **Daurat** (Jean) [1508-1588] : humaniste et l'un des meilleurs hellénistes de son temps. Il fut au collège de Coqueret le maître de Ronsard et de Du Bellay, sur qui il exerça une influence considérable *(D.)*.

Echidna : monstre de la mythologie (première génération), à la fois femme et serpent, malfaisant par sa fécondité : elle n'enfantait que des êtres redoutables *(S.)*.

François Iᵉʳ [1494-1547] : mort deux ans avant la publication de *la Défense*, il a mérité le titre de « Père des lettres » par la protection qu'il a accordée aux humanistes et aux artistes. On lui doit notamment la fondation du Collège de France et de l'Imprimerie nationale. Il fut célébré avec d'autant plus d'enthousiasme que son successeur, son fils Henri II, ne manifesta guère le même goût pour les lettres et les arts *(D.)*.

Guillaume de Lorris [v. 1200-apr. 1240] : auteur de la première partie du *Roman de la Rose*, allégorique et symbolique, œuvre d'une délicatesse raffinée se rattachant à la littérature courtoise *(D.)*.

Guillet (Pernette du) [1520-1545] : poétesse lyonnaise, élève de Maurice Scève, qui composa pour elle la *Délie (D.)*.

Hector : héros troyen de *l'Iliade*, tué par Achille, qui, seul, le surpassait *(A. R.)*.

Hercule : fils d'Alcmène et de Zeus. C'est l'un des héros les plus populaires de l'Antiquité, réputé pour sa force prodigieuse et pour ses exploits (les douze travaux d'Hercule). Sa légende restait d'autant plus en faveur au XVIᵉ siècle que s'y greffait le mythe médiéval de l'Hercule gaulois, maître du monde. Humanistes et poètes le mentionnèrent à l'envi; on représentait sur les livres l'emblème de l'Hercule gaulois; et, lors de l'entrée solennelle d'Henri II à Paris en juin 1549, quelques mois après la *Défense*, on dressa à la porte Saint-Denis un arc triomphal portant un Hercule gaulois. — Selon la légende, Hercule se fit brûler sur un bûcher au sommet du mont Œta, et Zeus, l'ayant transporté dans l'Olympe, lui accorda l'apothéose et l'immortalité *(D.; H. A.)*.

Héroët (Antoine) [v. 1492-1568] : poète néo-platonicien proche de l'école lyonnaise, auteur de la *Parfaite Amie* (1542), à qui, par la suite, du Bellay devait rendre hommage dans son *Recueil de poésies (D.)*.

Hésiode [VIIIᵉ s. av. J.-C.] : poète grec, auteur de la *Théogonie* et des *Travaux et les Jours*. Son influence fut grande chez les Anciens *(D.)*.

Hippocrène : source au flanc de l'Hélicon (montagne de Béotie), où les poètes puisent l'inspiration. Elle jaillit d'un coup de pied donné par le cheval ailé et immortel Pégase *(Ol.)*.

Homère [VIIIᵉ s. av. J.-C.] : son existence même est controversée. Il est traditionnellement considéré comme l'auteur aveugle de *l'Iliade* et de *l'Odyssée*, dont l'influence a été et reste considérable *(D.; P. C.)*.

Horace [65-8 av. J.-C.] : poète latin, ami de Mécène, auteur d'*Odes*, de *Satires*, d'*Épîtres* (parmi lesquelles se trouve l'*Art poétique*, ou *Épître aux Pisons*) [D.; P. C.].

Jean (saint) : l'Apôtre, l'Évangéliste, auteur de l'*Apocalypse*, le disciple préféré du Christ *(H. A.; S.)*.

Jean de Meung [XIIIᵉ s.] : érudit et philosophe, qui reprit et acheva le *Roman de la Rose*, composé une quarantaine d'années plus tôt par Guillaume de Lorris, dont il diffère profondément par son tempérament comme par sa formation et son milieu. Bourgeois et misogyne, il ne croit guère à l'amour courtois, mais il trouve dans le *Roman* un cadre commode pour exposer ses idées. Il s'en remet à la raison, à la nature, à qui il voue un véritable culte, donnant ainsi l'exemple de ce qu'on appellera plus tard l'« esprit de libre examen » (*D.*).

Jupiter : le père des dieux et des hommes, la divinité suprême. Il se manifeste notamment par la foudre (*D.*).

Laure [XIVᵉ s.] : dame aimée de Pétrarque, qui écrivit pour elle le *Canzoniere*. Elle était déjà mariée quand le poète s'en éprit, et elle mourut pendant la grande épidémie de peste noire qui ravagea l'Europe en 1348. Son tombeau fut découvert à Avignon par Maurice Scève (*Ol.*).

Lemaire de Belges (Jean) [1473-apr. 1520] : le dernier en date et le plus remarquable des poètes rhétoriqueurs, auteur notamment des *Illustrations de Gaule et singularités de Troie* (1510-1513) [*D.*].

Léthé : fleuve des Enfers, où les âmes des morts venaient se désaltérer pour oublier toutes leurs souffrances passées. Il symbolise l'oubli (*Ol.*).

Lucien [v. 125-192] : écrivain grec, auteur de nombreux opuscules pleins de scepticisme, de verve et d'esprit (*D.*).

Lucrèce [99/95-55 av. J.-C.] : poète latin, auteur du poème scientifique et philosophique *De la nature*, où il développe le système d'Épicure (*D.*).

Lycophron [IIIᵉ s. av. J.-C.] : poète grec réputé pour son obscurité, que l'humaniste Dorat, maître de Du Bellay, appréciait particulièrement (*D.*).

Marot (Clément) [1496-1544] : fils du poète rhétoriqueur Jean Marot, il fut d'abord poète de cour. Il ne cessa cependant d'être inquiété pour des imprudences ou des impiétés diverses : on connaît les *Épîtres* qu'il composa sur ses mésaventures. Exilé à plusieurs reprises, il finit lamentablement, rejeté de son pays aussi bien que de l'austère Genève, et mourut « pauvre et obscur » à Turin. Bien qu'il ne sût ni le grec ni l'hébreu, il avait publié une traduction du poème de Musée *Héro et Léandre* et des Psaumes, « traduits en rime française selon la vérité hébraïque ». Son influence fut considérable, comme en témoignent les attaques constantes de Du Bellay dans *la Défense* (*D.; P. C.*).

Mars : dieu de la Guerre *(J. R.).*

Marsyas ou **Marsye :** silène qui, s'étant emparé de la flûte que Pallas avait jetée et maudite parce que l'instrument lui déformait les joues, commit l'imprudence de défier au chant Apollon. Le dieu, vainqueur, écorcha tout vif son rival *(D.).*

Martial [Iᵉʳ s. apr. J.-C.] : poète latin, auteur d'*Épigrammes* au style spirituel et élégant *(D.).*

Mécène [Iᵉʳ s. av. J.-C.] : favori d'Auguste, il encouragea les lettres et les arts, et protégea notamment Virgile et Horace *(D.).*

Médée : magicienne de Colchide, qui aida Jason à s'emparer de la Toison d'or. Répudiée ensuite par Jason, qu'elle avait suivi en Grèce, elle s'en vengea par des crimes horribles, en tuant ses enfants *(C. D.).*

Meigret (Louis) [v. 1510-ap. 1560] : le grammairien le plus remarquable de son temps, qui, dans son *Traité touchant le commun usage de l'écriture française,* proposa un système d'orthographe phonétique *(D.).*

Morphée : dieu du Sommeil et des Songes *(S.).*

Muses : au nombre de neuf, elles personnifient tout ce qui dans le monde est art, et en particulier la poésie *(D.; P. C.).*

Nicias [Vᵉ s. av. J.-C.] : général athénien, qui se distingua dans la guerre du Péloponnèse *(D.).*

Niobé : mortelle fière de ses nombreux enfants, elle se moqua de Latone, qui n'en avait eu que deux, Apollon et Artémis. Ceux-ci, pour venger leur mère, tuèrent les enfants de Niobé, qui en resta pétrifiée de douleur. Jupiter, par pitié, la transforma en rocher *(C. D.).*

Ovide [43 av. J.-C.-17 apr. J.-C.] : poète latin, auteur de *l'Art d'aimer* et des *Métamorphoses.* Il encourut la disgrâce d'Auguste et mourut en exil sur les bords du Pont-Euxin (la mer Noire), où il rédigea *les Tristes,* recueil d'élégies, et *les Pontiques,* suite d'épîtres *(D.; J. R.).*

Pallas : déesse de la Sagesse et de la Raison. Elle a pour emblèmes l'olivier et la chouette. Son nom à Rome est Minerve *(Ol.; J. R.).*

Parques : divinités présidant aux destinées humaines, représentées sous l'aspect de fileuses, dont la plus redoutable est la dernière des trois, celle qui coupe le fil, la Mort *(J. R.).*

Paschal (Pierre de) [1522-1565] : historien, ami des poètes de la Pléiade, qui avait proclamé son intention de composer un grand ouvrage en l'honneur de son siècle et qui n'en fit rien *(P. C.).*

Paul IV : pape élu en 1555, qui reprit la guerre contre l'Empire en s'alliant à la France et combla de faveurs ses neveux les Carafa *(J. R.)*.

Peletier du Mans (Jacques) [1517-1582] : humaniste, ami de Ronsard et de Du Bellay. Traducteur de l'*Art poétique* d'Horace en 1545, il composa lui-même un *Art poétique* en 1555 et fut l'auteur de poésies scientifiques et philosophiques. Son influence fut déterminante, notamment à l'occasion de *la Défense et illustration (D.)*.

Périclès [v. 495-429 av. J.-C.] : homme d'État athénien, dont l'influence fut profonde et souvent bienfaisante. Il encouragea les lettres et les arts, et mérita de donner son nom au siècle le plus brillant de l'histoire grecque *(D.)*.

Pétrarque (François) [1304-1374] : poète et humaniste italien, connu surtout de la postérité pour son recueil du *Canzoniere*, poèmes *(rime)* italiens chantant son amour pour Laure. Son influence sur toute l'Europe fut considérable au XVIe siècle *(D.; Ol.; J. R.)*.

Phœbus : voir Apollon.

Pindare [521-441 av. J.-C.] : poète lyrique grec, auteur d'odes et d'hymnes, avec lesquels voulurent rivaliser certains des compagnons de Du Bellay, notamment Ronsard à ses débuts *(P. C.)*.

Platon [428-348 av. J.-C.] : philosophe grec, disciple de Socrate et maître d'Aristote, auteur de dialogues où il expose sa théorie des idées, pures essences dont notre monde visible n'est qu'un reflet. Reprise au XVe siècle en Italie par Marsile Ficin, la philosophie de Platon fut interprétée de telle manière qu'elle s'accordât au spiritualisme chrétien. Le néo-platonisme influença notamment l'école lyonnaise (Scève, Héroët) et apparaît dans certains sonnets de *l'Olive* et dans les « Treize Sonnets de l'Honnête Amour » de Du Bellay *(D.)*.

Pline l'Ancien [23-79 apr. J.-C.] : naturaliste romain, auteur d'une *Histoire naturelle (D.)*.

Pluton : dieu des Enfers *(J. R.)*.

Pontan ou **Pontano** [1426-1503] : poète néo-latin, d'origine italienne, dont les œuvres inspirèrent les hommes de la Pléiade. Du Bellay a traduit quelques fragments de ses poésies *(D.)*.

Properce [Ier s. av. J.-C.] : poète latin, auteur d'*Élégies* dans la tradition des poètes alexandrins, délicates et raffinées *(D.; J. R.)*.

Quintilien [Ier s. apr. J.-C.] : rhéteur latin d'esprit classique, auteur de l'*Institution oratoire*, ouvrage renfermant un plan d'études complet pour former un orateur *(D.)*.

Rabelais (François) [1494-1553 ou 1554] : auteur de la « geste » de Pantagruel, humaniste protégé du cardinal du Bellay, c'est l'un des plus grands esprits de son siècle *(D.)*.

Ronsard (Pierre de) [1524-1585] : le plus grand poète de son siècle, compagnon d'études et ami de Du Bellay *(J. R.)*.

Saint-Gelais (Mellin de) [1491-1558] : poète de cour, ami et rival de Marot, comblé d'éloges flatteurs par ses admirateurs, mais qui s'abstint de livrer ses œuvres à l'impression. Ses partisans se querellèrent à la Cour avec ceux de l'école de Ronsard, mais, par la suite, la Pléiade se réconcilia avec ses anciens adversaires. Cependant, dans *le Poète courtisan*, du Bellay rappelle ses premiers jugements sur Mellin par des allusions transparentes *(D.; P. C.)*.

Salluste [87/6-35 av. J.-C.] : historien latin, qui prit Thucydide pour modèle *(D.)*.

Sannazar (Jacques) [v. 1456-1530] : poète italien et néo-latin, auteur de l'*Arcadia* (1502), roman pastoral en prose mêlée de vers, dont le succès au XVIe siècle fut prodigieux *(D.)*.

Sapho [VIe s. av. J.-C.] : poétesse grecque, qui tenait une école de poésie lyrique. De ses nombreux poèmes, très admirés des Anciens, il ne reste que des fragments *(D.)*.

Scève (Maurice) [? 1501-1560] : chef de l'école politique lyonnaise. Il fut le maître de Louise Labé, la « Belle Cordière », et l'ami de Marot. Influencé par le courant néo-platonicien, il publia en 1544 le premier *canzoniere* français, un recueil de dizains intitulé *Délie objet de plus haute vertu*, où il chante son amour pour « Délie » (anagramme de « l'Idée »), vraisemblablement Pernette du Guillet. Il fut l'auteur d'un ouvrage de poésie scientifique, le *Microcosme*, publié en 1562. Son influence au XVIe siècle fut grande et, une fois passé la réticence provoquée par l'humeur polémique de *la Défense*, du Bellay comme Ronsard, dès 1550, le reconnaîtront pour leur maître et lui décerneront maints éloges enthousiastes *(D.)*.

Scipion l'Africain [IIIe-IIe s. av J.-C.] : général et homme politique romain, vainqueur d'Hannibal à Zama *(D.)*.

Sébillet ou **Sibilet** (Thomas) [1512-1589] : avocat au parlement de Paris. Il fut l'auteur de l'*Art poétique français* publié en 1548, qui, dès l'année suivante, suscita une riposte de la part des jeunes gens du collège de Coqueret : *la Défense et illustration de la langue française (D.)*.

Second (Jean) [1511-1536] : poète néo-latin, né à La Haye. La partie la plus célèbre de son œuvre est le livre des *Baisers*, petits poèmes érotiques dont l'origine est dans Catulle et qui ont joui au XVIᵉ siècle d'une vogue incroyable. Tous les poètes de la Pléiade les ont tour à tour imités (les *Jeux rustiques* de Du Bellay comportent deux *Baisers*) [D.].

Thémistocle [v. 525-v. 460 av. J.-C.] : général et homme d'État athénien, vainqueur des Perses à Salamine *(D.)*.

Théocrite [IIIᵉ s. av. J.-C.] : poète grec, né sans doute à Syracuse. Il fut le créateur du genre bucolique, ou pastoral *(D.)*.

Thersite : combattant grec dans *l'Iliade*. C'est le type du lâche, de l'être vil, laid et méprisable *(D.)*.

Thétis : divinité de la Mer, qui eut pour fils le plus vaillant des mortels, Achille *(D.)*.

Thucydide [Vᵉ s. av. J.-C.] : le plus grand des historiens grecs, philosophe et artiste, auteur de *l'Histoire de la guerre du Péloponnèse* (D.).

Tibulle [Iᵉʳ s. av. J.-C.] : poète latin, auteur d'*Élégies* mélancoliques et tendres *(D.; J. R.)*.

Tite-Live [59 av. J.-C. - 17 apr. J.-C.] : historien latin, auteur des *Décades*, plus remarquables par le style que par l'authenticité des faits *(D.)*.

Typhée ou **Typhon** : monstre en révolte contre les dieux de l'Olympe. Selon certaines traditions, il a pour sœur Echidna *(S.)*.

Valla (Laurent) [1407-1457] : le plus grand des humanistes italiens de la première moitié du XVᵉ siècle *(D.)*.

Vénus : déesse de l'Amour *(D.; Ol.)*.

Vida ou **Vide** [1485-1566] : poète néo-latin, rival de Sannazar et auteur d'un *Art poétique* (1527) loué au XVIᵉ siècle à l'égal de celui d'Horace *(D.)*.

Virgile [70-19 av. J.-C.] : l'un des plus grands poètes latins, protégé d'Auguste et de Mécène, auteur des *Bucoliques*, des *Géorgiques* et de *l'Énéide* *(D.; P. C.)*.

LA DÉFENSE
ET ILLUSTRATION
DE LA
LANGUE FRANÇAISE[66]

AVIS AUX LECTEURS

L'auteur prie les lecteurs différer leur jugement jusques à la fin du livre, et ne le condamner sans avoir premièrement bien vu et examiné ses raisons[67].

LIVRE PREMIER

CHAPITRE PREMIER

L'origine des langues.

Si la nature (dont quelque personnage[68] de grande renommée non sans raison a douté si on la devait appeler mère ou marâtre[69]) eût donné aux hommes un commun vouloir[70] et consentement*, outre les innumérables** commodités qui en fussent procédées, l'inconstance humaine n'eût eu besoin de se forger tant de manières de

* uniformité d'opinion
** innombrables

---

66. *La Défense* est précédée d'une dédicace *A Monseigneur le révérendissime cardinal du Bellay*, dont le poète vante les mérites réels et à qui il offre ces « premiers fruits, ou, pour mieux dire, les premières fleurs du printemps » : son premier ouvrage; 67. Cet Avis au lecteur est suivi d'un compliment, en vers grecs, de Jean Dorat, qui félicite ainsi du Bellay de défendre la langue française! En voici la traduction, due à Sainte-Beuve : « *Il n'y a qu'un seul bon augure, c'est de combattre pour la patrie*, a dit la douce éloquence de la muse homérique. Et moi, je dirai en parodiant le poète : il n'y a pas de plus grand honneur que de combattre pour la langue de la patrie. Aussi, du Bellay, de même que tes ancêtres se sont entendu appeler patriotes pour avoir défendu la terre de la patrie, de même, toi qui plaides pour la langue paternelle, tu auras à jamais un renom aussi comme bon patriote » (*Nouveaux Lundis*, XIII); 68. Pline l'Ancien; 69. Cette pensée semble avoir frappé du Bellay, qui l'a plusieurs fois reproduite dans ses vers. La même idée se retrouve chez Ronsard; 70. Verbe substantivé.

parler. Laquelle diversité et confusion se peut à bon droit appeler la Tour de Babel. Donc les langues ne sont nées d'elles-mêmes en façon d'*herbes, racines et arbres : les unes infirmes et débiles en leurs espèces, les autres saines et robustes, et plus aptes à porter le faix* des conceptions humaines; mais toute leur vertu est née au monde du vouloir et arbitre des mortels. (1)

* à la manière d'
* poids

Cela, ce me semble, est une grande raison pourquoi on ne doit ainsi louer une langue et blâmer l'autre, vu qu'elles viennent toutes d'une même source et origine : c'est la fantaisie des hommes; et ont été formées d'un même jugement à une même fin* : c'est pour signifier entre nous les conceptions et intelligences de l'esprit*. Il est vrai que par succession de temps, les unes, pour avoir été plus curieusement* réglées, sont devenues plus riches que les autres, mais cela ne se doit attribuer à la félicité des dites langues, ains* au seul artifice** et industrie*** des hommes[71]. [...] (2)

* dans un même but
* ce que conçoit et ce que comprend l'esprit
* soigneusement
* mais ** art *** activité

A ce propos, je ne puis assez blâmer la sotte arrogance et témérité d'aucuns* de notre nation qui, n'étant rien moins que* Grecs ou Latins, déprisent* et rejettent d'un sourcil plus que

* certains
* nullement
* déprécient

---

71. Passage inspiré, souvent même traduit du *Dialogue des langues* de Sperone Speroni (1542). La même idée, au demeurant, avait déjà été soutenue au XVIe siècle par des humanistes, notamment par Rabelais dans le *Tiers Livre* (chapitre XIX) : « C'est abus dire que ayons langage naturel. Les langages sont par institutions arbitraires et convenances des peuples. »

QUESTIONS

---

1. Ce premier paragraphe présente-t-il un point de vue de linguiste ou de philosophe? Précisez. — Commentez la comparaison illustrant ce passage : est-elle judicieusement choisie? Pourquoi? — Dès ce début ne peut-on déceler l'humaniste en du Bellay? A quels détails?

2. De quelles langues s'agit-il dans l'esprit de Du Bellay? S'il convient de cesser de blâmer certaines langues, le mérite de celles qu'on loue unanimement doit-il en être rabaissé? — Pourquoi le rôle du temps est-il souligné? Quelle importance présente ce point? — Montrez que l'auteur reprend à la fin de ce paragraphe l'idée qui terminait déjà le précédent : pourquoi cette insistance?

stoïque* toutes choses écrites en français[72]; et ne me puis assez émerveiller* de l'étrange opinion d'aucuns* savants qui pensent que notre vulgaire* soit incapable de toutes bonnes lettres et érudition [...]. A ceux-ci[73] je veux bien*, s'il m'est possible, faire changer d'opinion par quelques raisons que brièvement j'espère déduire, non que je me sente plus clairvoyant en cela ou autres choses qu'ils ne sont, mais pour ce que* l'affection qu'ils portent aux langues étrangères ne permet qu'ils veuillent faire sain et entier* jugement de leur vulgaire*. (3) (4)

* de l'air hautain d'un stoïcien
* étonner
* certains
* langue maternelle
* tiens à

* parce que

* intègre
* langue maternelle

CHAPITRE II

Que la langue française ne doit être nommée barbare[74].

[Du Bellay explique d'abord le sens du mot *barbare* : « Barbares anciennement étaient nommés ceux qui ineptement parlaient grec ». Il affirme que les Grecs, pas plus que les Romains, n'étaient en droit de considérer comme barbares les Gaulois, dont il exalte les vertus guerrières.]

72. Ferdinand Brunot, qui juge sans indulgence l'entreprise de Du Bellay dans *la Défense* (« Si on considère son plaidoyer en général, il vient après vingt autres. Si on l'applique plus spécialement à la poésie, il manque de portée et n'était nullement nécessaire »), reconnaît néanmoins que « sur ce terrain, un pas restait à franchir; l'idée qu'une œuvre poétique ou oratoire écrite en latin était supérieure n'était point morte. Le préjugé que la poésie française était un simple passe-temps subsistait. Il y avait à l'élever au-dessus d'elle-même et à lui gagner, après l'affection, la considération publique » (*Histoire de la langue française*, tome II, pages 83 et 84); **73.** Non pas les premiers, remplis de préjugés à l'encontre du français, mais les autres, ceux qui *pensent*, qui acceptent de réfléchir à la question; **74.** Ce sujet sera repris dans le chapitre IX.

─────── **QUESTIONS** ───────

3. L'intention annoncée par ce paragraphe est-elle en rapport avec le titre du chapitre? Précisez quelle est cette intention? — Montrez que du Bellay, malgré l'apparent désordre de son raisonnement, ne perd pas de vue son propos fondamental (pensez au titre de l'ouvrage).

4. SUR L'ENSEMBLE DU CHAPITRE PREMIER. — Le *Quintil Horatian* (voir Notice) critique ainsi ce chapitre : « De si grande chose promise comme est l'origine des langues, le chapitre n'en traire rien, sinon chose vulgaire et commune, telle qu'un rustique en dirait bien autant [...]. Mais qui tel titre osait promettre, et de si grande attente, comme l'origine des langues, les devait bien par le menu déduire, et suivre les ruisseaux pour trouver la fontaine ou pour le moins étymologiser [...]. » Cette critique vous paraît-elle judicieuse? Appuyez votre réponse sur des exemples tirés du texte.

Songeant beaucoup de fois d'où vient que les gestes* du peuple romain sont tant célébrés de tout le monde, voire de si long intervalle* préférés à ceux de toutes les autres nations ensemble, je ne trouve point plus grande raison que cette-ci*[75] : c'est que les Romains ont eu si grande multitude d'écrivains que la plupart de leurs gestes* (pour ne dire pis[76]) par l'espace de* tant d'années, ardeur de batailles, vastité** d'Italie, incursions d'étrangers, s'est conservée entière jusques à notre temps. Au contraire les faits des autres nations, singulièrement des Gaulois avant qu'ils tombassent en la puissance* des François*, et les faits des Français mêmes depuis qu'ils ont donné leur nom aux Gaules, ont été si mal recueillis que nous en avons quasi perdu non seulement la gloire, mais la mémoire[77]. **(5)**

* belles actions
* de beaucoup

* celle-ci

* belles actions
* pendant
** ravage

* sous la domination
* Francs

[A cette négligence, il convient d'ajouter la malveillance des Romains, envieux de ces vertus gauloises.]

Ces raisons me semblent suffisantes de* faire entendre à tout équitable estimateur des choses que notre langue, pour avoir été nommés* barbares[78] ou de* nos ennemis ou de ceux qui n'avaient loi de nous bailler* ce nom, ne doit pourtant être déprisée*, même** de ceux auxquels elle est propre et naturelle, et qui en rien ne sont moindres que les Grecs ou Romains. **(6) (7)**

* pour
* bien que nous ayons été nommés
* par
* donner
* méprisée
** surtout

75. Du Bellay reprend ici l'argumentation de l'historien latin Salluste, qui expliquait par la « multitude » des écrivains grecs la gloire éclatante des Athéniens; 76. Les hauts faits romains n'ayant pas seulement été glorieux; 77. Regret fréquemment exprimé au XVIᵉ siècle, notamment par Budé (« Les Français ont fait moult de grandes, belles et triomphantes choses, qui n'ont été mises par écrit avec l'élégance et dignité à ce requises » *[Institution du prince]*) et par Guillaume du Bellay (« Si en France nous eussions eu un Tite-Live, il n'y eût entre les histoires romaines exemple ou vertueux fait auquel n'eussions un répondant » *[Epitome*, 1556]); 78. Syllepse (accord selon le sens, non pas selon la règle grammaticale) : l'accord au pluriel se fait avec l'idée de *nous*, contenue dans *notre langue*.

─────── **QUESTIONS** ───────

5. Sur quoi se fonde la gloire d'un pays d'après ce passage? Dégagez l'importance nationale du rôle de l'écrivain d'après du Bellay. — Pourquoi ce point de vue est-il normal de la part d'un humaniste?

Questions **6** et **7**, v. p. 53.

CHAPITRE III

Pourquoi la langue française n'est si riche que la grecque et latine.

Et si notre langue n'est si copieuse* et riche   * abondante
que la grecque ou latine, cela ne doit être imputé
au défaut d'icelle* comme si d'elle-même elle   * celle-ci, elle
ne pouvait jamais être sinon pauvre et stérile,
mais bien on le doit attribuer à l'ignorance[79]
de nos majeurs*[80] qui ayant, comme dit quel-   * ancêtres
qu'un parlant des anciens Romains, en plus
grande recommandation* le bien faire que le   * estime
bien dire[81], et mieux aimant laisser à leur postérité les exemples de vertu que les préceptes, se
sont privés de la gloire de leurs bienfaits*, et   * belles actions
nous du fruit de l'imitation d'iceux* (8). Et par   * ceux-ci
même moyen nous ont laissé notre langue si
pauvre et nue qu'elle a besoin des ornements et,
s'il faut ainsi parler, des plumes d'autrui. (9)

[Constatant sa pauvreté actuelle, du Bellay refuse de conclure que
le français ne pourra jamais parvenir à l'excellence des langues
anciennes, idée qu'il développe par une métaphore : Cultivons la
langue afin qu'elle donne de beaux fruits.]

---

79. Notion courante chez les humanistes du XVIᵉ siècle, qui méprisaient tout ce
qui les séparait de l'Antiquité. Nul ne le dit plus clairement que Rabelais dans la
fameuse lettre de Gargantua à Pantagruel : « Le temps était encore ténébreux et
sentant l'infélicité et calamité des Goths qui avaient mis à destruction toute bonne
littérature » (*Pantagruel*, VIII). Contre ce mépris sans nuance, cependant, quelques
hommes s'insurgeront, parmi lesquels, bien entendu, l'auteur du *Quintil Horatian*,
censeur impitoyable. Voir aussi le chapitre II du livre II; **80.** Latinisme; **81.** Verbe
substantivé.

—————— **QUESTIONS** ——————

6. Montrez que du Bellay revient sur une idée déjà exprimée dans
le chapitre premier. Pourquoi cette insistance?

7. SUR L'ENSEMBLE DU CHAPITRE II. — Le *Quintil Horatian* reproche à
du Bellay d'aligner des idées sans suite et de raisonner de travers en
concluant de la non-barbarie des lois et des mœurs à la non-barbarie
de la langue : montrez que cette critique n'est pas dénuée de fondement.

8. A votre avis, est-ce l'éloge ou le regret qui l'emporte dans l'esprit
de Du Bellay? Justifiez et précisez votre réponse.

9. Expliquez l'image et montrez qu'elle correspond exactement aux
desseins de Du Bellay, qui veut « enrichir » la langue.

Donc si les Grecs et Romains, plus diligents à la culture de leurs langues que nous à celle de la nôtre, n'ont pu trouver en icelles, sinon avec grand labeur et industrie*, ni grâce ni nombre** ni finablement** aucune éloquence[82], nous devons-nous émerveiller* si notre vulgaire* n'est si riche comme** il pourra bien être, et de là prendre occasion de le mépriser comme chose vile et de petit prix[83] ? Le temps viendra peut-être, et je l'espère moyennant la bonne destinée française, que ce noble et puissant Royaume obtiendra à son tour les rênes de la monarchie*[84] et que notre langue (si avec François[85] n'est du tout* ensevelie la langue française) qui commence encore à jeter ses racines, sortira de terre et s'élèvera en telle hauteur et grosseur qu'elle se pourra égaler aux mêmes Grecs et Romains*, produisant comme eux des Homères, Démosthènes, Virgiles et Cicérons, aussi bien que la France a quelquefois produit des Périclès, Nicias, Alcibiades, Thémistocles, Césars et Scipions. **(10) (11) (12)**

* zèle
* harmonie
** finalement
* étonner
* langue ** que

* domination universelle
* totalement

* aux Grecs et Romains eux-mêmes

---

82. Les Grecs et Romains [...] ont dû déployer beaucoup d'efforts pour conférer à leurs langues grâce, nombre et éloquence; 83. Passage imité de Speroni *(ouvr. cit.)*; 84. De l'égalité future du français avec le latin, du Bellay en arrive au rêve de voir la France rivaliser de puissance avec la Rome antique; 85. Le roi François Ier, mort depuis 1547.

——————— **QUESTIONS** ———————

10. Quelle est la signification de chacun de ces groupes de noms propres? (En quoi les anciens Gaulois se sont-ils illustrés? A quoi les Français doivent-ils désormais s'attacher?) — Du Bellay renonce-t-il cependant pour son pays aux anciennes ambitions des ancêtres? Commentez ce passage en fonction de la situation politique et militaire de la France au milieu du XVIe siècle.

11. SUR L'ENSEMBLE DU CHAPITRE III. — Dégagez le mouvement général du chapitre : de la justification à l'exaltation.

12. SUR LES CHAPITRES I À III. — Montrez que ces chapitres constituent bien une *défense* : contre quelle(s) objection(s) du Bellay défend-il la langue française? Quels sont ses arguments (chapitres I et III en particulier)?

— Si les Français l'emportent alors sur les Italiens dans les campagnes militaires, leur prestige littéraire et artistique est loin d'égaler celui de leurs adversaires : ne sent-on pas en du Bellay le dépit que cela lui inspire?

CHAPITRE IV

Que la langue française n'est si pauvre que beaucoup l'estiment.

Je n'estime pourtant notre vulgaire* tel qu'il est maintenant être si vil et abject, comme le font ces ambitieux admirateurs des langues grecque et latine qui ne penseraient, et fussent-ils la même Pithô*, déesse de persuasion, pouvoir rien dire de bon si n'était en langage étranger et non entendu* du vulgaire**[86] (13). Et qui voudra de bien près y regarder trouvera que notre langue française n'est si pauvre qu'elle ne puisse rendre fidèlement ce qu'elle emprunte des autres, si infertile qu'elle ne puisse produire de soi quelque fruit de bonne invention au moyen de l'industrie* et diligence des cultivateurs d'icelle* si quelques-uns se trouvent tant amis** de leur pays et d'eux-mêmes qu'ils s'y veuillent* employer. (14)

* langue

* Pithô elle-même

* compris
** de la foule

* zèle
* de ceux qui la cultivent
** assez amis
* pour vouloir s'y

Mais à qui, après Dieu, rendrons-nous grâces d'un tel bénéfice sinon à notre feu bon roi et père François[87], premier de ce nom et de toutes vertus ? Je dis premier d'autant qu'il a en son noble royaume premièrement* restitué[88] tous les bons arts et sciences en leur ancienne dignité, et si a* notre langage, auparavant scabreux** et mal poli, rendu élégant et sinon tant copieux* qu'il pourra bien être, pour le moins fidèle interprète de tous les autres. Et qu'ainsi soit, philosophes, historiens, médecins, poètes, orateurs

* le premier

* et ainsi il a
** âpre et rude
* riche

---

86. Sur cette dépréciation du français, voir la note 72 du chapitre I; **87.** François Ier; **88.** Tout l'esprit de la Renaissance est dans ce mot : *restituer*, *restitution*; c'est ainsi que le XVIe siècle désignait ce que nous avons appelé la Renaissance.

——— **QUESTIONS** ———————

13. Montrez l'ironie de cette évocation de Pithô : qu'est-ce que du Bellay veut dire ainsi ? — Dégagez le caractère satirique de ce court passage. Pourquoi du Bellay « attaque-t-il » ainsi ?

14. La fin de ce paragraphe ne semble-t-elle pas en contradiction avec ce que constatait du Bellay au début du chapitre précédent ? Est-ce de l'incohérence ou bien cela provient-il d'une différence de point de vue dans les opinions ainsi exprimées ?

grecs et latins ont appris à parler français[89]. Que dirai-je des Hébreux? les Saintes Lettres*[90] donnent ample témoignage de ce que je dis. (15)

    * les Écritures

  Je laisserai en cet endroit les superstitieuses* raisons de ceux qui soutiennent que les mystères de la Théologie ne doivent être découverts et quasi comme profanés en langage vulgaire[91], et ce que vont alléguant ceux qui sont d'opinion contraire. Car cette disputation* n'est propre à ce que j'ai entrepris, qui est seulement de montrer que notre langue n'a point eu à sa naissance les dieux et les astres si ennemis qu'elle ne puisse un jour parvenir au point d'excellence et de perfection aussi bien que les autres, entendu* que toutes sciences se peuvent fidèlement et copieusement* traiter en icelle**, comme on peut voir en si grand nombre de livres grecs et latins, voire bien italiens, espagnols et autres, traduits en français par maintes excellentes plumes de notre temps. (16) (17)

    * trop scrupuleuses

    * controverse

    * étant entendu

    * richement, abondamment
    ** elle

CHAPITRE V

*Que les traductions ne sont suffisantes
pour donner perfection à la langue française.*

  Toutefois ce tant louable labeur de traduire ne me semble moyen unique et suffisant pour élever notre vulgaire* à l'égal et parangon** des autres plus fameuses langues[92]. Ce que je pré-

    * langue
    ** modèle

---

89. Les traductions, favorisées par le roi, ont été très nombreuses à l'époque de François Ier; **90.** Il y avait eu des traductions de la Bible en français sous le règne de François Ier, notamment celle de Lefèvre d'Étaples; **91.** On sait la résistance qu'a opposée l'Église à ce mouvement de vulgarisation de l'Écriture sainte; **92.** Voir la fin du chapitre précédent.

--- **QUESTIONS** ---

15. D'après ce passage, quel service les traductions ont-elles rendu au français? S'agit-il de langue ou de littérature?

16. Contre quel état d'esprit du Bellay s'insurge-t-il de nouveau dans ce passage? Montrez qu'il précise très clairement son propos.

17. SUR L'ENSEMBLE DU CHAPITRE IV. — En quoi peut-on dire de ce chapitre qu'il est « situé » dans son époque (points de vue littéraire, religieux, patriotique)?

tends prouver si clairement que nul n'y voudra, ce crois-je, contredire s'il n'est manifeste calomniateur de la vérité.

Et premier*, c'est une chose accordée entre tous les meilleurs auteurs de rhétorique, qu'il y a cinq parties de bien dire* : l'invention, l'élocution, la disposition, la mémoire et la prononciation. [...]

* d'abord

* à l'éloquence

Je me contenterai de parler des deux premières, savoir* de l'invention** et de l'élocution. L'office donc de l'orateur est de chacune chose proposée élégamment et copieusement parler[93]. Or cette faculté de parler ainsi de toutes choses ne se peut acquérir que par l'intelligence* parfaite des sciences*, lesquelles ont été premièrement traitées par les Grecs, et puis par les Romains imitateurs d'iceux* (18). Il faut donc nécessairement que ces deux langues soient entendues* de celui qui veut acquérir cette copie* et richesse d'invention, première et principale pièce du harnais[94] de l'orateur (19). Et quant à ce point, les fidèles traducteurs peuvent grandement servir et soulager ceux qui n'ont le moyen unique[95] de vaquer aux langues étrangères.

* c'est-à-dire
** l'imagination, l'inspiration

* la connaissance

* des matières du savoir

* de ceux-ci (les Grecs)

* comprises
* abondance

Mais quant à l'élocution*, partie certes la plus difficile et sans laquelle toutes autres choses restent comme inutiles et semblables à un glaive

* style

---

93. Construction inversée : L'office de l'orateur est de parler [...] de chaque chose [...]; 94. Métaphore qu'on trouve déjà dans Sébillet : « La parfaite connaissance des langues grecque et latine [qui] sont les deux forges d'où nous tirons les pièces meilleures de notre harnais »; 95. C'est-à-dire qui ne connaissent pas ces langues.

──────── **QUESTIONS** ────────

18. Quelle est, d'après cette phrase, la source de toute culture? En quoi est-ce bien un point de vue d'homme du XVIe siècle? — D'après ce passage définissez ce que signifie pour du Bellay l'*invention*. — Des Grecs et des Romains, auxquels du Bellay rend-il ici le plus grand hommage? N'est-ce pas un peu inattendu de la part du futur auteur des *Antiquités de Rome?* Comment cela s'explique-t-il (pensez qu'à l'époque de *la Défense* du Bellay était encore au collège de Coqueret).

19. A quel aspect de l'art d'écrire du Bellay songe-t-il ici? S'agit-il de création artistique ou de technique littéraire? Commentez à ce propos le recours à la métaphore *harnais de l'orateur*.

encore couvert de sa gaine; élocution, dis-je par laquelle principalement un orateur est jugé plus excellent et un genre* de dire meilleur que l'autre (20), comme celle* dont est appelée la même éloquence*[96], et dont[97] la vertu gît aux** mots propres, usités, et non aliènes du* commun usage de parler, aux métaphores, allégories, comparaisons, similitudes, énergies*[98], et tant d'autres figures et ornements sans lesquels toute oraison* et poème sont nus, manques** et débiles : je ne croirai jamais qu'on puisse bien apprendre tout cela des traducteurs, pour ce qu'il* est impossible de le rendre avec la même grâce dont l'auteur en[99] a usé (21). D'autant que chacune langue a je ne sais quoi propre seulement à elle, dont si vous efforcez* exprimer le naïf* en une autre langue, observant la loi de traduire qui est n'espacer* point hors des limites de l'auteur, votre diction sera contrainte, froide et de mauvaise grâce[100]. [...] (22)

* une manière
* comme étant celle
* l'éloquence elle-même
** réside dans les
* non étrangers au
* tours vifs et animés
* prose
** défectueux
* parce qu'il
* si vous vous efforcez de
* naturel
* de ne s'écarter

CHAPITRE VI

Des mauvais traducteurs, et de ne traduire les poètes.

Mais que dirai-je d'aucuns, vraiment mieux dignes d'être appelés traditeurs* que traduc-

* traîtres

---

96. C'est-à-dire comme étant l'origine du nom même d'*éloquence*, puisque ce mot a le même radical qu'*élocution (eloqui)*. Idée empruntée à Cicéron; 97. *Dont* a pour antécédent *élocution :* élocution [...] par laquelle [...] et dont; 98. Figure de rhétorique difficile à définir exactement : soit la figure qui consiste à rendre les choses animées et vivantes par un style tout en action, soit la figure qui consiste à rendre les choses sensibles aux yeux par un style tout en images; 99. *En* fait pléonasme avec *dont ;* 100. Voir chapitre x.

QUESTIONS

---

20. Dégagez la progression entre ce que du Bellay disait de l'*invention* et l'importance qu'il attache à l'*élocution*.

21. Comment du Bellay définit-il la qualité du style (caractères, impression produite sur le lecteur)? — Dans ce passage est-ce l'artiste ou l'humaniste qui parle?

22. SUR L'ENSEMBLE DU CHAPITRE V. — Mérites et insuffisances de la traduction. Distinguez à ce propos ce qui a rapport à la littérature d'information et ce qui touche à la littérature proprement dite.

teurs[101]? vu qu'ils trahissent ceux qu'ils entre-
prennent exposer, les frustrant de leur gloire,
et par même moyen séduisent* les lecteurs igno-   * trompent
rants, leur montrant le blanc pour le noir; qui*,   * traducteurs qui
pour acquérir le nom de savants, traduisent à
crédit les langues dont jamais ils n'ont entendu*   * compris
les premiers éléments, comme l'hébraïque et la
grecque[102]. Et encore pour mieux se faire valoir,
se prennent* aux poètes, genre d'auteurs certes   * ils s'en
auquel, si je savais ou voulais traduire[103], je   prennent
m'adresserais aussi peu* à cause de cette divinité   * le moins
d'invention[104] qu'ils ont plus que les autres, de
cette grandeur de style, magnificence de mots,
gravité de sentences, audace et variété de figures,
et mille autres lumières de poésie : bref cette
énergie et ne sais quel esprit qui est en leurs
écrits, que les Latins appelaient *genius**. [...] (23)   * inspiration

O Apollon! O Muses! profaner ainsi les
sacrées reliques de l'Antiquité **(24)**! Mais je
n'en dirai autre chose. Celui donc qui voudra
faire œuvre digne de prix en son vulgaire*,   * sa langue
laisse* ce labeur de traduire, principalement les   * qu'il laisse
poètes, à ceux qui de chose laborieuse et peu
profitable, j'ose dire encore inutile, voire perni-
cieuse à l'accroissement de leur langue, emportent
à bon droit plus de molestie* que de gloire[105]. **(25)**   * désagrément

---

101. Souvenir du proverbe italien *traduttore traditore ;* **102.** Allusion à Marot;
103. On sait que du Bellay, en fait, traduira Virgile; **104.** Le caractère divin, sacré
de l'inspiration poétique; **105.** A cette rigoureuse condamnation s'opposent les
vues moins intransigeantes de Sébillet ou de Peletier du Mans.

─────── **QUESTIONS** ───────

23. Sur quels points porte la critique de Du Bellay dans ce passage?

24. Pourquoi du Bellay emploie-t-il des termes religieux pour exprimer
son indignation?

25. SUR L'ENSEMBLE DU CHAPITRE VI. — Relevez les termes de mépris
dans ce chapitre : à qui s'appliquent-ils?

— Caractérisez le ton par lequel du Bellay évoque la création poétique.
Quel effet crée ce contraste de tons?

— Du Bellay souhaitait ardemment la création d'une poésie française
digne de rivaliser avec les poésies qu'il admirait le plus : cela n'explique-t-il
pas son intransigeance? Que pouvait-il craindre devant la vogue des
traductions en France au moment où il écrivait?

CHAPITRE VII

Comment les Romains ont enrichi leur langue.

Si les Romains, dira quelqu'un*, n'ont vaqué
à ce labeur de traduction, par quels moyens donc
ont-ils pu ainsi enrichir leur langue, voire jusques
à* l'égaler quasi à la grecque ?

* dira-t-on

* au point de

Imitant*[106] les meilleurs auteurs grecs, se
transformant en eux, les dévorant, et après les
avoir bien digérés les convertissant en sang et
nourriture[107], se proposant chacun selon son
naturel et l'argument* qu'il voulait élire** le
meilleur auteur dont ils observaient diligemment
toutes les plus rares et exquises vertus, et icelles*
comme greffes, ainsi que j'ai dit devant*,
entaient* et appliquaient à leur langue (26).
Cela faisant, dis-je, les Romains ont bâti[108] tous
ces beaux écrits que nous louons et admirons
si fort, égalant ores* quelqu'un** d'iceux***,
ores le préférant* aux Grecs. (27)

* En imitant

* le sujet
** choisir

* celles-ci

* précédemment

* greffaient

* tantôt ** l'un
*** de ceux-ci
   (les Grecs)

* l'emportant
  sur les Grecs

[Du Bellay en donne pour preuve les exemples de Cicéron et de
Virgile, dignes d'être comparés le premier à Platon et à Démosthène,
le second à Homère, à Hésiode et à Théocrite.]

Je vous demande donc, vous autres qui ne
vous employez qu'aux translations* : si ces

* traductions

---

106. *Imitant :* valeur du gérondif latin ; 107. C'est la métaphore par laquelle Montaigne décrira comment se forme le jugement : « C'est témoignage de crudité et indigestion que de regorger la viande comme on l'a avalée. L'estomac n'a pas fait son opération, s'il n'a fait changer la façon et la forme à ce qu'on lui avait donné à cuire » (*Essais*, I, XXVI); 108. Sur cette suite de métaphores, le *Quintil Horatian* remarque que « tout le commencement du chapitre est de translation vicieuse et inconséquente, commençant par *manger*, moyennant par *planter*, et finissant par *bâtir*, en parlant toujours des mêmes choses. Auquel vice tombent coutumièrement ceux qui toujours veulent métaphoriser où il n'est besoin [...]. »

—————— **QUESTIONS** ——————

26. D'après cette description, quelle différence sépare la traduction
de l'imitation ? Est-elle importante ?

27. D'après vous, la critique du *Quintil* (voir note 108) est-elle judicieuse ? Pourquoi du Bellay se laisse-t-il ainsi emporter en une suite de
métaphores décousue ? — Quel est le ton de ce passage ?

tant fameux auteurs se fussent amusés à traduire, eussent-ils élevé leur langue à l'excellence
et hauteur où nous la voyons maintenant? Ne
pensez donc, quelque diligence et industrie* que   * zèle
vous puissiez mettre en cet endroit, faire tant
que notre langue, encore rampante à terre, puisse
hausser la tête et s'élever sur pieds[109]. (28) (29)

CHAPITRE VIII

D'amplifier* la langue française   * enrichir
par l'imitation des anciens auteurs grecs et romains.

Se compose* donc celui qui voudra enrichir   * Que se mette
sa langue à l'imitation des meilleurs auteurs
grecs et latins[110] [...]. Mais entende* celui qui   * que comprenne
voudra imiter que ce n'est chose facile de bien
suivre les vertus d'un bon auteur, et quasi
comme se transformer en lui, vu que la nature,
même aux choses qui paraissent très semblables,
n'a su tant faire que, par quelque note et différence, elles ne puissent être discernées[111] (30).
Je dis ceci pour ce qu'il* y en a beaucoup en   * parce qu'il
toutes langues qui, sans pénétrer aux plus cachées
et intérieures parties de l'auteur qu'ils se sont
proposé, s'adaptent seulement au premier regard*   * à l'apparence

---

109. Reprise de l'image tirée de Speroni (chapitre III), par laquelle les langues
sont assimilées à des plantes qu'il faut cultiver avec soin; 110. Voici donc l'exposé
de cette théorie de l'imitation, fondamentale dans la doctrine de la Pléiade. Voir
aussi le chapitre III du livre II; 111. Développement inspiré de Quintilien (*Institution oratoire*).

─────── QUESTIONS ───────

28. En somme, quelle est, d'après ces dernières lignes, l'objection
fondamentale de Du Bellay? Quelle ambition l'anime? Relevez les termes
et commentez l'image par lesquels s'exprime cette ambition.

29. SUR L'ENSEMBLE DU CHAPITRE VII. — Dégagez le ton dominant
de ce chapitre : comment et pourquoi ce ton convient-il aux idées
qu'exprime du Bellay?

30. Expliquez le sens exact de chacune des idées émises dans cette
longue phrase. — Montrez que, pour du Bellay, il s'agit d'abord de
savoir *lire* l'auteur qu'on entreprend d'imiter.

et s'amusant à la beauté des mots perdent la force des choses[112]. (31)

Et certes, comme ce n'est point chose vicieuse mais grandement louable emprunter* d'une langue étrangère les sentences* et les mots, et les approprier à la sienne, aussi est-ce chose grandement à reprendre, voire odieuse à tout lecteur de libérale* nature voir** en une même langue telle imitation[113] comme celle d'aucuns* savants mêmes, qui s'estiment être les meilleurs quand plus ils ressemblent* un Héroët ou un Marot.

* d'emprunter
* pensées

* bien née
** de voir

* de certains
* quand ils ressemblent le plus à

Je t'admoneste donc, ô toi qui désires l'accroissement de ta langue et veux exceller en icelle, de non imiter à* pied levé, comme naguère a dit quelqu'un[114], les plus fameux auteurs d'icelle ainsi que font ordinairement la plupart de nos poètes français; chose certes autant vicieuse comme* de nul profit à notre vulgaire** (32), vu que ce n'est autre chose, ô grande libéralité! sinon lui donner ce qui était à lui*[115] (33). Je

* au

* que
** notre langue

* à elle

---

112. A opposer à la description de l'imitation telle que l'entend du Bellay au chapitre précédent; 113. Cette condamnation de l'imitation dans une même langue, qui constitue en somme la seule originalité véritable de la Pléiade, va droit contre l'opinion formulée par Sébillet dans son *Art poétique français;* 114. Il s'agit de Sébillet, qui recommandait : « Que tu imites à pied levé Saint-Gelais [...] auteur tant doux que divin »; 115. *A lui :* au masculin parce qu'il s'agit du *vulgaire.* — Du Bellay reprendra les mêmes idées aux chapitres I et II du livre II.

━━━━━ **QUESTIONS** ━━━━━

31. Du Bellay, qui a déjà insisté sur la différence entre *traduction* et *imitation*, souligne ici ce qui sépare l'*imitation* du *pastiche :* précisez ce point en tenant compte que, pour l'instant, c'est à la forme, à la *langue*, plus qu'au fond qu'il s'attache.

32. L'exigence de Du Bellay : après la traduction et le pastiche, il bannit l'imitation des auteurs nationaux. Relevez par quels termes il dénonce ce genre d'imitation. — Étant donné qu'il s'agit d'*enrichir* la langue, pourquoi cette proscription est-elle logique?

33. Pour mieux comprendre l'argumentation de Du Bellay soulignez l'importance des termes *O toi qui désires l'accroissement de ta langue.* En somme s'agit-il d'un principe général et universel ou d'une nécessité en rapport avec l'état *présent* de la langue (voir aussi le titre du chapitre)? — Étant donné le point de vue opposé exprimé par Sébillet (voir notes 113 et 114), montrez que *la Défense*, en effet, formule bien une exigence nouvelle.

« Ces grands monceaux pierreux, ces vieux murs que tu vois. »
(Antiquités de Rome, 18, vers 1, page 160.)
Le Forum vu de l'arc de Septime-Sévère.

voudrais bien que notre langue fût si riche d'exemples domestiques* que nous n'eussions besoin d'avoir recours aux étrangers. [...] (34) (35)

* modèles de chez nous, nationaux

CHAPITRE IX

Réponses à quelques objections.

Après avoir le plus succinctement qu'il m'a été possible ouvert le chemin à ceux qui désirent l'amplification de notre langue, il me semble bon et nécessaire de répondre à ceux qui l'estiment barbare[116] et irrégulière, incapable de cette élégance et copie* qui est en la grecque et romaine; d'autant, disent-ils, qu'elle n'a ses déclinaisons*[117], ses pieds[118] et ses nombres**[119] comme ces deux autres langues[120]. (36)

* abondance, richesse

* déclinaisons
** rythmes, mètres

[A ces objections, du Bellay répond d'abord en reprenant son argument du chapitre III : la « simplicité » de nos ancêtres s'est accommodée de « paroles nues, sans art et ornement ». Quant

---

116. C'est la reprise du sujet déjà abordé au chapitre II; 117. Au xvie siècle, le mot *déclination* désigne aussi bien la conjugaison que la déclinaison proprement dite; 118. Le vers ancien se partage non pas en syllabes comme le vers français (décasyllabe = vers de dix syllabes, alexandrin = vers de douze syllabes), mais en *pieds* constitués par l'assemblage de plusieurs syllabes longues ou brèves. Exemples de pieds : le dactyle, composé d'une longue et de deux brèves [—∪∪]; le spondée, composé de deux longues [— —]; l'iambe, composé d'une brève et d'une longue [∪—]. Si bien que l'hexamètre ancien, par exemple, est un vers composé de six *pieds* et non de six syllabes; 119. Les *nombres* sont formés par l'enchaînement systématique de plusieurs pieds semblables ou différents. C'est sur cet effet rythmique que reposait « le plaisir propre qui résultait pour les Anciens de l'emploi de leurs formes métriques, [plaisir qui] nous échappe aujourd'hui presque entièrement : [...] il est évident qu'aucun amateur, si doué fût-il, n'arriverait à assimiler assez profondément ces deux musiques *(musique de la prose et musique de la poésie chez les Anciens)* pour que l'une et l'autre et, à plus forte raison, l'écart entre l'une et l'autre devint un élément vivant de sa sensibilité auditive » (Jacques Perret, *Virgile par lui-même*, Éd. du Seuil); 120. Cet argument est emprunté à Speroni *(ouvr. cit.)*.

▬▬▬ QUESTIONS ▬▬▬

34. Henri Weber écrit : « Cette imitation des genres antiques n'est pas autant qu'on pourrait le croire un renoncement à la tradition nationale. Elle est au contraire liée à une prise de conscience de la valeur nationale, qu'il s'agit d'élever à la même dignité que les langues anciennes » *(ouvr. cit.,* page 118). Montrez que cela apparaît clairement dans cette fin du chapitre VIII.

Questions 35 et 36, v. p. 65.

aux déclinaisons, il affirme que « notre langue n'est tant irrégulière qu'on voudrait bien dire, vu qu'elle se décline, sinon par les noms, pronoms et participes, pour le moins par les verbes en tous leurs temps, modes et personnes ». Enfin, il remet au second livre (voir chapitre III) de dire par quoi nous remplaçons l'absence des pieds et des nombres, tout en évoquant la possibilité, pour le français, de posséder, lui aussi, un jour, des vers métriques à l'imitation des Anciens[121].]

Il ne faut point ici alléguer l'excellence de l'antiquité[122] et, comme Homère se plaignait que de son temps les corps* étaient trop petits[123],   * la taille des hommes
dire que les esprits modernes ne sont à comparer aux anciens. L'architecture, l'art du navigage*,   * navigation
et autres inventions antiques certainement sont admirables, non toutefois, si on regarde à* la   * eu égard à
nécessité mère des arts[124], du tout si* grandes[125]   * tellement
qu'on doive estimer les cieux et la nature y avoir dépendu*[126] toute leur vertu, vigueur et indus-   * dépensé

---

121. On sait qu'en 1570, par la fondation de l'Académie de poésie et de musique, Baïf tentera de réaliser cet espoir ; 122. L'admiration que les hommes du XVIe siècle portaient à l'Antiquité ne les empêchait pas, au contraire de ce qui se passera à la fin du XVIIe siècle, d'être à la fois Anciens et Modernes — et parfois même plus Modernes qu'Anciens! ; 123. A plusieurs reprises dans *l'Iliade*, Homère constate que les « hommes d'autrefois » étaient plus grands, plus forts, plus valeureux que les « hommes d'aujourd'hui » ; 124. Expression proverbiale citée par Érasme dans ses *Adages ;* 125. *Non toutefois* [...] : toutefois, eu égard à la nécessité, mère des arts, elles ne sont pas d'une telle grandeur [...]; 126. Proposition infinitive : estimer que les cieux et la nature y ont dépensé [...].

QUESTIONS

35. SUR L'ENSEMBLE DU CHAPITRE VIII. — Résumez les idées exprimées par du Bellay dans ce chapitre.

— D'après ce que vous savez de l'évolution de la poésie française au XVIe siècle dites lesquelles de ces idées ont été fécondes.

— Dans une certaine mesure ne peut-on comparer la Pléiade, rejetant le Moyen Age français pour se tourner vers l'Antiquité, au romantisme, rejetant le classicisme français pour se tourner notamment vers le Moyen Age? Dans les deux cas n'y avait-il pas un désir semblable d'*enrichissement?* Expliquez.

36. L'argument auquel répond ici du Bellay (« barbarie » de la langue française) est le fait d'admirateurs de l'Antiquité : pourquoi une telle admiration nous paraît-elle figée, sclérosée? Pourquoi approuvons-nous du Bellay de ne pas admettre une objection ainsi fondée sur une tradition « morte »? Expliquez. — N'est-il pas surprenant, cependant, de le voir répondre en se plaçant sur le même terrain? — Quelle est, pour les hommes du XVIe siècle, l'unique civilisation à laquelle ils veulent se référer? Comment cela apparaît-il ici?

trie*. Je ne produirai[127] pour témoins de ce que
je dis l'imprimerie, sœur des Muses et dixième   * activité
d'elles, et cette non moins admirable que perni-
cieuse foudre d'artillerie[128], avec tant d'autres
non antiques[129] inventions qui montrent véritablement que par le long cours des siècles les
esprits des hommes ne sont point si abâtardis
qu'on voudrait bien dire **(37)**. Je dis seulement
qu'il n'est pas impossible que notre langue puisse
recevoir quelquefois* cet ornement et artifice**   * un jour ** art
aussi curieux*[130] qu'il[131] est aux** Grecs et   * raffiné
Romains.   ** chez les

[Du Bellay passe alors à un nouvel ordre d'idées : la langue française
est douce et harmonieuse.]

Quoi donc, dira quelqu'un*, veux-tu à   * dira-t-on
l'exemple de ce Marsye[132] qui osa comparer
sa flûte rustique à la douce lyre d'Apollon[133],
égaler ta langue à la grecque et latine? Je confesse
que les auteurs d'icelles* nous ont surmontés**   * de ces langues
en savoir et faconde*, èsquelles** choses leur a   ** surpassés
été bien facile de vaincre ceux qui ne répu-   * facilité ** dans
gnaient* point[134]. Mais que par longue et dili-   * résistaient

---

127. Prétérition, figure de rhétorique qui consiste à annoncer qu'on va s'abste-
nir de faire telle remarque — et, ce disant, de la formuler; 128. Ces deux arguments
(l'invention de l'imprimerie au XVe siècle, celle de la poudre à canon au XIVe)
se trouvent mis en avant en faveur des Modernes chez plusieurs humanistes, notamment chez Budé et, bien sûr, chez Rabelais dans la lettre de Gargantua à Pantagruel
(*Pantagruel*, VIII); 129. C'est-à-dire modernes; 130. Il n'est pas impossible que
notre langue, en acquérant un jour ces qualités *(ornement et artifice)*, puisse égaler
par son raffinement le grec et le latin; 131. *Il* : l'ornement et l'artifice, sentis comme
une seule qualité; 132. *Marsye* : voir Marsyas à l'Index des noms. En francisant
ce nom, du Bellay applique le principe qu'il va recommander un peu plus loin
(livre II, chapitre VI, pages 97-98); 133. Ce souvenir mythologique se trouvait déjà
dans Speroni *(ouvr. cit.)*; 134. Du Bellay reprend ici une phrase de Cicéron, qui
justifiait par cet argument la supériorité des Grecs sur les Romains en philosophie
et en littérature.

──────── **QUESTIONS** ────────

37. Comment ces deux aspects du génie humain (bienfaisant et destructeur) ont-ils pu légitimement frapper l'esprit des hommes du XVIe siècle
(voir note 128)? — En quoi les deux inventions citées marquent-elles
bien le début des Temps modernes? — Enthousiasme et inquiétude
devant le progrès : cette double sollicitation ne révèle-t-elle pas une façon
de voir les choses proche de la nôtre? Précisez.

gente imitation de ceux qui ont occupé les premiers ce que nature n'a pourtant dénié aux autres, nous ne puissions leur succéder aussi bien en cela que nous avons déjà fait en la plus grande part de leurs arts mécaniques*[135] et quelquefois en leur monarchie*[136], je ne le dirai pas; car telle injure ne s'étendrait seulement contre les esprits des hommes mais contre Dieu, qui a donné pour loi inviolable à toute chose créée de ne durer perpétuellement, mais passer sans fin d'un état en l'autre, étant la fin et corruption de l'un le commencement et génération de l'autre[137]. (38)

* techniques
* domination universelle

Quelque opiniâtre répliquera encore : ta langue tarde trop à recevoir cette perfection. Et je dis que ce retardement ne prouve point qu'elle ne puisse la recevoir; ainçois* je dis qu'elle se pourra tenir certaine de la garder longuement, l'ayant acquise avec si longue peine, suivant la loi de nature qui a voulu que tout arbre qui naît, fleurit et fructifie bientôt, bientôt aussi envieillisse* et meure; et au contraire, celui durer[138]

* mais au contraire

* vieillisse

135. C'est déjà l'argument de Perrault et de Fontenelle dans la querelle des Anciens et des Modernes; 136. Allusion aux grands empires de l'Antiquité, dont la puissance fut parfois égalée par des empires « modernes », par exemple sous Charlemagne, restaurateur de l'Empire romain d'Occident — sans parler des conquêtes espagnoles au Nouveau Monde et des ambitions françaises en Italie; 137. La fin et corruption de l'un *(ce qui meurt)* étant le commencement et génération de l'autre *(ce qui naît)*. Nouvel emprunt à Speroni; c'est, au demeurant, un lieu commun au XVIe siècle : cf. Ronsard dans l'*Hymne à la Mort* (« Ce qui fut se refait; tout coule comme une eau, [Et rien dessous le ciel ne se voit de nouveau;] Mais la forme se change en une autre nouvelle [...] ») et dans l'élégie *Contre les bûcherons de la forêt de Gastine* (« La matière demeure et la forme se perd ») — on ne sera donc pas étonné de voir Ronsard affirmer la permanence des forces de la nature dans la conclusion de son *Art poétique* de 1565; 138. Proposition infinitive : la nature a voulu [...] que celui-là dure [...] qui a longuement travaillé à [...].

──────── **QUESTIONS** ────────

38. Quelle ambiguïté aperçoit-on dans l'attitude humaniste? dans quelle mesure est-elle *statique* (fascination du passé)? Dans quelle mesure est-elle *mouvement* (volonté de progrès, élan vers la création)? Appuyez votre réponse sur des arguments tirés du passage. — Tentez, à partir de là, de définir ce qu'est l'esprit humaniste au XVIe siècle. — Montrez que, pour défendre la langue française, du Bellay s'appuie ici sur une argumentation philosophique.

par* longues années qui a longuement travaillé   * pendant de
à jeter ses racines. **(39) (40)**

CHAPITRE X

Que la langue française n'est incapable de la philosophie,
et pourquoi les Anciens étaient plus savants
que les hommes de notre âge.   * temps

Tout ce que j'ai dit pour la défense et illustration de notre langue appartient* principale-   * concerne
ment à ceux qui font profession de bien dire,
comme les poètes et les orateurs.

Quant aux autres parties de littérature[139], et
ce rond de sciences que les Grecs ont nommé *ency-*
clopédie[140], j'en ai touché au commencement une
partie de ce que m'en semble[141] : c'est que
l'industrie* des fidèles traducteurs est en cet   * activité, zèle
endroit fort utile et nécessaire; et ne les doit
retarder s'ils rencontrent quelquefois des mots
qui ne peuvent être reçus en la famille française,
vu que les Latins ne se sont point efforcés de
traduire tous les vocables grecs, comme *rhéto-*
rique, musique, arithmétique, géométrie, philoso-

---

139. Étymologiquement est *littérature* tout ce qui est écrit. Le mot s'emploie
donc non seulement à propos de l'art littéraire de « ceux qui font profession de
bien dire », mais il désigne les écrits de toute nature : techniques, scientifiques, etc.;
140. Cf. Budé : « Une perfection des arts libéraux et sciences politiques, qu'on appelle
en grec *Encyclopedia*, qui veut autant à dire (pour le déclarer brièvement) comme
érudition circulaire » *(Institution du prince)* ; 141. Voir chapitre v.

QUESTIONS

39. Signification de la métaphore. — Valeur de l'argumentation de
Du Bellay dans ce passage. — Peut-on encore ici parler de philosophie
ou est-ce l'ardeur polémique qui l'emporte?

40. SUR L'ENSEMBLE DU CHAPITRE IX. — Relevez et énoncez brièvement
et clairement les objections auxquelles répond du Bellay dans ce chapitre.

— Dans quelle mesure du Bellay s'insurge-t-il contre « la tradition
et l'autorité », comme on dira un ou deux siècles plus tard? Dans quelle
mesure s'y soumet-il?

— L'optimisme de Du Bellay, sa confiance en l'homme.

— A quoi sent-on que *la Défense* est une œuvre de jeunesse?

phie[142], et quasi tous les noms des sciences, les noms des figures[143], des herbes, des maladies, la sphère et ses parties, et généralement la plus grande part des termes usités aux* sciences naturelles et mathématiques. Ces mots-là donc seront en notre langue comme étrangers en une cité; auxquels* toutefois les périphrases serviront de truchements. Encore serais-je bien d'opinion que le savant translateur* fît plutôt l'office de paraphraste que de traducteur[144], s'efforçant donner à toutes les sciences qu'il voudra traiter l'ornement et lumière de sa langue, comme Cicéron se vante d'avoir fait en la philosophie, et à l'exemple des Italiens qui l'ont quasi toute convertie en leur vulgaire*, principalement la platonique*[145]. (41)

* utilisés dans les

* à eux, à ceux-ci

* adaptateur

* leur langue
* la philosophie de Platon

Et[146] si on veut dire que la philosophie est un faix* d'autres épaules que celles de notre langue, j'ai dit au commencement de cet œuvre[147], et le dis encore, que toutes langues sont d'une même valeur, et des* mortels à une même fin** d'un même jugement formées. Par quoi, ainsi comme* sans muer de coutumes ou de nation le Français et l'Allemand, non seulement le Grec ou Romain, se peut donner à* philosopher, aussi je crois qu'à un chacun sa langue puisse compétemment* communiquer toute doctrine[148]. Donc si la philosophie semée par Aristote et

* un poids pour

* par les ** but

* de même que

* peut s'adonner à

* a compétence pour

---

142. Du Bellay parlera plus longuement de l'enrichissement du vocabulaire au chapitre VI du livre II. — Tout ce passage est un souvenir de Cicéron; 143. Les figures relatives aux sciences naturelles et mathématiques; 144. Si le *traducteur* s'attache au mot à mot, le *translateur*, ou *paraphraste*, s'inspirera largement du texte qu'il transpose sans en être l'esclave; 145. On sait quelle fut l'importance du courant néo-platonicien dans l'Italie de la Renaissance, notamment avec Marsile Ficin (voir Notice); 146. Toute la suite de ce chapitre reprend les idées de Speroni dans son *Dialogue des langues*; 147. Voir plus haut, chapitre I. — *Œuvre* était couramment masculin au XVIe siècle; 148. De même que chaque homme peut réfléchir aux grands problèmes *(philosophes)*, de même je crois que la langue de chaque peuple peut traiter de toute question philosophique.

--- **QUESTIONS** ---

41. Dans quel domaine le travail des traducteurs peut-il être bénéfique? Comment peuvent-ils contribuer à enrichir la langue française? Sur quels précédents illustres du Bellay s'appuie-t-il ici? — Intérêt de la distinction entre *translateur* et *traducteur*?

Platon au fertile champ attique était replantée en notre plaine française, ce ne serait la jeter entre les ronces et épines où elle devînt stérile[149], mais ce serait la faire de lointaine prochaine, et d'étrangère citadine* de notre république**.

* citoyenne
** État

[La traduction des grands textes anciens permettrait aux philosophies de l'Antiquité d'être mieux connues et, par conséquent, mieux appréciées. Car il est absurde de prétendre que certaines langues se prêtent mieux que d'autres à l'expression de la pensée philosophique.]

Les écritures et langages ont été trouvés, non pour la conservation de la nature, laquelle comme divine qu'elle est* n'a métier** de notre aide, mais seulement à* notre bien et utilité, afin que présents, absents, vifs* et morts, manifestant l'un à l'autre le secret de nos cœurs, plus facilement parvenions à notre propre félicité qui gît en* l'intelligence** des sciences***; non point au son des paroles; et par conséquent celles* langues et celles* écritures devraient être plus* en usage, lesquelles on apprendrait plus* facilement[150]. (42)

* étant divine
** besoin
* pour
* vivants

* consiste en
** la connais-
sance
*** savoir

* les
* le plus
* le plus

Las, et combien serait meilleur qu'il y eût au monde un seul langage naturel, que d'employer tant d'années pour apprendre des mots! Et ce jusques à l'âge bien souvent que n'avons plus ni le moyen ni le loisir de vaquer à* plus grandes choses. Et certes songeant beaucoup de fois d'où provient que les hommes de ce siècle généralement sont moins savants en toutes sciences, et de moindre prix* que les anciens, entre beaucoup de raisons je trouve cette-ci* que j'oserai dire la principale : c'est l'étude

* nous livrer à

* valeur
* celle-ci

---

149. Dans des conditions telles qu'elle devînt stérile; **150.** Tout ce passage est encore inspiré de Speroni.

QUESTIONS

42. Sur quelle idée du Bellay revient-il ici? A quelle objection répond-il? — Pourquoi est-il important qu'il s'agisse non plus de poésie ou de « littérature » à proprement parler (au sens où nous l'entendons aujourd'hui), mais de l'enrichissement des connaissances? Montrez que l'auteur reprend son argumentation du chapitre v.

des langues grecque et latine[151]. Car si le temps que nous consumons* à apprendre les dites langues était employé à l'étude des sciences*, la nature certes n'est point devenue si bréhaigne* qu'elle n'enfantât de notre temps des Platons et des Aristotes[152]. Mais nous qui ordinairement affectons* plus d'être vus** savants que de l'être, ne consumons* pas seulement notre jeunesse en ce vain exercice mais, comme nous repentant d'avoir laissé le berceau et d'être devenus hommes, retournons encore en enfance, et par l'espace de* vingt ou trente ans ne faisons autre chose qu'apprendre à parler, qui grec, qui latin, qui hébreu. **(43)**

* dissipons
* l'acquisition du savoir
* stérile

* recherchons
** paraître
* dissipons

* durant

[Si bien qu'épuisés par de tels efforts, trop âgés, « nous ne sommes plus aptes à la spéculation des choses », et, rebutés, « nous laissons tout par désespoir ».]

Faut-il dont laisser l'étude des langues? Non, d'autant que les arts et sciences sont pour le présent* entre les mains des Grecs et Latins. Mais il se devrait faire à l'avenir qu'on pût parler de toute chose, par tout le monde, et en toute langue[153]. **(44)** J'entends bien que les

* pour le moment

---

151. Cf. Montaigne : « C'est un bel et grand agencement sans doute que le grec et latin, mais on l'achète trop cher » (*Essais*, I, XXVI); **152.** Idée courante au XVIᵉ siècle et qu'on retrouve chez plusieurs humanistes; **153.** Durant tout le siècle, des spécialistes de tout ordre revendiquent l'usage du français pour leurs sciences respectives. Voir à ce sujet le tome II de l'*Histoire de la langue française* de Ferdinand Brunot.

QUESTIONS

43. A quoi du Bellay attribue-t-il l'infériorité de ses contemporains par rapport aux Anciens? Relevez ses différents arguments. — Essayez de rendre compte de l'apparente contradiction qu'il y a entre le fait de tenir de tels propos et le séjour du poète au collège de Coqueret pour mieux s'initier aux langues de l'Antiquité (voir Notice). — Comparez cette argumentation avec ce que dit Montaigne du même problème dans ses *Essais* (I, XXVI).

44. Quelle raison, selon du Bellay, justifie qu'on passe si longtemps à l'étude des langues anciennes? — S'agit-il du traditionnel argument en faveur des humanités classiques? — D'après ce passage peut-on penser que du Bellay s'indignerait de voir les langues anciennes de moins en moins étudiées au XXᵉ siècle ou jugerait-il cela normal? Pourquoi?

professeurs des langues[154] ne seront pas de mon opinion; encore moins ces vénérables druides[155] qui pour* l'ambitieux désir qu'ils ont d'être entre* nous ce qu'était le philosophe Anacharsis entre les Scythes, ne craignent rien tant que le secret de leurs mystères, qu'il faut apprendre d'eux non autrement que jadis les jours* des Chaldées*[156], soit découvert au vulgaire**[157] et qu'on ne crève, comme dit Cicéron, les yeux des corneilles[158]. **(45)**

* à cause de
* parmi

* le calendrier
* des Chaldéens
** à la foule, au profane

A ce propos il me souvient avoir ouï* dire maintes fois à quelques-uns de leur Académie[159] que le roi François, je dis celui* François à qui la France ne doit moins qu'à Auguste Rome[160], avait déshonoré les sciences et laissé les doctes en mépris[161]. O temps! ô mœurs[162]! ô crasse ignorance! n'entendre* point que, tout ainsi qu'un mal quand il s'étend plus loin est d'autant plus pernicieux, aussi est un bien plus profitable quand plus il est commun. **(46)**

* entendu
* ce

* ne comprendre

[Et du Bellay s'en prend à ceux qui prétendent se réserver le privilège du savoir. D'autre part, nouvel argument, même les Grecs — dont la langue, à en croire certains, serait la seule capable de véhiculer les grandes pensées philosophiques — n'ont-ils pas « emprunté [...]

---

154. D'après Henri Chamard, ces « professeurs des langues » sont « ceux que l'on a depuis nommés les *humanistes* ». Encore faut-il ne pas généraliser, car bien des humanistes ont, eux aussi, travaillé à défendre la langue française; **155.** Les théologiens, docteurs de la Sorbonne; **156.** Non autrement que jadis, il fallait apprendre le calendrier *(les jours)* auprès des Chaldéens; **157.** Voir chapitre IV; **158.** *Crever les yeux des corneilles :* proverbe latin qui signifie « tromper les plus habiles ». Cité dans les *Adages* d'Érasme; **159.** *Leur Académie :* sans doute la Sorbonne, qui se montra souvent hostile aux idées de François Ier; **160.** A rapprocher de l'éloge enthousiaste que du Bellay faisait déjà du « Père des lettres » (chapitre IV); **161.** Noël Beda, syndic de la Sorbonne, plaidant au parlement de Paris contre l'institution des lecteurs royaux (futur Collège de France), s'écriait que la religion était perdue si l'on enseignait le grec et l'hébreu; **162.** Souvenir de l'apostrophe fameuse de Cicéron dans les *Catilinaires*.

QUESTIONS

45. A qui l'auteur s'en prend-il dans ce passage? Sur quel ton? — Signification et valeur expressive du proverbe cité (donnez une réponse précise en rapport avec le texte).

46. L'enthousiaste humanisme de Du Bellay : comment se manifeste-t-il ici? — Pourquoi cette indignation contre la Sorbonne?

ces grandes richesses » à d'autres nations, comme l'Inde ou l'Égypte, nations « barbares » elles aussi?]

Bien peu me soucierais-je de l'élégance d'orai-son* qui est en Platon et en Aristote si leurs livres sans raison* étaient écrits.

* de langage
* sagesse

La philosophie vraiment les a adoptés pour ses fils, non pour être nés* en Grèce mais pour avoir d'un haut sens* bien parlé et bien écrit d'elle. La vérité si bien par eux cherchée, la dis-position et l'ordre des choses, la sentencicuse brièveté de l'un et la divine copie* de l'autre est propre à eux et non à autres; mais la nature, dont ils ont si bien parlé, est mère de tous les autres et ne dédaigne point de se faire connaître à ceux qui procurent* avec toute industrie** entendre ses secrets, non pour devenir grecs mais pour être faits philosophes. (47)

* parce qu'ils sont nés
* avec discernement

* abondance

* travaillent à
** zèle

Vrai est que pour avoir les arts et sciences toujours été* en la puissance des Grecs et Romains, plus studieux* de ce qui peut rendre les hommes immortels que les autres, nous croyons que par eux seulement elles puissent et doivent être traitées. Mais le temps viendra par aventure*, et je supplie au Dieu très bon et très grand que ce soit de notre âge*, que quelque bonne personne, non moins hardie qu'ingénieuse* et savante, non ambitieuse**, non craignant l'envie* ou haine d'aucun, nous ôtera cette fausse persuasion, donnant à notre langue la fleur et le fruit des bonnes lettres. Autrement si l'affection que nous portons aux langues étrangères, quelque excellence qui soit en elles, empêchait cette notre si grande félicité, elles seraient dignes véritablement non d'envie

* parce que les arts et sciences ont toujours été
* plus attachés à l'étude

* peut-être
* en notre temps

* bien douée
** avide d'honneurs
* malveillance

QUESTIONS
---

47. Speroni, que du Bellay transpose dans ce passage, ne mention-nait ici qu'Aristote. En quoi est-il significatif que du Bellay ajoute le nom de Platon? — D'après ce passage, pour quelles raisons admire-t-il Platon et Aristote? Quelle assimilation abusive rejette-t-il? Commentez à ce propos le dernier membre de phrase.

mais de haine, non de fatigue mais de fâcherie*; elles seraient dignes finalement* d'être non apprises, mais reprises de* ceux qui ont plus de besoin du vif* intellect** de l'esprit que du son des paroles mortes. Voilà quant aux disciplines. (**48**)

* indignation
* finalement
* arrachées à, interdites à
* vivant
** intelligence

Je reviens aux poètes et orateurs, principal objet de la matière que je traite, qui est l'ornement et illustration de notre langue. (**49**)

CHAPITRE XI

Qu'il est impossible d'égaler les Anciens en leurs langues[163].

Toutes personnes de bon esprit entendront assez que cela que j'ai dit pour la défense de notre langue n'est pour décourager aucun de la grecque et latine; car tant s'en faut que je sois de cette opinion, que je confesse et soutiens celui ne pouvoir[164] faire œuvre excellent en son

---

163. Dans tout ce chapitre, s'il suit encore Speroni, du Bellay s'inspire surtout de Peletier du Mans (Préface à la traduction de l'*Art poétique* d'Horace); **164.** Proposition infinitive.

——— **QUESTIONS** ———

48. Quels sont les dangers du prestige des langues anciennes?

49. SUR L'ENSEMBLE DU CHAPITRE X. — Montrez que ce chapitre apparaît comme un bilan de ce qui a déjà été dit dans *la Défense* : sur les possibilités du français, sur la supériorité incontestable des philosophies anciennes dans l'état actuel des choses, sur le modèle que constituent les langues et les littératures anciennes.
— Cependant, l'analyse ne s'approfondit-elle pas? Répondez en étudiant ce que dit du Bellay du temps perdu à apprendre les langues anciennes et de ce qui est admirable chez les Anciens.
— Montrez qu'ici du Bellay parle de la langue française en général, et pas seulement de la langue littéraire (donnez une réponse précise).
— En quoi du Bellay apparaît-il comme un précurseur du classicisme?
— Néanmoins dégagez ce qui sépare ses positions de celles qui seront défendues par les « Anciens » (les classiques) dans la fameuse querelle de la fin du XVIIe siècle.
— Soulignez cependant tout ce qui sépare l'état de la littérature française au moment où écrit du Bellay, en 1549, de ce qu'elle sera pour les partisans des Anciens à la fin du XVIIe siècle.

vulgaire* qui soit ignorant de ces deux langues * sa langue
ou qui n'entende la latine pour le moins[165]. (50)

Mais je serais bien d'avis qu'après les avoir
apprises, on ne déprisât* la sienne et que celui * méprisât
qui par une inclination naturelle (ce qu'on peut
juger par les œuvres latines et toscanes de
Pétrarque et Boccace, voire d'aucuns* savants * de certains
hommes de notre temps[166]) se sentirait plus
propre à écrire en sa langue qu'en grec ou en
latin s'étudiât plutôt à se rendre immortel entre
les siens, écrivant bien en son vulgaire*, que, * sa langue
mal écrivant en ces deux autres langues, être vil
aux doctes pareillement et aux indoctes*. (51) * ignorants

Mais s'il s'en trouvait encore quelques-uns de
ceux qui de simples paroles font tout leur art
et science, en sorte que nommer la langue grecque
et latine leur semble parler d'une langue divine,
et parler de la vulgaire* nommer une langue * le français
inhumaine, incapable de toute érudition; s'il
s'en trouvait de tels, dis-je, qui voulussent faire
des braves*, et dépriser** toutes choses écrites * le prendre
en français, je leur demanderais volontiers en   de haut
cette sorte* : Que pensent donc faire ces reblan- ** déprécier
chisseurs de murailles qui jour et nuit se rompent * quelque chose
  de ce genre
la tête à imiter? que dis-je, imiter? mais* trans- * bien plus
crire un Virgile et un Cicéron, bâtissant leurs
poèmes des hémistiches de l'un[167], et jurant
en leurs proses aux* mots et sentences de * par les

---

165. Cf. Peletier : « Je soutiens être impossible proprement parler ni correcte-
ment écrire notre langue sans acquisition de toutes deux *(le grec et le latin)*, ou bien
[...] de la latine pour le moins » *(ouvr. cit.)* ; 166. Du Bellay citera leurs noms dans
son dernier chapitre; 167. Du Bellay s'en prend aux virgiliens et en général aux
poètes néo-latins, qui, depuis plus d'un quart de siècle, inondaient la France de
leurs doctes plagiats des poètes de Rome (note d'Henri Chamard).

━━━━ **QUESTIONS** ━━━━

50. Quelle est l'importance de la précision ainsi apportée après le
dernier développement du chapitre précédent? — Pourquoi cette mise
au point s'impose-t-elle de la part de Du Bellay, étudiant à Coqueret?

51. Importance des idées soutenues dans ce paragraphe. Soulignez
la correspondance entre ce qu'exprime ici du Bellay, d'une part, et la
formation et l'œuvre des poètes de la Pléiade, d'autre part. — Commentez
le choix de Pétrarque et de Boccace comme exemples.

l'autre [...] **(52)**. Pensent-ils donc, je ne dis égaler, mais approcher seulement de ces auteurs en leurs langues? recueillant de cet orateur et de ce poète ores* un nom, ores* un verbe, ores* un vers, et ores* une sentence, comme si, en la façon qu'*on rebâtit un vieil édifice, ils s'attendaient rendre* par ces pierres ramassées à la ruinée fabrique* de ces langues sa première grandeur et excellence. Mais vous ne serez jà* si bons maçons, vous qui êtes si grands zélateurs des langues grecque et latine, que leur puissiez rendre celle* forme que leur donnèrent premièrement ces bons et excellents architectes.

* tantôt

* de la même
  manière qu'
* à rendre
* construction
  en ruines
* jamais

* cette

[Tentative chimérique, puisque les littératures anciennes correspondaient à une civilisation aujourd'hui morte. En outre :]

Les anciens usaient des langues qu'ils avaient sucées avec le lait de la nourrice, et aussi bien parlaient les indoctes comme* les doctes, sinon que* ceux-ci apprenaient les disciplines et l'art de bien dire, se rendant par ce moyen plus éloquents que les autres. Voilà pourquoi leurs bienheureux siècles étaient si fertiles de bons poètes et orateurs. Voilà pourquoi les femmes mêmes aspiraient à cette gloire d'éloquence et érudition, comme Sapho, Corinne, Cornélie, et un millier d'autres dont les noms sont conjoints avec la mémoire* des Grecs et Romains. **(53)**

* que
* sauf que

* le souvenir

─────── **QUESTIONS** ───────

52. Quel est le ton de ce passage? Commentez l'énergie expressive de la métaphore (à noter que l'expression *ces reblanchisseurs de murailles* ne se trouve nulle part ailleurs chez du Bellay). — En somme, quelle est l'objection fondamentale de Du Bellay contre ceux qui ne veulent pas écrire en « leur vulgaire »? Quel espoir chimérique dénonce-t-il ainsi? — Pourquoi du Bellay, qui recommandait d'enrichir la langue française par l'imitation des Anciens (voir plus haut, chapitres VII et VIII), récuse-t-il l'imitation pratiquée par les poètes néo-latins? Montrez, en vous reportant à ce qu'il disait de l'imitation en une même langue, qu'il est en accord avec lui-même.

53. Les avantages de la langue maternelle : quels sont-ils? — Pourquoi est-il logique et habile, de la part de Du Bellay, de choisir l'exemple des Anciens pour en administrer la preuve?

Ne pensez donc, imitateurs, troupeau servile[168], parvenir au point de leur excellence; vu qu'à grand peine avez-vous appris leurs mots, et voilà le meilleur de votre âge* passé. Vous déprisez* notre vulgaire**, par aventure*** non pour* autre raison sinon que dès enfance** et sans étude nous l'apprenons, les autres[169] avec grand peine et industrie* (54). Que s'il était comme la[170] grecque et latine péri et mis en reliquaire* de livres, je ne doute point qu'il ne fût, ou peu s'en faudrait, aussi difficile à apprendre comme* elles** sont. (55)

* vie
* méprisez
** langue
*** peut-être
* par une
** dès l'enfance

* effort

* conservé comme dans un reliquaire
* que
** la grecque et la latine

J'ai bien voulu* dire ce mot pour ce que** la curiosité humaine admire trop plus* les choses rares et difficiles à trouver, bien qu'elles ne soient si commodes pour l'usage de la vie, comme les odeurs* et les gemmes, que les communes et nécessaires comme le pain et le vin. Je ne vois pourtant qu'on doive estimer une langue plus excellente que l'autre seulement pour être* plus difficile, si on ne voulait dire* que Lycophron fût plus excellent qu'Homère pour être* plus obscur, et Lucrèce que Virgile pour cette même raison. (56)

* tenu à
** parce que
* beaucoup plus

* parfums

* parce qu'elle est
* à moins de prétendre
* parce qu'il est

---

168. Souvenir d'Horace; 169. Les autres langues; 170. *Il* : le « vulgaire »; donc masculin. — *La* : la langue; donc féminin.

■ QUESTIONS ■

54. Quel « snobisme » du Bellay dénonce-t-il ici?

55. On a remarqué que « l'argument — si c'en est un — est au moins singulier, qui prétend faire du français l'égal du grec et du latin, pour la raison qu'il présenterait les mêmes difficultés que ces langues mortes, si l'on ne pouvait plus l'apprendre que d'après des œuvres écrites » (Henri Chamard). En fait, du Bellay prend-il cet argument au sérieux (voir la fin du paragraphe suivant)? Ne s'agit-il pas plutôt d'une dernière objection contre ce « snobisme » de l'obscurité, que dénoncera plus tard Montaigne : « Il est des humeurs comme cela, à qui l'intelligence porte dédain, qui m'en estimeront mieux de ce qu'ils ne sauront ce que je dis : ils concluront la profondeur de mon sens par l'obscurité, laquelle, à parler en bon escient, je hais bien fort, et l'éviterais si je me savais éviter » (*Essais*, III, 9).

56. SUR L'ENSEMBLE DU CHAPITRE XI. — Relevez et classez, en les résumant brièvement, les différentes argumentations en rapport avec le titre du chapitre.

— Dégagez les tons de ce chapitre (méprisant, didactique, ironique, etc.) et montrez ainsi qu'il s'agit bien d'un *manifeste*.

CHAPITRE XII

Défense de l'auteur.

Ceux qui penseront que je sois[171] trop grand admirateur de ma langue aillent voir le premier livre des *Fins des Biens et des Maux* fait par ce père d'éloquence latine Cicéron, qui au commencement du dit livre, entre autres choses, répond à ceux qui déprisaient* les choses écrites en latin et les aimaient mieux lire en grec. La conclusion du propos est qu'il estime la langue latine non seulement n'être pauvre, comme les Romains estimaient lors*, mais encore être plus riche que la grecque[172]. [...] (57)

* méprisaient

* alors

Je ne veux pas donner si haut los* à notre langue pour ce qu'elle* n'a point encore ses Cicérons et Virgiles, mais j'ose bien assurer que si les savants hommes de notre nation la daignaient autant estimer que les Romains faisaient la leur, elle pourrait quelquefois* et bientôt se mettre au rang des plus fameuses. (58)

* louange
* parce qu'elle

* un jour

Il est temps de clore ce pas*[173], afin de toucher particulièrement les principaux points de l'amplification et ornement de notre langue. En quoi, lecteur, ne t'ébahis si je ne parle de l'ora-

* clore cette discussion

---

171. Le subjonctif étant le mode du doute, il s'emploie couramment au XVIᵉ siècle, après un verbe comme *penser*, s'il s'agit d'une chose incertaine ou inexacte (cf. F. Brunot, *ouvr. cit.*, page 445); 172. Tout ce passage suit de très près l'ouvrage cité de Cicéron; 173. Locution empruntée aux jeux militaires appelés *passes d'armes* ou *tournois*. On disait « Ouvrir le pas, clore le pas ».

━━━ QUESTIONS ━━━

57. N'est-il pas paradoxal, dans cette argumentation en faveur de la langue française, de voir du Bellay suivre de près Cicéron? Pourquoi? — Cependant, cette imitation ne correspond-elle pas au but avoué de l'auteur de *la Défense?* Précisez ce point en vous reportant notamment aux chapitres VII et VIII du premier livre.

58. Sur qui du Bellay, une fois de plus, rejette-t-il la responsabilité de l'insuffisance actuelle de la langue française? — Dans quelle mesure s'agit-il d'une exhortation? — Montrez que tout ce début constitue une conclusion au premier livre.

teur comme* du poète **(59)**. Car outre que les
vertus de l'un sont pour la plus grande part
communes à l'autre, je n'ignore point qu'Étienne
Dolet[174], homme de bon jugement en notre vul-
gaire*, a formé** l'*Orateur Français*, que quelqu'un peut-être, ami de la mémoire de l'auteur
et de la France mettra de bref* et fidèlement en
lumière[175]. **(60) (61) (62)**

* autant que

* langue
** entrepris

* bientôt,
d'ici peu

---

174. On a fait la remarque qu'il y avait quelque courage, de la part de Du Bellay,
à parler ainsi d'un homme condamné et supplicié pour athéisme trois ans à peine
auparavant; 175. Malgré le vœu de Du Bellay, il ne s'est trouvé personne assez
« ami de la mémoire de l'auteur » pour reprendre l'œuvre inachevée de Dolet.

QUESTIONS

59. Comment du Bellay annonce-t-il ici le second livre? Après *la
Défense*, de quoi va-t-il s'agir? A quel aspect de la littérature du Bellay
va-t-il s'attacher?

60. Valeur de cet hommage à Étienne Dolet. Montrez qu'il nous
permet de mieux saisir à quel point, au milieu du XVIe siècle, l'exercice
de l'humanisme n'allait pas sans risque. — Reliez cet hommage aux
attaques contre la Sorbonne, que l'on trouve dans ce premier livre.

61. SUR L'ENSEMBLE DU CHAPITRE XII. — Montrez qu'il s'agit d'un
chapitre de transition.

— La raison pour laquelle du Bellay renonce à traiter de la prose
vous paraît-elle suffisante? En fait, sur quoi portent ses propres ambitions littéraires? Cela ne semble-t-il pas plus déterminant quant à sa
décision?

62. SUR L'ENSEMBLE DU LIVRE I. — Relevez : 1° les passages qui correspondent au titre de *Défense de la langue française* (chapitres I, II, III,
IX, XI et XII), en indiquant précisément quels sont les principaux thèmes
traités et les arguments qui y correspondent; 2° les passages où il s'agit
des moyens d'enrichir le français (chapitres IV à VIII et X), en indiquant
clairement les jugements portés par du Bellay sur la traduction et sur
l'imitation.

— Pourquoi du Bellay attache-t-il tant d'importance à prouver que
la langue française est capable de *tout* exprimer? — N'y a-t-il pas là
un problème encore actuel et que connaissent les langues de pays insuf-
fisamment développés (langues inaptes à exprimer les questions techniques,
indispensables aujourd'hui, par exemple)?

LIVRE SECOND

CHAPITRE PREMIER

L'intention de l'auteur.

Pour ce que* le poète et l'orateur sont comme les deux piliers qui soutiennent l'édifice de chacune langue, laissant celui que j'entends* avoir été bâti par les autres[176], j'ai bien voulu*, pour le devoir en quoi je suis obligé à la patrie, tellement quellement* ébaucher celui qui restait[177], espérant que par moi ou par une plus docte main il pourra recevoir sa perfection. (63)

    * Parce que

    * j'entends dire

    * j'ai tenu à

    * tant bien que mal

Or ne veux-je en ce faisant feindre* comme une certaine figure de poète[178] qu'on ne puisse ni des yeux, ni des oreilles, ni d'aucun sens apercevoir, mais comprendre seulement de la cogitation* et de la pensée[179] [...]. Et penserai avoir beaucoup mérité des miens, si je leur montre seulement avec le doigt le chemin qu'ils doivent suivre pour atteindre à l'excellence des anciens où quelque autre, peut-être, incité par notre petit labeur* les conduira avec la main. (64)

    * imaginer

    * réflexion

    * travail

[Du Bellay reprend alors, pour en faire le principe de sa nouvelle poétique, la théorie de l'imitation esquissée dans le chapitre VIII

---

176. Allusion à l'*Orateur français* d'Étienne Dolet (voir la fin du chapitre précédent); 177. Du Bellay confirme ce qu'il a déjà annoncé dans le dernier chapitre du livre I : le second livre de son manifeste va constituer exclusivement une poétique; 178. Je ne veux pas tracer un portrait *idéal* du poète; 179. Tout ce passage est inspiré de Cicéron.

QUESTIONS

63. A propos de ce passage, voici la critique du *Quintil Horatian* : « Je demande aux ouvriers si *bâtir* et *ébaucher* sont d'un même artifice et ouvrage, pour ici en user en même métaphore. Crois-moi que ta trop grande friandise de métaphores te fait souvent improprement les assembler : ne serait-il plus beau parler proprement? » Cette critique est-elle judicieuse? — Cette « friandise de métaphores » vous paraît-elle fâcheuse? A votre avis, pourquoi du Bellay tient-il à utiliser des métaphores?

64. Quels sont les trois points importants sur lesquels du Bellay commence son second livre?

du livre I. Mais il s'interrompt aussitôt pour prévenir une objection :
« Je sais que beaucoup me reprendront, qui ai osé le premier des
Français introduire quasi comme une nouvelle poésie », et pour
formuler un jugement sur Héroët et Marot, en annonçant qu'il a
« toujours estimé notre poésie française être capable de quelque
plus haut et meilleur style que celui dont nous sommes si longuement
contentés ».] **(65)**

CHAPITRE II

Des poètes français.

De tous les anciens poètes français, quasi un
seul, Guillaume de Lorris et Jean de Meung,
sont dignes[180] d'être lus non tant pour ce qu'il
y ait* en eux beaucoup de choses qui se doivent   * non qu'il y ait
imiter des modernes[181], comme* pour y voir   * mais
quasi comme une première image de la langue
française, vénérable pour son antiquité. **(66)**

[Du Bellay raille la prévention de ceux qui, n'admirant que les morts,
veulent « défrauder les jeunes de leur gloire méritée ».]

Bien dirai-je que Jean Lemaire de Belges[180]
me semble avoir premier illustré et les Gaules

---

180. Accord par syllepse (voir note 78) : *Un seul* se rapporte à l'idée d'un
seul ouvrage, le *Roman de la rose*, et le pluriel *sont dignes* à ses deux auteurs;
181. Voir la théorie de l'imitation au chapitre VIII du livre I.

■ QUESTIONS ■

65. SUR L'ENSEMBLE DU CHAPITRE PREMIER. — Sur ce chapitre, le
Quintil Horatian adresse plusieurs reproches à du Bellay : 1° celui-ci
parle « poétiquement en propos commun » (sa prose est poétique de
forme et banale de fond); 2° il offre dans son second livre un *Art poétique*,
alors qu'il promettait une *Défense et illustration de la langue française*;
3° enfin, il préconise un « plus haut et meilleur style », dont le *Quintil*
se demande si cela consiste à « écorcher le latin et contreminer l'italien
en français, et périphraser où il n'est besoin, en disant *fils de vache* pour
veau ou *bœuf*, de peur de faire la moue ». Dans quelle mesure ces critiques
sont-elles justifiées? Dans quelle mesure sont-elles excessives?

66. Quelle est l'importance de la direction ainsi donnée à l'évolution
de la poésie française? — En vous reportant à la théorie de l'imitation,
montrez que cette ignorance du Moyen Age est somme toute cohérente.
N'en est-elle pas moins fâcheuse? — Comparez à ce mépris de Du Bellay
pour les « anciens poètes français » les préjugés de Boileau à l'encontre
de la littérature préclassique.

et la langue française[182], lui donnant beaucoup de mots et manières de parler poétiques qui ont bien servi même aux plus excellents de notre temps. (67)

[Prétendant alors défendre les poètes en vogue contre des censeurs trop sévères, du Bellay, par cet artifice, donne à entendre le jugement qu'il porte lui-même sur ses devanciers : l'un est trop peu savant (Marot), l'autre « mérite plus le nom de philosophe que de poète » (Héroët), l'un qui laisse circuler ses manuscrits se garde bien de les livrer à l'impression (Mellin de Saint-Gelais), l'autre, enfin, « voulant trop s'éloigner du vulgaire, est tombé en obscurité aussi difficile à éclaircir en ses écrits aux plus savants comme aux plus ignares » (Scève).]

Quant à moi, si j'étais enquis de* ce que me semble de nos meilleurs poètes français [...], je répondrais [...] qu'ils ont illustré notre langue, que la France leur est obligée. Mais aussi dirais-je bien qu'on pourrait trouver en notre langue, si quelque savant homme y voulait mettre la main, une forme de poésie beaucoup plus exquise, laquelle il faudrait chercher en ces vieux Grecs et Latins, non point es* auteurs français[183] pour ce qu'*en ceux-ci on ne saurait prendre que bien peu, comme la peau et la couleur; en ceux-là on peut prendre la chair, les os, les nerfs et le sang. (68)

* si on me demandait

* dans les

* parce qu'

---

182. Dans les *Illustrations de Gaule et singularités de Troie*, trois livres publiés en 1510-1513; 183. Voir à ce sujet le chapitre VIII du livre I.

QUESTIONS

67. Alors que, traditionnellement, on tend à négliger l'école des grands rhétoriqueurs pour exalter la Pléiade, sans remettre en cause la préférence accordée aux compagnons de Ronsard, montrez que l'estime de Du Bellay pour Jean Lemaire de Belges est révélatrice d'une continuité dans l'évolution de la poésie au XVIe siècle. — Connaissant, d'une part, le raffinement souvent excessif des poètes rhétoriqueurs et, d'autre part, l'inspiration pétrarquiste qui anime *l'Olive*, publiée par du Bellay en même temps que *la Défense*, montrez que cette estime des jeunes poètes de la « Brigade » pour Lemaire de Belges trahit une affinité de pensée, au moins dans la conception de la poésie.

68. Montrez que, dans ce passage, du Bellay s'efforce de justifier sa prévention contre les « anciens poètes français ». — Commentez l'expression : *Une forme de poésie beaucoup plus exquise*. Signification exacte et portée de cette exigence. — Commentez la métaphore des dernières lignes. Signification et portée.

Et si quelqu'un malaisé à contenter ne voulait prendre ces raisons en paiement, je dirai
(afin de n'être vu* examiner les choses si rigou-   * ne paraître
reusement sans cause) qu'aux autres arts et
sciences la médiocrité* peut mériter quelque   * réussite
louange; mais aux poètes ni les dieux, ni les   moyenne
hommes, ni les colonnes[184] n'ont point concédé
être médiocres, suivant l'opinion d'Horace que
je ne puis assez souvent nommer pour ce qu'ès*   * parce que
choses que je traite il me semble avoir le cerveau   dans les
mieux purgé et le nez meilleur[185] que les
autres [...]. **(69) (70)**

<h2 style="text-align:center">CHAPITRE III</h2>

Que le naturel n'est suffisant à celui
qui en poésie veut faire œuvre digne de l'immortalité[186].

Mais pour ce qu'*en toutes langues y en a   * étant
de bons et de mauvais, je ne veux pas, lecteur,   donné qu'
que sans élection* et jugement tu te prennes**   * choix
au premier venu. Il vaudrait beaucoup mieux   ** t'attaches

---

184. Réminiscence d'Horace, ainsi que tout ce passage. — Les *colonnes* sont
les colonnes des portiques où se trouvaient les librairies et sur lesquelles on affichait
les titres des ouvrages à vendre; **185.** *Avoir le cerveau mieux purgé* (avoir l'esprit
plus sain, plus net) et *avoir le nez meilleur* (avoir plus de finesse) sont deux expressions d'Horace; **186.** Ce titre résume à lui seul toute la nouvelle doctrine. — L'auteur va reprendre ici sa théorie de l'imitation commencée au chapitre VIII du livre I.

<hr/>

——— QUESTIONS ———

69. Ton de ce dernier paragraphe.

70. SUR L'ENSEMBLE DU CHAPITRE II. — Résumez l'essentiel du jugement de Du Bellay sur les poètes qui l'ont précédé et sur ses contemporains.

— Montrez que l'intention fondamentale de l'auteur est de formuler
un espoir plutôt que de dresser un bilan : pourquoi? Précisez le contenu
de cet espoir.

— Cependant, l'ensemble de ce chapitre ne laisse-t-il pas le lecteur
insatisfait?

— Sur ce chapitre, le *Quintil Horatian* formule l'objection suivante :
du Bellay ne cesse de se contredire en préconisant l'imitation des Anciens.
En effet, il a affirmé « la nature des choses et la connaissance et commune
tractation [= *expression*] d'icelles être égale en toutes nations et langues ».
D'autre part, il interdit la traduction. Quant à l'adaptation, elle n'enrichit en rien le vocabulaire, ou bien c'est « écorcherie sanglante » : chercher chez les Anciens le savoir des choses, c'est enrichir la matière de
la poésie, non sa forme. Que pensez-vous de ce sévère commentaire?
Que peut-on dire en faveur de Du Bellay?

écrire sans imitation que ressembler* un mau-   * de ressembler à
vais auteur; vu même que c'est chose accordée
entre les plus savants[187], le naturel faire plus
sans la doctrine, que la doctrine sans le naturel[188] **(71)**. Toutefois, d'autant que l'amplification
de notre langue, qui est ce que je traite, ne se
peut faire sans doctrine et sans érudition, je
veux bien* avertir ceux qui aspirent à cette   * tiens à
gloire d'imiter les bons auteurs grecs et romains,
voire bien* italiens, espagnols et autres[189], ou   * et même
du tout n'écrire point sinon à* soi, comme on   * pour
dit, et à ses Muses[190]. **(72)**

Qu'on ne m'allègue point ici quelques-uns
des nôtres[191] qui sans doctrine, à tout moins
non autre que médiocre*, ont acquis grand   * limitée
bruit* en notre vulgaire**. Ceux qui admirent   * réputation / ** langue
volontiers les petites choses et déprisent* ce qui   * déprécient
excède leur jugement en feront tel cas qu'ils
voudront, mais je sais bien que les savants ne
les mettront en autre rang que de ceux qui
parlent bien français et qui ont, comme disait
Cicéron des anciens auteurs romains[192], bon
esprit mais bien peu d'artifice*. **(73)**   * art

---

187. *Les plus savants* sont Cicéron et Quintilien; 188. Avant du Bellay, Sébillet avait déjà abordé ce problème des rapports de l'art avec la nature dans son *Art poétique français*. A son tour, Peletier le reprendra plus tard pour concilier les deux termes, que l'on oppose, dans son *Art poétique* de 1555. Sur ce point, voir l'ouvrage d'Henri Weber *la Création poétique au XVIᵉ siècle en France*, pages 109-124; 189. Cette théorie de l'imitation a soulevé des protestations assez vives. Voir notamment l'argumentation du *Quintil Horatian* (question nº 27) et les objections de Guillaume Des Autels (Jugements); 190. *A soi et à ses Muses :* pour soi seul. Locution latine citée par Érasme dans ses *Adages;* 191. Les marotiques et d'abord Marot lui-même, considérés comme peu savants; 192. Du Bellay parle ici d'après Quintilien, citant Cicéron.

─────────── **QUESTIONS** ───────────

71. Quelle est l'importance des précisions apportées dans ces premières lignes? En quoi nuancent-elles la théorie de l'imitation?

72. Comparez ce que dit ici du Bellay aux propos d'Alceste, dans *le Misanthrope*, sur l'art d'écrire (vers 341-373).

73. L'importance de la *doctrine :* pourquoi du Bellay y insiste-t-il tant? Dans quelle mesure est-ce un argument polémique? Dans quelle mesure cela correspond-il à la hauteur et à l'exigence des ambitions poétiques de Du Bellay?

Qu'on ne m'allègue point aussi* que les poètes naissent[193], car cela s'entend de cette ardeur et allégresse d'esprit qui naturellement excite les poètes et sans laquelle toute doctrine leur serait manque* et inutile (74). Certainement ce serait chose trop facile, et pourtant* contemptible*, de se faire éternel** par renommée si la félicité de nature donnée même aux plus indoctes* était suffisante pour faire chose digne de l'immortalité. Qui veut voler par les mains et bouches des hommes doit longuement demeurer en sa chambre, et qui désire vivre en la mémoire de la postérité doit, comme mort en soi-même, suer et trembler maintes fois et, autant que nos poètes courtisans boivent, mangent et dorment à leur aise, endurer de faim, de soif et de longues vigiles*[194]. Ce sont les ailes dont les écrits des hommes volent au ciel. (75)

Mais afin que je retourne au commencement de ce propos, regarde* notre imitateur premièrement ceux qu'il voudra imiter, et ce qu'en eux il pourra, et qui se doit imiter[195], pour ne faire comme ceux qui voulant apparaître semblables à quelque grand seigneur imiteront plutôt un petit geste et façon de faire vicieuse* de lui que ses vertus et bonnes grâces[196]. Avant toutes choses, faut qu'il ait ce jugement de connaître ses forces et tenter* combien ses épaules peuvent porter; qu'il sonde diligemment son naturel et

* non plus

* insuffisante
* partant
* méprisable
** immortel
* ignorants

* veilles

* que regarde

* mauvaise

* éprouver, essayer

---

193. Allusion à l'adage latin mis en avant par Sébillet : « On devient orateur, on naît poète »; 194. Ce passage est le dernier des nombreux emprunts à Speroni qu'on trouve dans *la Défense*; 195. Recommandation tirée de Quintilien; 196. Comportement caractéristique du courtisan, que du Bellay prend à partie maintes fois.

──────── **QUESTIONS** ────────

74. L'importance du *naturel* : dans quelle mesure est-il nécessaire et insuffisant?

75. Ton de ce passage. Quel sentiment de Du Bellay ce ton souligne-t-il? — Comparez ici encore ce que dit du Bellay du poète courtisan à ce que dit Oronte dans *le Misanthrope* (acte I, scène II). — Cependant, si le reproche qu'encourt Oronte est de ne pas être « honnête homme », est-ce de ce point de vue que se place du Bellay? Soulignez la différence.

se compose* à l'imitation de celui dont il se   * se mette,
sentira approcher de plus près. Autrement son   se range
imitation ressemblerait à celle du singe. (76) (77)

CHAPITRE IV

Quels genres de poèmes
doit élire* le poète français.   * choisir

Lis donc et relis premièrement, ô poète futur,
feuillette de main nocturne et journelle* les   * diurne
exemplaires* grecs et latins[197]; puis me laisse   ** modèles
toutes ces vieilles poésies françaises aux Jeux
Floraux de Toulouse[198] et au Puy de Rouen[199],
comme rondeaux, ballades, virelais, chants
royaux, chansons et autres telles épiceries qui
corrompent le goût de notre langue et ne servent
sinon* à porter témoignage de notre ignorance[200].   * qu'

Jette-toi à ces plaisants épigrammes[201], non
point comme font aujourd'hui un tas de faiseurs
de contes nouveaux qui en un dizain sont
contents* de n'avoir rien dit qui vaille aux neuf   * se satisfont
premiers vers pourvu qu'au dixième il y ait
le petit mot pour rire[202]; mais, à l'imitation d'un

---

197. Inspiré d'Horace. Voir *les Regrets*, sonnet 4, et *le Poète courtisan*, vers 24; 198. Institution fondée au XIVe siècle par des troubadours toulousains et réorganisée, d'après la tradition, au XVe siècle : sa renommée au XVIe siècle était très grande; 199. Les *puys* étaient des confréries de bourgeois, semi-religieuses, semi-littéraires, qui, à partir du XIIe siècle, s'établirent un peu partout au nord et à l'ouest de la France. Le *Puy de Rouen* était probablement la plus ancienne. On y cultivait la poésie et la musique; 200. Cette proscription des vieux genres n'a pas été sans soulever d'énergiques protestations, notamment du *Quintil Horatian* et de Guillaume Des Autels dans sa *Réplique aux furieuses défenses de Louis Meigret* (1550); 201. *Épigramme* était masculin au XVIe siècle; 202. L'épigramme était alors une récente innovation de Marot et de son école, qui dénommaient ainsi toute pièce, satirique ou non satirique, ne dépassant pas douze vers. Du Bellay fait ici allusion à Sébillet, qui recommande que, dans l'épigramme, « les deux derniers vers soient aigus en conclusion » et qui admire « Marot et Saint-Gelais [...] pour le sel de leurs épigrammes ».

QUESTIONS

76. Importance des précisions apportées par ce dernier conseil. Quelle est la valeur des limites ainsi assignées à la doctrine de l'imitation?

77. SUR L'ENSEMBLE DU CHAPITRE III. — A quoi tend l'imitation ainsi présentée par du Bellay quant à l'approfondissement de la poésie d'une part, et quant à l'épanouissement personnel du poète, d'autre part?
— Relevez et commentez les métaphores et les comparaisons de ce chapitre (signification, expressivité). Quel souci dominant trahissent-elles?

Martial ou de quelque autre bien approuvé[203], si la lascivité* ne te plaît, mêle le profitable avec le doux[204].

                                                * le badinage

Distille avec un style coulant et non scabreux* ces pitoyables* élégies[205] à l'exemple d'un Ovide, d'un Tibulle et d'un Properce, y entremêlant quelquefois de ces fables anciennes*, non petit ornement de poésie.

     * âpre
     * pathétiques, émouvantes
     * mythes antiques

Chante-moi ces odes inconnues encore de la Muse française, d'un luth bien accordé au son de la lyre grecque et romaine[206]; et qu'il n'y ait vers où n'apparaisse quelque vestige de rare et antique érudition. Et quant à ce, te fourniront de matière les louanges des dieux et des hommes vertueux, le discours* fatal des choses mondaines*, la sollicitude** des jeunes hommes comme l'amour, les vins libres* et toute bonne chère[207]. Sur toutes choses, prends garde que ce genre de poème soit éloigné du vulgaire*, enrichi et illustré de mots propres et épithètes non oisifs*, orné de graves sentences, et varié de toutes manières de couleurs et ornements poétiques, non comme un *Laissez la verte couleur, Amour avec Psyché, O combien est heureuse*[208], et autres tels ouvrages mieux dignes d'être nommés chansons vulgaires qu'odes ou vers lyriques[209].

     * cours
     * de ce monde
     ** préoccupation
     * qui délient la langue
     * de la foule

     * oiseux

---

203. Peut-être quelque poète néo-latin qui, dans le second quart du XVIᵉ siècle, avait pu faire paraître à Lyon des recueils d'*Epigrammata* comme ceux de Salmon Macrin, d'Étienne Dolet, etc.; 204. Souvenir d'Horace; 205. Comme l'épigramme, l'élégie est, en France, une création de Marot et de son école, c'est-à-dire un emprunt fait par eux aux Anciens; 206. Sur un luth qui s'accorde harmonieusement avec la lyre des anciens. Ce n'est qu'une figure par laquelle du Bellay veut dire qu'il faut concevoir l'ode à la manière antique. Mais, à partir de 1550, Ronsard concevra l'ode comme un chant soutenu par un accompagnement musical sur le luth ou la lyre; 207. Inspiré d'Horace. Dans son *Art poétique* de 1555, Peletier exprima la même idée : « La matière de l'ode sont les louanges des dieux, demi-dieux et des princes : les amours, les banquets, les jeux fêtés et semblables passe-temps. Qui montrent qu'elle est capable de divers arguments et de divers styles »; 208. De ces trois chansons, la première et la troisième sont de Mellin de Saint-Gelais, et la deuxième de Pernette du Guillet; 209. Du Bellay vise Sébillet, pour qui l'ode se confond avec la chanson et qui met sur le même plan Saint-Gelais et Pindare ou Horace. Le *Quintil Horatian* défendra les idées de Sébillet. De son côté, Guillaume Des Autels *(ouvr. cit.)* se fera le défenseur de Saint-Gelais et de Pernette du Guillet.

Quant aux épîtres, ce n'est un poème qui puisse grandement enrichir notre vulgaire*[210], pour ce qu'*elles sont volontiers de** choses familières et domestiques, si tu ne les voulais faire à l'imitation d'élégies, comme Ovide[211], ou sentencieuses et graves comme Horace[212].

* langue
* parce qu'
** traitent volontiers de

Autant te dis-je des satires que les Français, je ne sais comment, ont appelées coq-à-l'âne[213]; èsquels* je te conseille aussi peu t'exercer comme* je te veux être aliène de** mal dire***, si tu ne voulais à l'exemple des anciens, en vers héroïques[214] (c'est-à-dire de dix à onze*, et non seulement de huit à neuf*[215]), sous le nom de satire et non de cette inepte appellation de coq-à-l'âne, taxer modestement* les vices de ton temps, et pardonner aux* noms des personnes vicieuses[216]. Tu as pour ceci Horace qui, selon Quintilien, tient le premier lieu* entre les satiriques. (78)

* auxquels
* que
** étranger à, ennemi de
*** médire
* de dix à onze syllabes
* de huit à neuf syllabes
* modérément
* épargner les
* occupe la première place

Sonne-moi* ces beaux sonnets[217], non moins docte* que plaisante invention italienne,

* Fais-moi chanter
* savante

---

210. On sait que Marot et son école ont volontiers pratiqué ce genre; 211. *Les Pontiques*, envoyées à ses amis de Rome par Ovide exilé. La différence entre *les Pontiques* (épîtres) et *les Tristes* (élégies), c'est que, dans le premier cas, la plainte s'adresse à un correspondant; 212. Même appréciation dans l'*Art poétique* de Peletier : « Horace a écrit des épîtres de grande estime. Car il n'y en a pas une qui ne soit d'enseignement, et philosophique »; 213. *Sauter du coq à l'âne* était déjà au Moyen Age une locution proverbiale pour désigner un discours incohérent. C'est ainsi que Marot a nommé *coq-à-l'âne* de courtes pièces satiriques, affectant à dessein une forme incohérente pour voiler des allusions trop hardies. Leur succès fut grand. Du Bellay s'en prend, ici encore, à Sébillet, qui écrivait : « A la vérité, les satires de Juvénal, Perse et Horace sont coq-à-l'âne latins; ou à mieux dire, les coq-à-l'âne de Marot sont pures satires françaises »; 214. C'est le décasyllabe, jusqu'à ce que Ronsard en 1555, dans le premier livre des *Hymnes*, choisisse comme grand vers héroïque français l'alexandrin — dont, pas une fois, on le remarquera, il n'est question dans *la Défense*; 215. Lorsque la rime est féminine, le décasyllabe et l'octosyllabe sont en effet de onze et de neuf syllabes; 216. Inspiré de Martial; 217. Introduit par Marot en 1536, adopté peu après par Mellin de Saint-Gelais et Peletier, porté à sa perfection par la Pléiade, le sonnet est une forme d'origine italienne.

■ QUESTIONS ■

78. Relevez les genres évoqués dans cette première partie du chapitre. Quels modèles du Bellay propose-t-il? — Montrez qu'à cette occasion il attaque constamment Marot et les marotiques, de façon plus ou moins directe : relevez ces attaques. D'une manière générale dégagez le reproche fondamental qu'il formule contre Marot. — Montrez qu'il préconise une poésie opposée à celle des marotiques par l'esprit plutôt que par la forme. — Ne voit-on pas apparaître ici la distinction classique entre *genres nobles* et *genres mineurs?* Précisez.

Phot. B. N.

Travaux rustiques.
Miniature d'un manuscrit latin du XVIᵉ siècle.

conforme de nom à l'ode, et différente d'elle
seulement pour ce que* le sonnet a à certains   * en ce que
vers réglés et limités, et l'ode peut courir par
toutes manières de vers librement, voire en
inventer à plaisir[218] à l'exemple d'Horace qui
a chanté en dix-neuf sortes de vers, comme disent
les grammairiens. Pour le sonnet donc tu as
Pétrarque et quelques modernes Italiens[219]. **(79)**

Chante-moi d'une musette bien résonnante
et d'une flûte bien jointe[220] ces plaisantes
églogues, rustiques à l'exemple de Théocrite et
de Virgile, marines à l'exemple de Sannazar,
gentilhomme napolitain. Que plût aux Muses
qu'en toutes les espèces de poésie que j'ai nom-
mées, nous eussions beaucoup de telles imitations
qu'est cette églogue sur la naissance du fils de
Monseigneur le Dauphin[221], à mon gré un des   * jamais
meilleurs petits ouvrages que fît onques*
Marot[222].

Adopte-moi aussi en la famille française
ces coulants et mignards hendécasyllabes[223] à
l'exemple d'un Catulle, d'un Pontan et d'un
Second; ce que tu pourras faire sinon en quantité[224] pour le moins en nombre de syllabes. **(80)**

Quant aux comédies et tragédies, si les rois
et les républiques* les voulaient restituer en   * États

---

218. C'est tout ce que du Bellay dit de la strophe; 219. Les pétrarquistes italiens
de la fin du XVe siècle et de la première moitié du XVIe, dont le plus illustre est Bembo;
220. Souvenir de Virgile et d'Ovide : allusion à la flûte de Pan, qui était formée
de chalumeaux d'inégale longueur, soudés entre eux par de la cire ou de la poix;
221. Le futur François II, né en 1544; 222. Cet éloge de Marot, inattendu sous la
plume de Du Bellay, vient peut-être de ce que l'églogue en question suivait de très
près l'églogue IV des *Bucoliques* de Virgile (intitulée *Pollion*). Pour une fois, donc,
du Bellay est d'accord avec Sébillet, qui fait l'éloge de Marot en matière bucolique;
223. Vers de onze syllabes; 224. La *quantité*, en prosodie, est la valeur des syllabes
(longues ou brèves) sur laquelle se fondait la poésie ancienne, grecque ou latine.
Voir à ce sujet les notes 118 et 119. — Une langue comme le français ignore cette
valeur.

━━━━ QUESTIONS ━━━━

79. Intérêt de la place accordée au sonnet. Quelle différence y a-t-il
entre le sonnet et les autres genres préconisés par du Bellay? — Pensez
en outre au recueil de poèmes qu'il publiera avec *la Défense*.

Question **80**, v. p. 91.

leur ancienne dignité qu'ont usurpée les farces et moralités[225], je serais bien d'opinion que tu t'y employasses[226], et si tu le veux faire pour l'ornement de ta langue, tu sais où tu en dois trouver les archétypes*. (81) (82)

* premiers modèles

CHAPITRE V

Du long poème français[227].

Donc, ô toi qui, doué d'une excellente félicité de nature, instruit de tous bons arts et

---

225. Du Bellay ne mentionne ni les *mystères* ni les *miracles*, dont la représentation venait d'être interdite à Paris par un arrêt du parlement (novembre 1548). Ici encore, il s'oppose à Sébillet, qui accordait la même estime aux formes médiévales et aux formes antiques; 226. On sait que c'est Étienne Jodelle qui « s'y employa » : en 1553, il fonda le nouveau théâtre classique avec sa tragédie *Cléopâtre captive* et sa comédie *Eugène*, jouées devant le roi; 227. C'est le poème épique, l'épopée, qu'on appelait aussi le « grand œuvre ». Jamais Marot ni les marotiques n'eurent l'ambition d'enrichir la littérature française d'un poème épique. Ce fut au contraire un des grands soucis de Ronsard avec sa *Franciade*, puis de la littérature française classique (voir *l'Art poétique* de Boileau, chant III, vers 160-334).

─────── **QUESTIONS** ───────

80. Qu'est-ce qui sépare cette recommandation sur l'hendécasyllabe de ce qui précède? L'hendécasyllabe est-il un genre poétique? — Les poèmes en hendécasyllabes de Catulle, de Pontano, de Second, mis en avant par du Bellay, sont tous des pièces d'inspiration très libre. Quand on pense au succès que connurent au XVIe siècle les recueils de *Folâtries* et de *Gaietés*, ne peut-on apercevoir une cohérence dans l'esprit de Du Bellay à propos de cette recommandation sur l'hendécasyllabe? De quel *genre* poétique s'agit-il alors?

81. Quelle conception du théâtre exprime ici du Bellay (aristocratique, populaire)? — Cette conception étant celle des lettrés de son temps, quelle en a été l'importance dans l'histoire du théâtre français? — A partir de là montrez pourquoi Jodelle sera bien le précurseur du théâtre classique du XVIIe siècle.

82. SUR L'ENSEMBLE DU CHAPITRE IV. — Relevez les genres mentionnés dans ce chapitre. Pour chacun d'eux donnez le titre d'une œuvre de la Pléiade obéissant aux prescriptions de Du Bellay.

— Commentez à ce propos la remarque déjà citée d'Henri Weber : « Cette imitation des genres antiques n'est pas autant qu'on pourrait le croire un renoncement à la tradition nationale. Elle est au contraire liée à une prise de conscience de la valeur nationale de la langue, qu'il s'agit d'élever à la même dignité que les langues anciennes. »

— Dans quelle mesure l'influence ainsi exercée par la Pléiade vous paraît-elle avoir été, d'une part, bénéfique et, d'autre part, fâcheuse?

sciences, principalement naturelles et mathématiques, versé en tous genres de bons auteurs grecs et latins, non ignorant des parties et offices de la vie humaine, non de trop haute condition ou appelé au régime public*, non aussi** abject* et pauvre, non troublé d'affaires domestiques mais en repos et tranquillité d'esprit acquise premièrement par la magnanimité de ton courage puis entretenue par ta prudence et sage gouvernement (83); ô toi, dis-je, orné de tant de grâces et perfections, si tu as quelquefois pitié de ton pauvre langage, si tu daignes l'enrichir de tes trésors, ce sera toi véritablement qui lui feras hausser la tête[228], et d'un brave sourcil* s'égaler aux superbes langues grecque et latine, comme a fait de notre temps en son vulgaire un Arioste italien que j'oserais (n'était la sainteté* des vieux poèmes**) comparer à un Homère et Virgile[229] (84). Comme lui donc, qui a bien voulu* emprunter de notre langue les noms et l'histoire de son poème[230], choisis-moi quelqu'un* de ces beaux vieux romans français, comme un *Lancelot*, un *Tristan*[231] ou autres,

* au maniement des affaires publiques
** non plus
* humble

* avec une fière arrogance

* le caractère sacré
** épopées antiques
* a tenu à

* un

---

228. Cf. Peletier : « L'œuvre héroïque est celui qui donne le prix et vrai titre de poète — Et si [= *aussi*] est de tel compte et de tel honneur qu'une langue n'est pour passer en célébrité vers les siècles, sinon qu'elle ait traité le sujet héroïque, qui sont les guerres. Nous dirons donc les autres genres décrits être les rivières et ruisseaux, et l'héroïque être comme une mer, ainçois [= *et même plus*] une forme et image d'univers » *(Art poétique)* ; 229. Auteurs des grandes épopées antiques, le premier avec *l'Iliade* et *l'Odyssée*, le second avec *l'Énéide* ; 230. Le héros du *Roland furieux* (1516) d'Arioste est le personnage de l'épopée médiévale française; 231. Ce sont les héros des romans bretons, que du Bellay ne connaissait pas dans le texte, mais par les remaniements en prose que des arrangeurs en avaient donnés depuis le xive siècle. Peletier reprendra la même argumentation dans son *Art poétique*.

─────── QUESTIONS ───────

83. Le portrait du poète : rapprochez ce passage du chapitre III. Tempérament et culture de celui qui veut se livrer à la poésie. Dans quelles conditions doit s'exercer ce métier de poète? — Pourquoi du Bellay insiste-t-il ainsi sur la difficulté de la tâche? (Pensez à quelle école il s'oppose en écrivant *la Défense*, à la pratique de quel genre poétique il fait ici allusion, à ses propres ambitions.) — Comparez ce passage à ce qu'il écrira de lui-même, plus tard, dans *les Regrets* (sonnets 1 à 5, 12, 85, notamment) : commentez.

84. Quel est le ton de ce passage? A quelle idée correspond-il? — Quels modèles propose ici du Bellay?

et en fais renaître au monde une admirable ***** travaillée,
Iliade et laborieuse***** *Enéide*. **(85)** savante

[Ici, du Bellay déplore la vogue des romans[232], qui empêche certains
bons esprits de s'atteler à des tâches plus profitables au point de vue
moral aussi bien qu'intellectuel. A ceux-ci, il conseille de s'occuper
plutôt à recueillir les vieilles chroniques françaises pour en tirer
une œuvre historique, « comme a fait Tite-Live des annales et autres
anciennes chroniques romaines », et d'imiter encore Thucydide et
Salluste. Revenant à son propos, il souligne alors la nécessité et la
difficulté de l'entreprise, en exhortant le poète à ne pas se laisser
décourager.]

Car c'est chose honnête à celui qui aspire au
premier rang, demeurer***** au second, voire au ***** de demeurer
troisième. Non Homère seul entre les Grecs,
non Virgile entre les Latins, ont acquis los***** et ***** louange
réputation. Mais telle a été la louange de beau-
coup d'autres, chacun en son genre, que pour
admirer***** les choses hautes, on ne laissait pour- ***** bien qu'on
tant de louer les inférieurs[233]. **(86)** admirât

Certainement si nous avions des Mécènes et
des Augustes, les cieux et la nature ne sont point
si ennemis de notre siècle que nous n'eussions

---

232. Vogue signalée déjà par Sébillet à propos du poète qui « écrit au gré des
damoiselles » – sans parler de Montaigne pour ce « fatras de livres à
quoi l'enfance s'amuse » (*Essais*, I, XXVI) et, bien sûr, du *Don Quichotte* de Cer-
vantès ; 233. Tout ce passage est inspiré de Cicéron.

--- **QUESTIONS** ---

85. Intérêt de ces précisions : quelle nuance apportent-elles sur le
mépris témoigné par du Bellay à l'égard de la tradition nationale ? Dans
quelle mesure cette fidélité aux vieilles légendes françaises constitue-t-elle
une « imitation », dans le bon sens du mot, des exemples antiques (cf. sujets
des épopées d'Homère, sujet de *l'Enéide*) ? — Pourquoi ce conseil est-il
judicieux ?

86. Précisez le sens de ce paragraphe. Montrez qu'apparaît ici la
notion de la hiérarchie des genres, qui sera chère aux classiques. Dans
quelle mesure cette notion risque-t-elle d'être stérilisante ? Dans quelle
mesure traduit-elle une exigence, un refus de la facilité, qui peuvent être
féconds ? — A partir de là ne peut-on comprendre mieux le désarroi de
Du Bellay écrivant *les Regrets* ? A considérer les choses de ce point de
vue et sans que cela se confonde avec un jugement de valeur, montrez
que *les Regrets* constituent bel et bien un reniement du poète par lui-même.

encore des Virgiles[234]. L'honneur nourrit les arts[235], nous sommes tous par la gloire enflammés à l'étude des sciences*, et ne s'élèvent jamais les choses qu'on voit être déprisées* de tous. (87)

* des matières du savoir
* méprisées

[Du Bellay met en avant l'exemple d'Auguste et d'Alexandre, qui, si glorieux qu'ils fussent, s'honoraient de protéger les poètes.]

Et à la vérité, sans la divine Muse d'Homère, le même tombeau qui couvrait le corps d'Achille eût aussi accablé son renom[236]. Ce qu'advient* à tous ceux qui mettent l'assurance de leur immortalité au* marbre, au cuivre, aux colosses, aux pyramides, aux laborieux* édifices[237], et autres choses non moins sujettes aux injures du ciel et du temps, de la flamme et du fer, que de frais excessifs et perpétuelle sollicitude* (88). Les allèchements de Vénus*, la gueule** et les ocieuses plumes*[238] ont chassé d'entre les hommes tout désir de l'immortalité[239]; mais encore est-ce chose plus indigne que ceux qui d'ignorance et toutes espèces de vices font leur plus grande gloire, se moquent de ceux qui en

* ce qui arrive

* dans le
* travaillés

* souci
* les plaisirs
** la table
* les lits moelleux

234. L'obligation pour les rois et les grands d'être les protecteurs des poètes et des artistes est une idée chère à la Pléiade — on la retrouve chez Peletier : « Oh qu'il y eût encore un Auguste, pour voir s'il se pourrait encore trouver un Virgile ! » (*Art poétique*) ; elle avait été longuement développée par Budé dans son *Institution du prince ;* 235. Phrase de Cicéron passée en proverbe, citée dans les *Adages* d'Érasme et qu'on retrouve dans *les Regrets* (sonnet 7); 236. Souvenir de Cicéron; 237. Allusion aux travaux géants admirés des Anciens comme les merveilles du monde; 238. *Ocieux* signifie « oisif ». — Par les *ocieuses plumes*, du Bellay entend donc la « paresse qu'encouragent les lits de plumes »; 239. Souvenir de Salluste.

━━━━━━ **QUESTIONS** ━━━━━━

87. Rapprochez ce passage des éloges décernés dans *la Défense* à la mémoire de François Ier. Que peut-on en conclure quant à l'intérêt qu'Henri II portait aux lettres? — Commentez la justesse de la pensée exprimée ici, en donnant des exemples tirés des domaines littéraire, artistique et scientifique : dans quelle mesure la considération de l'opinion agit-elle comme un stimulant sur les productions de l'esprit?

88. Dégagez l'idée exprimée par ce passage. Cette idée, chère à la Pléiade, est-elle fausse? Donnez vos raisons, en vous appuyant sur quelques exemples précis. — Intérêt de telles remarques sous la plume du futur auteur des *Antiquités de Rome?*

ce tant louable labeur poétique emploient les heures que les autres consument* aux jeux, aux bains, aux banquets et autres tels menus plaisirs[240]. Or néanmoins quelque infélicité de siècle où nous soyons, toi à qui les dieux et les Muses auront été si favorables comme* j'ai dit, bien que tu sois dépourvu de la faveur des hommes, ne laisse pourtant à* entreprendre un œuvre[241] digne de toi mais non dû à ceux qui, tout ainsi qu'ils ne font choses louables, aussi ne font-ils cas* d'être loués **(89)**. Espère le fruit de ton labeur de l'incorruptible et non envieuse postérité : c'est la gloire, seule échelle par les degrés de laquelle les mortels d'un pied léger montent au ciel et se font compagnons des dieux. **(90) (91)**

* dissipent

* que

* ne néglige pas pourtant d'

* de même n'apprécient pas

CHAPITRE VI

D'inventer des mots, et quelques autres choses
que doit observer le poète français.

Mais de peur que le vent d'affection* ne pousse mon navire si avant en cette mer que je sois en danger du naufrage, reprenant la route que j'avais laissée, je veux bien* avertir celui qui

* inclination, prédilection

* tiens à

---

240. Du Bellay reprendra la même idée dans la Préface de *l'Olive* et dans celle des *Jeux rustiques* ; 241. *Œuvre* était masculin au XVIe siècle.

──────── **QUESTIONS** ────────

89. Pessimisme et optimisme de Du Bellay : comment, dans ce passage, concilie-t-il les vues d'un Moderne (permanence de l'esprit humain) et celles d'un Ancien (plus grande admiration pour le passé)? — Ne peut-on déceler ici encore le mépris de Du Bellay pour les courtisans? A quoi voit-on qu'il exècre par-dessus tout la frivolité? Étant donné qu'il traite ici la poésie « noble » par excellence, pourquoi cette frivolité lui paraît-elle particulièrement insupportable?

90. Ton, image, ampleur de cette conclusion. Comment cela se justifie-t-il?

91. SUR L'ENSEMBLE DU CHAPITRE V. — Dégagez le mouvement d'ensemble de ce chapitre : thèmes, rapport entre les différents tons et les idées exprimées.

— L'enthousiasme et l'impatience de Du Bellay : à quoi sent-on qu'il s'agit d'un écrit de jeunesse?

entreprendra un grand œuvre*[242] qu'il ne craigne
point d'inventer, adopter et composer* à l'imitation des Grecs quelques mots français, comme
Cicéron se vante d'avoir fait en sa langue[243].
Mais si les Grecs et Latins eussent été supersti-
tieux* en cet endroit, qu'auraient-ils ores** de
quoi magnifier si hautement cette copie* qui
est en leurs langues? [...] **(92)**

* un ouvrage
  de valeur
* créer, forger

* trop
  scrupuleux
** maintenant
* abondance,
  richesse

Nul, s'il n'est vraiment du tout* ignare, voire
privé de sens commun, ne doute point[244] que
les choses[245] n'aient premièrement été; puis après,
les mots avoir été inventés pour les signifier; et
par conséquent aux nouvelles choses être nécessaire imposer nouveaux mots, principalement ès*
arts dont l'usage n'est point encore commun et
vulgaire*, ce qui peut arriver souvent à notre
poète auquel sera nécessaire* emprunter beaucoup de choses non encore traitées en notre
langue[246]. **(93)**

* complètement

* dans les

* banal, courant
* qui sera
  obligé de

Les ouvriers[247] (afin que je ne parle des
sciences libérales*) jusques aux laboureurs
mêmes, et toutes sortes de gens mécaniques*,
ne pourraient conserver leurs métiers s'ils

* disciplines
  intellectuelles
* artisans

---

242. D'après Henri Chamard, « il ne s'agit pas seulement du futur auteur d'épopée, encore que l'expression *grand œuvre* désigne souvent l'épopée, mais bien de tout poète qui voudra se rendre immortel par quelque ouvrage de valeur »; 243. C'est le conseil déjà donné au chapitre x du livre I; 244. *Nul (...) ne doute point* : nul [...] ne doute; 245. *Les choses* : les choses, et les idées que nous avons des choses; 246. Passage inspiré de Cicéron; 247. *Les ouvriers* : ceux qui travaillent, patrons comme salariés.

━━━━━ QUESTIONS ━━━━━

92. Montrez que, dans ce passage, du Bellay apparaît résolument comme un « antipuriste ». Dans la mesure où il exprime les idées de l'école poétique groupée autour de Ronsard, est-il étonnant que ces tendances aient été blâmées par Malherbe? — En pensant par exemple à Rabelais, montrez que du Bellay ne fait ici qu'exprimer une volonté d'enrichissement qui anime tout son siècle. Intérêt, de ce point de vue, de la référence à Cicéron.

93. De quelle nature est ici la justification de Du Bellay? Montrez qu'il a en tête la nécessité de donner de nouveaux outils à la nouvelle poésie qu'il préconise et, d'autre part, qu'il partage la certitude humaniste de vivre dans une époque nouvelle : donnez des exemples précis tirés du texte.

n'usaient de mots à eux usités[248] et à nous inconnus[249]. Je suis bien d'opinion que les procureurs et avocats usent des termes propres à leur profession sans rien innover. Mais vouloir ôter la liberté à un savant homme qui voudra enrichir sa langue d'usurper quelquefois des vocables non vulgaires*, ce serait restreindre notre langage, non encore assez riche, sous une trop* plus rigoureuse loi que celle que les Grecs et Romains se sont donnée. Lesquels, combien qu'*ils fussent sans comparaison plus que nous copieux et riches, néanmoins ont concédé aux doctes hommes user souvent de mots non accoutumés ès* choses non accoutumées[250]. **(94)**

* courants

* beaucoup

* bien qu'

* dans les

Ne crains donc, poète futur, d'innover quelques termes, en un long poème principalement, avec modestie* toutefois, analogie et jugement de l'oreille, et ne te soucie qui le trouve bon ou mauvais, espérant que la postérité l'approuvera, comme celle qui* donne foi aux choses douteuses, lumière aux obscures, nouveauté aux antiques, usage aux non accoutumées, et douceur aux âpres et rudes. **(95)**

* modération

* étant celle qui

Entre autres choses, se garde bien* notre poète d'user de noms propres latins ou grecs, chose vraiment aussi absurde que si tu appliquais une pièce de velours vert à une robe de velours

* que se garde bien

---

248. *Mots à eux usités* : termes techniques que la Pléiade entend transposer dans la langue poétique (voir encore chapitre XI). Sur le droit aux néologismes réclamé par les spécialistes de tous ordres au XVIᵉ siècle voir F. Brunot, *ouvr. cit.*, pages 161-166; **249.** Passage inspiré de Cicéron; **250.** Passage inspiré de Cicéron.

QUESTIONS

94. Quel vocabulaire du Bellay recommande-t-il d'intégrer à la langue poétique? Quel enrichissement ce vocabulaire peut-il apporter à la poésie? — Montrez que, sur ce point, du Bellay se rapproche plus des théories romantiques que du classicisme.

95. Quelle nouvelle recommandation apparaît ici? — Au jugement de qui du Bellay s'en remet-il? Montrez que cela correspond à la doctrine de l'immortalité poétique chère à la Pléiade et, d'un point de vue plus général, qu'il s'agit de faire confiance à l'habitude qui consacre la valeur des choses : expliquez ce point.

rouge. [...] Accommode donc tels noms propres, de quelques langues que ce soit, à l'usage de ton vulgaire*[251] [...]. Tu dois pourtant user en cela de jugement et discrétion*, car il y a beaucoup de tels noms qui ne se peuvent approprier en français : les uns monosyllabes comme *Mars*, les autres dissyllabes comme *Vénus*, aucuns* de plusieurs syllabes comme *Jupiter* si tu ne voulais dire *Jove*, et autres infinis dont je ne te saurais bailler* certaine règle**. Par*** quoi je renvoie tout au jugement de ton oreille. **(96)**

* ta langue maternelle
* discernement

* certains

* donner
** de règle certaine
*** En

Quant au reste, use de mots purement français[252], non toutefois trop communs, non point aussi* trop inusités **(97)**, si tu ne voulais quelquefois usurper et quasi comme enchâsser ainsi qu'une pierre précieuse et rare quelques mots antiques* en ton poème à l'exemple de Virgile [...]. Pour ce faire, te faudrait voir tous ces vieux romans et poètes français[253], où tu trouveras un *ajourner* pour *faire jour* (que les praticiens se sont fait propre), *anuiter* pour *faire nuit*, *asséner* pour *frapper où on visait* et proprement d'un coup de main, *isnel* pour *léger*, et mille autres bons mots que nous avons perdus par notre négligence. Ne doute point que le modéré

* non plus

* désuets, archaïques

---

251. Ronsard, dans son *Art poétique*, exprimera la même idée. L'habitude de franciser les noms propres anciens conformément aux principes de la Pléiade a persisté jusqu'au milieu du XVIIe siècle (cf. Corneille par exemple). Mais, au XVIe siècle même, Amyot n'avait pas admis ce principe, et Montaigne l'en approuve (*Essais*, I, XLVI) ; 252. Ici, le *Quintil Horatian* relève dans *la Défense* toutes sortes de manquements à ce principe, dont certains, en effet, comme *hiulque* pour « mal joint », *manque flanc* pour « côté gauche », nous gênent, mais dont d'autres nous paraissent meilleurs que les corrections proposées, comme *religion* pour « observance » (que recommande le *Quintil*), *thermes* pour « étuves », *sinueux* pour « courbe » et « contourne », etc.; 253. Idée d'Horace, qui sera reprise par Ronsard.

QUESTIONS

96. Comment se justifie le souci ici exprimé par rapport à la création poétique ? Importance de la dernière phrase.

97. Valeur de cette recommandation. V. L. Saulnier a-t-il raison en la résumant ainsi : « La langue poétique doit être une langue du dimanche » ? — En prenant des poèmes de Du Bellay et de Ronsard, montrez comment ce principe a été appliqué.

usage de tels vocables ne donne grande majesté
tant aux vers comme à la prose, ainsi que font
les reliques des saints aux croix et autres sacrés
joyaux dédiés aux temples[254]. **(98) (99) (100)**

CHAPITRE VII

De la rime[255] et des vers sans rime.

Quant à la rime, je suis bien d'opinion qu'elle
soit riche[256], pour ce qu'*elle nous est ce qu'est   * parce qu'
la quantité[257] aux Grecs et Latins. Et bien que
nous n'ayons cet usage de pieds[258] comme eux,
si est-ce que* nous avons un certain nombre**   * pourtant
de syllabes en chacun genre de poème, par les-   ** nombre
quelles, comme par chaînons, le vers français lié   déterminé
et enchaîné est contraint de se rendre en cette
étroite prison de rime, sous la garde le plus
souvent d'une coupe féminine[259], fâcheux et rude

---

254. Comme on le voit, il n'est question dans *la Défense* ni des dialectes, ni du
provignement; **255.** Du Bellay, comme Ronsard, écrit ce mot *rythme* conformément
à l'étymologie *rhythmus.* Cependant, Peletier, qui orthographie phonétiquement,
écrit *ryme ;* **256.** Même idée chez Peletier et chez Ronsard; **257.** Sur la *quantité*,
voir notes 118, 119 et 224; **258.** Voir note 118; **259.** La *coupe féminine* est la
présence d'un *e* muet à la césure (à la 6e syllabe de l'alexandrin, à la 4e du décasyllabe). La césure devant tomber sur une syllabe accentuée, il faut donc que, dans
ce cas, l'*e* muet s'élide, ce qui n'est possible que s'il est suivi d'une voyelle.
Exemple : « Ce qui est ferm(e) et par le temps détruit » (*les Antiquités de Rome*,
sonnet 3). C'est donc pour le poète une difficulté supplémentaire. — Cf. Sébillet :
« Cet *e* vulgairement appelé féminin est aussi fâcheux à gouverner qu'une femme,
de laquelle il retient le nom. »

──────── **QUESTIONS** ────────

98. Quelle est la dernière recommandation? S'agit-il d'employer couramment le vocabulaire ici mentionné? — Montrez que du Bellay n'apparaît pas, pour les questions de vocabulaire, aussi exclusif que pour le
choix des genres (chapitre IV).

99. SUR L'ENSEMBLE DU CHAPITRE VI. — Relevez les différents procédés
recommandés pour l'enrichissement du vocabulaire.

— Comparez les principes ici énoncés par du Bellay à ceux des classiques (cf. notamment l'*Art poétique* de Boileau) et à ceux des romantiques (cf. « Réponse à un acte d'accusation » dans *les Contemplations*
de Victor Hugo).

100. SUR LES CHAPITRES IV À VI. — Acceptation et rejet de la tradition
nationale par du Bellay.

geôlier et inconnu des autres vulgaires*. (101)   * langues
                                                        modernes

Quand je dis que la rime doit être riche, je
n'entends qu'elle soit contrainte (102) et semblable à celle d'aucuns* qui pensent avoir fait   * de
un grand chef-d'œuvre en français quand ils ont   quelques-uns
rimé un *imminent* et un *éminent*, un *miséricor-*
dieusement et un *mélodieusement*, et autres de
semblable farine, encore qu'il n'y ait sens ou
raison qui vaille[260]. Mais la rime de notre poète
sera volontaire, non forcée; reçue, non appelée;
propre, non aliène*; naturelle, non adop-   * étrangère,
tive[261] (103) : bref, elle sera telle que le vers   hors de propos
tombant en icelle* ne contentera moins l'oreille   * elle
qu'une bien harmonieuse musique tombant en
un bon et parfait accord. Ces équivoques*[262]   * rimes
donc, et ces simples* rimés avec leurs compo-   équivoquées
sés[263], comment un *baisser* et *abaisser*, s'ils ne * mots simples
changent ou augmentent grandement la signi-
fication de leurs simples, me soient chassés bien
loin (104). Autrement, qui ne voudrait régler

---

260. Cela s'adresse peut-être à Peletier, qui avait le culte de la rime riche; 261. Cette
série d'antithèses symétriques est dans le goût latin; 262. On sait que la rime *équi-*
voque (ou équivoquée) fut en honneur chez les rhétoriqueurs et que Marot la pratiqua. Sébillet en fait encore grand cas, et le *Quintil Horatian* la défendra, bien sûr,
contre du Bellay : « Maintenant rejettes-tu la plus exquise sorte de rime que nous
ayons. » — Exemple de rime équivoquée : « Pour bien savoir *comment cela se*
mène, / Fille, lundi *commence la semaine* » (Guillaume Crétin); 263. Sébillet décla-
rait : « Avise-toi cependant que tu peux rimer le simple contre le composé », rime
légitime « attendu nommément que Marot, Saint-Gelais, Salel, Héroët, Scève, et
tous les savants et famés [= célèbres] poètes de ce temps en usent ordinairement
et sans scrupule ».

——— QUESTIONS ———

101. Relevez quelques exemples de coupes féminines dans les poésies
de Du Bellay. Montrez qu'il respecte les lois de ce « fâcheux et rude
geôlier ».

102. Contre quelle facilité du Bellay met-il en garde ici? Précisez
ce qu'il entend par *rime contrainte*. Pourquoi le danger en est-il plus
grand avec des rimes riches? — Cherchez des exemples de rimes riches
mais contraintes chez de médiocres poètes (par exemple, l'Oronte et le
Trissotin de Molière), et des exemples de rimes riches et heureuses chez
Marot, chez Victor Hugo. — Quel effet produit la rime riche réussie?

103. Commentez chacun des termes : *volontaire, non forcée; reçue,*
non appelée; propre, non aliène; naturelle, non adoptée. Donnez-en la
signification précise, accompagnée si possible d'un exemple.

Question 104, v. p. 101.

sa rime comme j'ai dit, il vaudrait beaucoup
mieux ne rimer point mais faire des vers libres*   * vers blancs
comme a fait Pétrarque en quelque endroit [...].
Mais tout ainsi que les peintres et statuaires
mettent plus grande industrie* à faire beaux   * application
et bien proportionnés les corps qui sont nus
que les autres, aussi faudrait-il bien que ces vers
non rimés fussent bien charnus et nerveux, afin
de compenser par ce moyen le défaut de la
rime. **(105)**

Je n'ignore point que quelques-uns ont fait
une division de rime, l'une en son et l'autre
en écriture[264], à cause de ces diphtongues *ai*, *ei*,
oi[265], faisant conscience de rimer *maître* et *prêtre*,
fontaines et *Athènes*, *connaître* et *naître*[266]. Mais
je ne veux que notre poète regarde si supersti-   * scrupuleuse-
tieusement* à ces petites choses, et lui doit suffire   ment
que les deux dernières syllabes soient unis-   * de même son
sones*[267], ce qui arriverait en la plus grande   * la plupart
part* tant en voix** qu'en écriture si l'ortho-   du temps
graphe française n'eût point été dépravée par   ** en prononçant
les praticiens.

[Du Bellay félicite alors de sa réforme orthographique le grammairien Louis Meigret, réforme qu'il ne suivra d'ailleurs pas!]

Et ferai fin à ce propos, t'ayant sans plus
averti de ce mot en passant, c'est que tu gardes*   * tu t'abstiennes

---

264. La première, rime pour l'oreille; la seconde, rime pour l'œil; 265. Ne pas
oublier qu'au XVIᵉ siècle *oi* se prononçait [wè]; 266. Dans le texte : *connoitre* et
naitre ; 267. Mot calqué sur le latin *unisonus* et qu'on trouve déjà dans Sébillet.

──────── **QUESTIONS** ────────

104. Ce que doit être la rime riche selon du Bellay. Ce qu'elle ne doit
pas être. — Dégagez l'importance qu'il attache à l'expressivité, à la
musique (donnez des références précises tirées de ce passage).

105. Sur le vers blanc *(vers libre)* : y a-t-il beaucoup de poèmes en
vers blancs dans la poésie française avant le XXᵉ siècle? Au XXᵉ siècle?
— Montrez que, sur ce point comme sur quelques autres, si l'on peut
parfois considérer du Bellay comme un précurseur du classicisme, il
va beaucoup plus loin que les classiques. — Que veut-il dire par sa dernière remarque : *Faudrait-il bien que ces vers non rimés fussent bien charnus
et nerveux...?*

de rimer les mots manifestement longs avec les brefs aussi manifestement brefs[268], comme un *passe* et *trace*, un *maître* et *mettre*, un *chevelure* et *hure*, un *bât* et *bat*, et ainsi des autres. **(106) (107)**

CHAPITRE VIII

*De ce mot rime, de l'invention des vers rimés,
et de quelques autres antiquités usitées en notre langue.*

[Du Bellay souligne l'impropriété du mot *rime*, eu égard à son origine[269], la *rime* en français n'étant en fait que l'« une des espèces du rythme ». Si bien que c'est tout le vers, indépendamment de la sonorité finale, qui devrait être appelé *rime* (= *rythme*). Ensuite, empruntant tout un développement à Jean Lemaire de Belges[270], du Bellay célèbre l'ancienneté de la poésie en France dont l'« inventeur » fut un mythique « Bardus V, roi des Gaules », qui « introduisit une secte de poètes nommés bardes ». Mais il renonce à chanter tous les mérites des Gaules anciennes « en toutes sortes de sciences et bonnes lettres[271] [...] : cela requiert bien un œuvre entier ».]

Seulement j'ai bien voulu*, et ne me semble mal à propos, montrer l'antiquité de deux choses fort vulgaires* en notre langue et non moins anciennes entre* les Grecs. L'une est cette inversion* de lettres en un propre nom**[272], qui porte quelque devise convenable à la personne[273], comme en FRANÇOIS DE VALOIS : *De façon suis royal*, HENRI DE VALOIS : *Roi, es de nul haï*. L'autre

* tenu à

* répandues
* parmi, chez
* interversion
** nom propre

---

268. *Mots longs, mots brefs :* mots terminés par une voyelle longue, mots terminés par une voyelle brève; **269.** Voir note 255. Le terme grec et le latin *rhythmus* ont le sens général de « nombre et mesure du vers ». Cette impropriété du mot *rime* avait déjà été remarquée par Sébillet et le sera par Peletier dans son *Art poétique ;* **270.** Dans les *Illustrations de Gaule et singularités de Troie ;* **271.** Idée fréquemment exprimée au XVIe siècle; **272.** L'anagramme; **273.** Dorat était très versé dans ces jeux d'esprit.

QUESTIONS

106. A quel souci constamment présent dans ces remarques sur la rime correspond cette dernière recommandation?

107. SUR L'ENSEMBLE DU CHAPITRE VII. — Récapitulez les points considérés dans ce chapitre et dégagez clairement les prescriptions de Du Bellay à propos de chacun d'eux.

— D'une manière générale, l'opinion de Du Bellay sur ces questions est-elle stricte? Justifiez votre réponse par des arguments tirés du texte.

est, en un épigramme ou quelque autre œuvre
poétique, une certaine élection* des lettres capi-   * choix
tales disposées en sorte qu'elles portent ou le
nom de l'auteur ou quelque sentence[274]. **(108)**

[Du Bellay donne alors des exemples grecs et latins de la pratique
de l'anagramme et de l'acrostiche.]

CHAPITRE IX

Observation de quelques manières de parler françaises.

[Sur des points particuliers, dont parfois il a déjà parlé, comme la
coupe féminine[275], l'apostrophe, les accents, la liberté des systèmes
strophiques[276], du Bellay renvoie son lecteur à « ceux qui en ont
écrit[277] »; sur des questions plus générales, aux *Arts poétiques* d'Aristote, d'Horace et du moderne Vida; enfin, sur les grands thèmes
poétiques, les « lieux communs[278] », il nous avertit : « Je n'en parle
point après si grand nombre d'excellents philosophes et orateurs
qui en ont traité, que je veux avoir été bien lus et relus de notre
poète. »]

Et tout ainsi qu'entre les auteurs latins, les
meilleurs sont estimés ceux qui de plus près

---

274. L'acrostiche; 275. Voir note 259; 276. Voir pages 86 et suivantes;
277. En particulier Sébillet dans son *Art poétique français*, Étienne Dolet dans son
opuscule sur les *Accents de la langue française* (1540) et Louis Meigret dans son
Commun Usage de l'écriture française (1542); 278. Aucun sens péjoratif, alors,
dans cette expression.

―――――― **QUESTIONS** ――――――

108. Sur l'ensemble du chapitre VIII. — Henri Chamard, dans son
édition critique de *la Défense* (1948), commente ainsi ce chapitre : « Il
nous semble, à nous, fort « mal à propos » que, dans un ouvrage comme
la Défense, qui plaide éloquemment la cause de la grande et vraie poésie,
il [du Bellay] ait cru devoir consacrer la moitié d'un chapitre à vanter
l'antique noblesse de jeux d'esprit aussi puérils que l'*anagramme* et
l'*acrostiche*. » Partagez-vous cette opinion?

— Ne pourrait-on pas voir là la confirmation d'un goût de tout le
siècle pour les jeux verbaux, les calembours? Cherchez-en des exemples
chez les grands auteurs du XVIᵉ siècle, en France (Rabelais, Marot et
même Montaigne) et à l'étranger si vous le pouvez (notamment chez
Shakespeare).

— Dans une certaine mesure, ce goût pour les jeux de mots, virtuosités
verbales ou transpositions, n'est-il pas apparenté à l'expression métaphorique caractéristique de la poésie?

— De ce point de vue, ne serait-il pas intéressant de rapprocher cela
des exercices pratiqués par les surréalistes?

ont imité les Grecs, je veux aussi que tu t'efforces de rendre, au plus près du naturel que tu pourras, la phrase et manière de parler latine, en tant que* la propriété de l'une et l'autre langue le voudra permettre. Autant te dis-je de la grecque (109), dont les façons de parler sont fort approchantes de notre vulgaire*[279], ce que même on peut connaître par les articles, inconnus de la langue latine.

* dans la mesure où

* la langue française

Use donc hardiment de l'infinitif pour le nom, comme l'*aller*, le *chanter*, le *vivre*, le *mourir*. De l'adjectif substantivé comme le *liquide des eaux*, le *vide de l'air*, le *frais des ombres*, l'*épais des forêts*, l'*enroué des cymbales*, pourvu que telle manière de parler ajoute quelque grâce et véhémence : et non pas le *chaud du feu*, le *froid de la glace*, le *dur du fer* et leurs semblables. Des verbes et participes qui de leur nature n'ont point d'infinitifs après eux, avec des infinitifs, comme *tremblant de mourir*, et *volant d'y aller* pour *craignant de mourir* et *se hâtant d'y aller*. Des noms[280] pour les adverbes, comme *ils combattent obstinés* pour *obstinément*, *il vole léger* pour *légèrement*, et mille autres manières de parler que tu pourras mieux observer par fréquente et curieuse* lecture que je ne te les saurais dire. (110)

* attentive

---

279. Ce sera la thèse soutenue par Henri Estienne dans son *Traité de la conformité du langage français avec le grec* (1565); **280.** Des adjectifs. Cf. la définition de Littré : « NOM : [...] Terme de grammaire. Mot qui sert à désigner ou à qualifier une personne ou une chose [...]. Nom substantif. Nom adjectif. »

--- QUESTIONS ---

109. On a déjà pu parler de Du Bellay comme d'un précurseur des Modernes (cf. querelle des Anciens et des Modernes) : montrez qu'ici il l'est fort peu.

110. Montrez que ces tours recommandés par du Bellay comme des innovations sont aujourd'hui passés dans la langue, sinon dans le détail des exemples donnés, du moins dans le principe. — Relevez quelques exemples de chacun de ces tours dans la poésie de Du Bellay.

Entre autres choses, je t'avertis user souvent de la figure ANTONOMASIE[281] aussi fréquente aux anciens* poètes comme** peu usitée, voire inconnue des Français. La grâce d'elle est quand on désigne le nom de quelque chose par ce qui lui est propre, comme *le Père foudroyant* pour *Jupiter, le Dieu deux fois né* pour *Bacchus, la Vierge chasseresse* pour *Diane.* Cette figure a beaucoup d'autres espèces que tu trouveras chez les rhétoriciens, et a fort bonne grâce principalement aux descriptions, comme *Depuis ceux qui voient premiers rougir l'Aurore jusque là où Thétis reçoit en ses ondes le fils d'Hypérion*[282], pour *Depuis l'orient jusques à l'occident* [...]. (111)

* antiques
** que

Quant aux épithètes, qui sont en nos poètes français la plus grande part* ou froids ou ocieux* ou mal à propos, je veux que tu uses de sorte que sans eux ce que tu diras serait beaucoup moindre (112), comme *la flamme dévorante, les soucis mordants, la géhennante*[283] *sollicitude* ; et regarde bien qu'ils soient convenables

* pour la plupart
* oiseux, inutiles
* préoccupation

---

281. L'*antonomase* est une figure de langage qui consiste à désigner un personnage par sa caractéristique (ex. : le philosophe pour Aristote) ou, inversement, un individu par le nom du personnage dont il rappelle le caractère (ex. : un Néron pour un homme cruel); 282. *Le fils d'Hypérion :* le soleil; 283. De *géhenne,* torture.

--- **QUESTIONS** ---

111. De ce passage, le *Quintil Horatian* déclare : « Tes exemples ne sont antonomastiques, mais périphrastiques. » Précisez la différence entre l'antonomase (ce que du Bellay appelle l'*antonomasie ;* voir note 281) et la périphrase. Dans ces exemples distinguez lesquels sont effectivement « périphrastiques » et lesquels sont « antonomastiques ». — Pourquoi ce goût de la périphrase, des figures en général, dont on a reproché l'excès aux poètes de la Pléiade, est-il normal de la part d'un poète, d'un artiste? Montrez qu'il y a là un caractère propre à la création artistique, analogue à ce que Proust décèle devant les toiles d'un peintre : « J'y pouvais discerner que le charme de chacune consistait en une sorte de métamorphose des choses représentées, analogue à celle qu'en poésie on nomme métaphore, et que, si Dieu le Père avait créé les choses en les nommant, c'est en leur ôtant leur nom, ou en leur en donnant un autre, qu'Elstir (*le peintre*) les recréait. Les noms qui désignent les choses répondent toujours à une notion de l'intelligence, étrangère à nos impressions véritables, et qui nous force à éliminer d'elles tout ce qui ne se rapporte pas à cette notion » (*A la recherche du temps perdu,* tome I, page 835, « la Pléiade », Gallimard). Commentez ce texte en rapport avec la recommandation de Du Bellay sur l'antonomase.

112. Signification et importance de cette recommandation.

non seulement à leurs substantifs mais aussi à ce que tu décriras, afin que tu ne dies* *l'eau ondoyante* quand tu la veux décrire *impétueuse*, ou la *flamme ardente* quand tu la veux montrer *languissante*. Tu as Horace entre les Latins fort heureux en ceci comme en toutes choses.

* dises

Garde-toi aussi de tomber en un vice commun même aux plus excellents de notre langue, c'est l'omission des articles[284]. Tu as exemple de ce vice en infinis endroits de ces petites poésies françaises.

J'ai quasi oublié un autre défaut bien usité et de très mauvaise grâce*. C'est quand en la quadrature*[285] des vers héroïques** la sentence est trop abruptement coupée[286], comme *Sinon que tu en montres un plus sûr*[287].

* très
désagréable
* à la césure
** décasyllabes

Voilà ce que je te voulais dire brièvement de ce que tu dois observer tant au vers comme* à certaines manières de parler, peu ou point encore usitées des Français.

* qu'

Il y en a qui fort superstitieusement* entre-mêlent* les vers masculins avec les féminins, comme on peut voir aux *Psaumes* traduits par Marot. Ce qu'il a observé, comme je crois*, afin que plus facilement on les pût chanter sans varier la musique, pour* la diversité des mesures qui se trouveraient à la fin des vers[288]. Je trouve cette diligence fort bonne pourvu que tu n'en fasses point de religion jusques à contraindre ta diction pour observer telles choses.

* scrupuleuse-
ment
* font alterner

* selon moi

* à cause de

Regarde principalement qu'en ton vers n'y ait rien dur, hiulque*[289] ou redondant. Que les

* heurté

---

284. A ce sujet voir Ronsard, *Art poétique.* Voir aussi F. Brunot, *ouvr. cit.*, pages 386-390 ; **285.** *La quadrature :* la quatrième syllabe, sur laquelle tombe la césure du déca-syllabe ; **286.** La coupe de ce vers est donc défectueuse si le sens n'exige pas une pause sensible à la quatrième syllabe (cas du vers cité) ; **287.** Ce vers est de Sébillet ; **288.** D'abord sentie comme nécessaire pour des vers mis en musique, l'alternance des rimes sera presque constamment observée pour toute poésie à partir de 1555. Du Bellay lui-même la respectera à partir de son *Recueil de poésies* de 1550 ; **289.** *Rien hiulque :* rien qui fasse hiatus (transcrit du latin *hiulcus*).

Danse villageoise.

Gravure de Théodore de Bry (fin du XVIᵉ siècle).

périodes soient bien joints, numéreux*, bien remplissant l'oreille, et tels qu'ils n'excèdent point ce terme et but que naturellement nous sentons, soit en lisant ou écoutant. **(113) (114)**

* nombreux, harmonieux

CHAPITRE X

De bien prononcer les vers.

Ce lieu ne me semble mal à propos, dire un mot de la prononciation [...] afin que s'il t'advient de réciter quelquefois tes vers, tu les prononces d'un son distinct, non confus; viril, non efféminé; avec une voix accommodée à toutes les affections* que tu voudras exprimer en tes vers. [...] **(115)**

* sentiments

CHAPITRE XI

*De quelques observations outre l'artifice*²⁹⁰, avec une invective contre les mauvais poètes français²⁹¹.*

* art

Je ne demeurerai longuement en ce que s'ensuit* pour ce que** notre poète, tel que je le

* ce qui suit
** étant donné que

---

290. *Outre l'artifice :* qui ne sont pas exclusivement relatives à l'art poétique; 291. La première partie de ce chapitre fait apparaître des souvenirs de Cicéron, de Quintilien et d'Horace.

QUESTIONS

113. Sur quel point du Bellay insiste-t-il ici? Montrez que cette dernière recommandation est normale de la part d'un poète (précisez votre réponse).

114. SUR L'ENSEMBLE DU CHAPITRE IX. — Dans ce chapitre consacré aux *tours* relevez les préceptes qui correspondent aux questions de langue et ceux qui concernent plutôt la technique poétique. Montrez que du Bellay est poète beaucoup plus que linguiste.

— Ces préceptes sur la technique poétique, montrez en outre qu'il entend qu'on les applique avec souplesse et non d'une manière stricte : de même qu'il est poète plus que linguiste, il est créateur plus que théoricien (appuyez votre réponse par des références au texte).

— Le rôle du naturel et le rôle du travail dans la création poétique d'après ce chapitre.

115. SUR LE CHAPITRE X. — Quel souci apparaît dans ce très bref chapitre? (*Suite*, p. 109.)

veux, le pourra assez entendre* par son bon jugement sans aucunes traditions de règles.

    *comprendre

Du temps donc et du lieu qu'il faut élire* pour la cogitation*, je ne lui en baillerai** autres préceptes que ceux que son plaisir et sa disposition lui ordonneront. Les uns aiment les fraîches ombres des forêts, les clairs ruisselets doucement murmurant parmi les prés ornés et tapissés de verdure. Les autres se délectent du secret des chambres[292] et doctes études*. Il faut s'accommoder à la saison et au lieu. Bien te veux-je avertir* de chercher la solitude et le silence ami des Muses, qui aussi (afin que tu ne laisses passer cette fureur divine*[293] qui quelquefois agite et échauffe les esprits poétiques, et sans laquelle ne faut point que nul espère faire chose qui dure) n'ouvrent jamais la porte de leur sacré cabinet sinon à ceux qui heurtent rudement. **(116)**

    *choisir
    *réflexion
    **donnerai

    *lieux d'étude

    *je tiens à t'avertir

    *inspiration

Je ne veux oublier l'émendation*, partie certes la plus utile de nos études. L'office d'elle est ajouter, ôter ou muer* à loisir ce que cette première impétuosité et ardeur d'écrire n'avait permis de faire. Pourtant* est-il nécessaire, afin que nos écrits, comme enfants nouveaux-nés, ne nous flattent, les remettre à part, les revoir

    *correction

    *modifier

---

292. *Le secret des chambres :* la retraite solitaire et cachée (latin *secretum*) qu'on trouve dans les chambres ; 293. C'est la doctrine de l'enthousiasme poétique exposée par Platon dans l'*Ion*.

─────── **QUESTIONS** ───────

— Dans ses commentaires de *la Défense*, Henri Chamard qualifie ce chapitre d'« accessoire » : considérez-vous que la manière de prononcer la poésie soit, pour le poète, une préoccupation « accessoire » ?

— A notre époque, la plupart des œuvres littéraires sont devenues des textes à lire « avec les yeux » : d'après l'indication donnée par ce chapitre en était-il de même pour du Bellay ? Justifiez votre réponse par ce que vous savez de certaines ambitions de la Pléiade (musique, vers mesuré, etc.).

116. D'après ce passage, quelle est la seule condition matérielle indispensable à la création poétique ? — Expliquez la signification de la métaphore finale. — Quelle est la part du naturel et quelle est la part du travail, selon du Bellay, dans l'élaboration poétique *(cogitation)* ?

souvent, et en* la manière des ours, à force
de lécher, leur donner forme et façon de*
membres[294], non imitant ces importuns versifi-
cateurs [...] qui rompent à toutes heures les
oreilles des misérables* auditeurs par leurs nouveaux poèmes. Il ne faut pourtant y être trop
superstitieux* ou, comme les éléphants leurs
petits[295], être dix ans à enfanter ses vers. Surtout
nous convient avoir quelque savant et fidèle
compagnon, ou un ami bien familier[296], voire
trois ou quatre, qui veillent et puissent connaître
nos fautes et ne craignent point blesser notre
papier avec les ongles[297]. **(117)**

* à
* former
et façonner

* malheureux

* scrupuleux

Encore te veux-je avertir de hanter quelquefois non seulement les savants mais aussi toutes
sortes d'ouvriers et gens mécaniques*[298], comme
mariniers, fondeurs, peintres, engraveurs* et
autres, savoir leurs inventions, les noms des
matières, des outils, et les termes usités en
leurs arts et métiers, pour tirer de là ces belles
comparaisons et vives* descriptions de toutes
choses[299] **(118)**. Vous semble* point, Messieurs
qui êtes si ennemis de votre langue, que notre
poète ainsi armé puisse sortir à la campagne*,

* artisans
* graveurs

* vivantes
* vous
semble-t-il
* se mettre
en campagne

---

294. Très ancienne légende à laquelle ont cru Aristote et Pline, et déjà reprise
par Rabelais (*Tiers Livre*, XLII); 295. Croyance ancienne mentionnée par Plaute et
par Pline, et citée par Érasme dans ses *Adages*; 296. Du Bellay a puisé dans Horace
cette idée de la nécessité d'un censeur, idée qui sera reprise par Peletier (« [Le poète]
soit prompt à communiquer ses écrits à un ami intime et choisi ») et par Boileau au
siècle suivant (« Faites choix d'un censeur solide et salutaire ») [*l'Art poétique*,
IV, vers 71]; 297. Qui ne craignent point de souligner nos fautes d'un coup
d'ongle énergique sur le papier; 298. Reprise de l'idée déjà exprimée plus haut;
299. Même idée chez Ronsard *(Abrégé de l'art poétique français)*.

QUESTIONS

117. Comment ce passage se rattache-t-il à la thèse soutenue dans
le chapitre III? — Si l'inspiration est nécessaire au poète, est-elle
suffisante? Relevez les phrases par lesquelles du Bellay lui-même répond
ici à cette question. — Contre quels excès opposés met-il en garde? Par
quels exemples? — Comment la dernière phrase permet-elle d'imaginer
le climat favorable à l'exercice poétique au collège de Coqueret?

118. Montrez, d'après ce passage, que l'« imitation » des Anciens
telle que la conçoit du Bellay n'est pas un esclavage.

et se montrer sur les rangs avec les braves scadrons* grecs et romains? **(119)**   * escadrons

[Suit alors l'invective, promise par le titre, contre les poètes ignorants
qui ont mérité « le ridicule nom de rimeurs », poètes courtisans
qui se paient de facilité et d'hommages complaisants, et dont du Bellay
rêve de voir bannies et même interdites les « ineptes œuvres »! Car
ce sont eux les responsables du discrédit dont souffre la langue
française. Sans les nommer, mais en les désignant clairement, l'auteur
s'en prend alors à ces poètes mineurs, parmi lesquels il cite indirecte-
ment Marot.]

Que dirai plus*? Je supplie à Phœbus Apollon   * Que dirai-je de
que la France, après avoir été si longtemps sté-   plus?
rile, grosse de lui[300] enfante bientôt un poète
dont le luth bien résonnant fasse taire ces
enrouées cornemuses, non autrement que les
grenouilles quand on jette une pierre en leur
marais. Et si nonobstant* cela, cette fièvre   * malgré
chaude d'écrire les tourmentait encore, je leur
conseillerais ou d'aller prendre médecine en
Anticyre[301] ou, pour le mieux*, se remettre à   * mieux encore
l'étude, et sans honte à l'exemple de Caton qui
en sa vieillesse apprit les lettres grecques. Je
pense bien qu'en parlant ainsi de nos rimeurs*   * mauvais poètes
je semblerai à beaucoup trop mordant et sati-
rique, mais véritable* à ceux qui ont savoir et   * disant vrai
jugement, et qui désirent la santé de notre langue
où cet ulcère et chair corrompue de mauvaises
poésies est si invétérée qu'elle ne se peut ôter
qu'avec le fer et le cautère. **(120)**

300. *Grosse de lui* parce qu'Apollon est le dieu des arts; **301.** *Anticyre* : lieu mal
déterminé, célèbre chez les Anciens par sa production d'ellébore, plante cathartique
qui passait pour guérir la folie. Mentionné par Érasme dans ses *Adages*.

─────── **QUESTIONS** ───────

119. Commentez la dernière image. Ton de la dernière phrase. Que
nous révèle-t-elle sur l'état d'esprit du jeune poète qu'est du Bellay?
— Comparez à cela le portrait moral que du Bellay vieilli trace de lui-
même quand il était jeune dans le sonnet 6 des *Regrets* (vers 1 à 4) :
se voit-il tel qu'il fut?

120. La violence de Du Bellay : par quels procédés pratique-t-il l'injure
(termes, images, tons)? La dernière phrase du paragraphe constitue-t-elle
vraiment une atténuation?

Pour conclure ce propos, sache, lecteur, que celui sera véritablement le poète que je cherche en notre langue, qui me fera indigner, apaiser, éjouir, douloir*, aimer, haïr, admirer**, étonner*, bref qui tiendra la bride de mes affections, me tournant çà et là à son plaisir[302]. Voilà la vraie pierre de touche où il faut que tu éprouves* tous poèmes et en toutes langues. **(121)**

* souffrir
** m'étonner
* être frappé de stupeur
* mettes à l'épreuve

[Du Bellay s'en prend alors aux admirateurs de Marot, qu'il désigne cette fois par son nom et à qui il oppose l'exemple de « tant d'excellents ouvrages poétiques grecs, latins et italiens ».]

Seulement veux-je admonester celui qui aspire à une gloire non vulgaire, s'éloigner de ces ineptes admirateurs, fuir ce peuple ignorant, peuple ennemi de tout rare et antique savoir, se contenter de peu de lecteurs à l'exemple de celui qui pour tous auditeurs ne demandait que Platon, et d'Horace qui veut ses œuvres être lues de trois ou quatre seulement, entre lesquels est Auguste[303]. **(122)**

Tu as, lecteur, mon jugement de* notre poète français, lequel tu suivras si tu le trouves bon, ou te tiendras au tien si tu en as quelque autre.

* sur

---

302. Inspiré d'Horace et de Cicéron; 303. Horace parle en fait d'un Octavius, qui n'est pas l'empereur Auguste, mais un historien ami de Virgile.

━━━━━ **QUESTIONS** ━━━━━

121. Dégagez d'un mot ce qui, pour du Bellay, est le critère de la qualité poétique. — Rapprochez cette recommandation du chapitre IV : montrez comment, selon les différents genres traités, le poète pourra tenir la « bride » de telle ou telle « affection ». — N'est-il pas intéressant de voir que du Bellay n'affiche nulle préoccupation morale liée à la qualité poétique? Cela sera-t-il courant chez les classiques? Cela ne tendrait-il pas à rapprocher le point de vue de Du Bellay de la conception actuelle de la poésie?

122. Quel sentiment du Bellay exprime-t-il ici? — Rapprochez ce passage des attaques de l'auteur contre les poètes courtisans, en somme contre « la mode ». Cela ne peut-il rendre compte, au moins en partie, de l'attitude du poète? (Pensez que la jeune « Brigade » préconisait une poésie plus exigeante, plus « difficile » que celle qui était alors en vogue à la Cour.) — Malgré le contresens (voir note 303), quelle allusion, quel appel apparaissent discrètement, mais clairement?

Car je n'ignore point combien les jugements des hommes sont divers, comme en toutes choses, principalement en la poésie laquelle est comme une peinture[304] et, non moins qu'elle sujette à l'opinion du vulgaire*. Le principal but où je vise, c'est la défense de notre langue, l'ornement et amplification d'icelle*, en quoi si je n'ai grandement soulagé l'industrie* et labeur de ceux qui aspirent à cette gloire, ou si du tout je ne leur ai point aidé*, pour le moins je penserai avoir beaucoup fait si je leur ai donné bonne volonté. **(123) (124)**

* de la foule ignorante

* de celle-ci
* l'activité

* si je ne les ai nullement aidés

CHAPITRE XII

Exhortation aux Français d'écrire en leur langue avec les louanges de la France.

[Travailler pour sa langue maternelle, c'est faire œuvre patriotique : « La même loi naturelle qui commande à chacun défendre le lieu de sa naissance, nous oblige aussi de garder la dignité de notre langue. »]

La gloire du peuple romain n'est moindre, comme a dit quelqu'un[305], en* l'amplification de son langage que de ses limites*. Car la plus

* par
* frontières

304. Souvenir d'Horace; 305. Ce *quelqu'un* est mal identifié : il peut s'agir de Pline l'Ancien, faisant l'éloge de Cicéron, ou de l'Italien Valla.

─────── **QUESTIONS** ───────

123. Pourquoi le ton conciliant de ce dernier paragraphe? Quelle justification exprime-t-il? N'est-ce pas pour du Bellay un moyen de faire accepter le caractère intransigeant de plusieurs de ses vues? Précisez. — Montrez qu'en fait il n'abandonne rien de ses idées dans cet effort, au moins apparent, d'objectivité. Citez des termes qui le prouvent.

124. SUR L'ENSEMBLE DU CHAPITRE XI. — Quels sont les deux grands thèmes de ce chapitre (voir le titre)? Relevez les éléments qui se rattachent à chacun d'eux. Comment ces deux thèmes se rattachent-ils à une même préoccupation? Laquelle?

— Le rôle des images (métaphores et comparaisons) dans ce chapitre. Leur importance (nombre et signification). A quelles idées fondamentales se rattachent-elles? A quels tons correspondent-elles?

— *La Défense* est avant tout un manifeste, un pamphlet. Dégagez tout ce qui est caractéristique de ce genre d'ouvrage dans le chapitre XI.

— L'art de la polémique.

haute excellence de leur[306] république*, voire**   * État ** même
du temps d'Auguste, n'était assez forte pour se
défendre contre l'injure du temps par le moyen
de son Capitole, de ses thermes et magnifiques
palais, sans le bénéfice de leur langue pour
laquelle seulement* nous les louons, nous les   * seule
admirons, nous les adorons[307]. **(125)**

Sommes-nous donc moindres que les Grecs
ou Romains, qui faisons si peu de cas de la
nôtre ? Je n'ai entrepris de faire comparaison
de nous à ceux-là* pour ne faire tort à la vertu   * aux Grecs
française, la conférant* à la vanité Grégeoise** ;   * comparant ** grecque
et moins* à ceux-ci** pour la trop ennuyeuse   * encore moins * aux Romains
longueur que ce serait de répéter* l'origine des   * reprendre
deux nations[308], leurs faits, leurs lois, mœurs et
manières de vivre, les consuls, dictateurs et
empereurs de l'une, les rois, ducs et princes de
l'autre. Je confesse que la fortune leur ait[309]
quelquefois été plus favorable qu'à nous, mais
aussi dirai-je bien (sans renouveler* les vieilles   * répéter
plaies* de Rome, et de quelle excellence en quel   * antiques fléaux
mépris de tout le monde, par ses forces mêmes,
elle a été précipitée[310]) que la France, soit en
repos ou en guerre, est de long intervalle* à   * de beaucoup
préférer à l'Italie, serve maintenant et merce-
naire de ceux auxquels elle soulait* comman-   * avait accoutumé de
der. **(126)**

---

306. Accord par syllepse (voir note 78) : *leur* est amené par l'idée de pluralité
contenue dans *peuple romain* ; 307. Thème cher à l'humanisme, que développera
le recueil des *Antiquités de Rome* ; 308. La nation romaine et la nation française, toutes deux descendantes des Troyens, l'une par Énée, l'autre par Francus,
fils d'Hector (cf. *la Franciade* de Ronsard) ; 309. Subjonctif justifié par l'idée de
concession ; 310. Les guerres civiles et les convulsions de la décadence *(les vieilles
plaies de Rome)* ont entraîné le déclin de la ville. Ce sera là un des thèmes majeurs
des *Antiquités de Rome*.

————— QUESTIONS —————

125. Pour les hommes du xviᵉ siècle, quelle est la source de ce renou-
veau, cette « restitution » (la Renaissance) qu'ils célèbrent à l'envi ?
Quel est pratiquement le seul moyen pour eux de connaître l'Antiquité ?
— A partir de là dites si cet éloge de la supériorité des écrits, qui triomphent
du temps, sur les autres productions d'une civilisation était excessif pour
les contemporains de Du Bellay. — De nos jours, une telle affirmation
serait-elle encore exacte ?

Question **126**, v. p. 115.

Je ne parlerai ici[311] de la tempérie* de l'air, * du caractère tempéré
fertilité de la terre, abondance de tous genres
de fruits* nécessaires pour l'aise** et entretien * produits ** bien-être
de la vie humaine, et autres innumérables* * innombrables
commodités que le ciel, plus prodigalement que
libéralement[312], a élargi* à la France. Je ne * donné largement
conterai[313] tant de grosses rivières, tant de belles
forêts, tant de villes non moins opulentes que
fortes, et pourvues de toutes munitions de guerre.
Finablement* je ne parlerai de tant de métiers, * finalement
arts et sciences qui fleurissent entre* nous, * chez
comme la musique, peinture, statuaire, architecture et autres, non guère moins* que jadis * à peine moins
entre* les Grecs et Romains. Et si pour trouver * chez
l'or et l'argent, le fer n'y viole point les sacrées
entrailles de notre antique mère*[314]; si les * la Terre
gemmes, les odeurs*, et autres corruptions de * parfums * noblesse naturelle
la première générosité*[315] des hommes n'y sont * cupide
point cherchées du marchand avare*[316], aussi** ** de même
le tigre enragé, la cruelle semence* des lions, les * descendance
herbes empoisonneresses et tant d'autres pestes
de la vie humaine en sont bien éloignées **(127)**.
Je suis content que ces félicités nous soient
communes avec autres nations, principalement
l'Italie; mais quant à la piété, religion, intégrité
de mœurs, magnanimité de courages, et toutes
ces vertus rares et antiques (qui* est la vraie * ce qui

---

311. Prétérition (voir note 127) par laquelle commence l'éloge de la France, inspiré de l'éloge de l'Italie dans *les Géorgiques* de Virgile et de celui de Pline l'Ancien dans son *Histoire naturelle ;* 312. Le ciel, plus que généreux, a été prodigue en comblant la France de ses dons; 313. *Je ne conterai :* ambiguïté riche de sens, *conter* et *compter* ayant alors la même orthographe; 314. Car il n'y a pas en France de gisements de ces métaux; 315. Allusion au mythe de l'âge d'or, où l'homme vertueux vivait heureux; 316. Car la France n'en fournit pas.

───── **QUESTIONS** ─────

126. Ambiguïté des sentiments de Du Bellay à l'égard de l'Italie. — Expliquez la dernière appréciation de ce passage par l'état politique de l'Italie autour de 1550. — La légende et la réalité au service du sentiment national dans ce passage.

127. Les procédés de l'éloquence dans ce passage : tours, images, ampleur des phrases, ton, parallélismes. — Montrez que l'idée de *tempérie*, de juste mesure, gouverne tous les arguments de cet éloge.

et solide louange), la France a toujours obtenu sans controverse le premier lieu*. **(128)**

         * la première place

    Pourquoi donc sommes-nous si grands admirateurs d'autrui? Pourquoi sommes-nous tant iniques à* nous-mêmes? Pourquoi mendionsnous les langues étrangères[317] comme si nous avions honte d'user de la nôtre? [...] **(129)**

         * envers

    Et quand la gloire seule, non l'amour de la vertu, nous devrait induire* aux actes vertueux, si[318] ne vois-je pourtant qu'elle soit moindre à celui qui est excellent en son vulgaire* qu'à celui qui n'écrit qu'en grec ou en latin[319]. Vrai est* que le nom de cetui*-ci[320], pour autant que ces deux langues sont plus fameuses, s'étend en plus de lieux; mais bien souvent, comme la fumée qui sort grosse au commencement peu à peu s'évanouit parmi* le grand espace de l'air, il se perd ou, pour être opprimé* de l'infinie multitude des autres plus renommés, il demeure quasi en silence et obscurité. Mais la gloire de cetui*-là[321], d'autant qu'elle se contient en ses limites et n'est divisée en tant de lieux que l'autre, est de plus longue durée, comme ayant* son siège et demeure certaine. Quand Cicéron et Virgile se mirent à écrire en latin, l'éloquence et la poésie étaient encore en enfance entre* les Romains et au plus haut de leur excellence entre* les Grecs. Si donc ceux que j'ai

         * conduire

         * sa langue
         * Il est vrai
         * celui

         * au milieu de
         * parce qu'il est écrasé

         * celui

         * parce qu'elle a

         * chez
         * chez

---

317. Pourquoi, comme des mendiants, avons-nous recours aux langues étrangères? 318. *Si :* particule renforçant le sens de *pourtant ;* 319. La gloire d'un poète excellent en sa langue n'est pas inférieure à celle des poètes néo-latins; 320. Le poète néo-latin ou celui qui écrit en grec; 321. Le poète qui écrit dans sa langue, en particulier en français.

■ QUESTIONS

    128. Quelle préoccupation apparaît en conclusion de cet éloge? Sur quoi du Bellay fonde-t-il essentiellement la supériorité de la France? — Ces arguments sont-ils absolument partiaux? (Pensez à l'état de l'Italie, ravagée et corrompue par des guerres continuelles, à l'exemple souvent fâcheux donné par la cour pontificale [cf. *les Regrets* et *le Poète courtisan*].)

    129. Montrez que l'argument fondamental de Du Bellay en faveur de la langue française reste le même que dans les chapitres II et III du premier livre.

nommés[322], dédaignant leur langue, eussent écrit en grec, est-il croyable qu'ils eussent égalé Homère et Démosthène ? Pour le moins n'eussent-ils été entre les Grecs ce qu'ils sont entre les Latins. Pétrarque semblablement et Boccace, combien qu'*ils aient beaucoup écrit en latin, si est-ce que* cela n'eût été suffisant pour leur donner ce grand honneur qu'ils ont acquis, s'ils n'eussent écrit en leur langue. **(130)**

* bien qu'
* pourtant

[Et, même parmi les contemporains, il en est qui, latinistes éminents, n'ont pas cru déchoir et se sont illustrés en écrivant dans leur langue maternelle : témoin « ce docte cardinal Pierre Bembe[323] ».]

Quelqu'un, peut-être, déjà persuadé par les raisons que j'ai alléguées, se convertirait volontiers à son vulgaire* s'il avait quelques exemples domestiques*. Et je dis que d'autant s'y doit-il plus tôt mettre, pour occuper le premier ce à quoi les autres ont failli*. Les larges campagnes grecques et latines sont déjà si pleines que bien peu reste d'espace vide. [...]

* sa langue
* nationaux, français
* ont manqué, se sont dérobés

Toutefois, je veux bien* avertir que tous les savants hommes de France n'ont point méprisé leur vulgaire*. Celui qui a fait renaître Aristophane et feint si bien le nez* de Lucien en porte bon témoignage[324].

* je tiens à
* leur langue
* si bien imité la finesse

Il me semble, lecteur ami des Muses françaises, qu'après ceux que j'ai nommés, tu ne dois avoir honte d'écrire en ta langue, mais encore* dois-tu, si tu es ami de la France, voire

* bien plus

---

322. Cicéron et Virgile; 323. Sur Bembo, dont du Bellay francise le nom; 324. Il s'agit de Rabelais, pour qui du Bellay a toujours témoigné de la plus vive admiration.

─────── **QUESTIONS** ───────

130. Sur quelle nouvelle idée se fonde l'argumentation développée dans ce passage ? Analysez les différents aspects de cette argumentation et commentez la justesse des exemples. — D'un point de vue moderne, l'appel à la gloire apparaît-il comme aussi « moral » que les préoccupations du passage précédent ? Du point de vue de Du Bellay en est-il de même ? (N'oubliez pas que du Bellay est, d'une part, un gentilhomme nourri des valeurs chevaleresques et, d'autre part, un poète convaincu de la noblesse de l'exercice poétique, seul capable de conférer l'« immortalité ».)

de toi-même **(131)**, t'y donner du tout* avec   * totalement
cette généreuse* opinion qu'il vaut mieux être   * noble
un Achille entre* les siens qu'un Diomède,   * parmi
voire bien souvent un Thersite[325], entre les
autres. **(132) (133)**

[Du Bellay cite encore avec éloge Guillaume Budé et Lazare de Baïf
parmi ceux qui n'ont pas craint d'écrire en français.] **(134)**

Conclusion de tout l'œuvre.

Or* sommes-nous, la grâce à Dieu, par beau-   * maintenant
coup de périls et de flots étrangers, rendus au
port à sûreté*. Nous avons échappé du milieu   * en sûreté
des Grecs, et par les scadrons* romains pénétré   * escadrons
jusques au sein de la tant désirée France. Là
donc, Français, marchez courageusement vers

---

325. Il s'agit d'un véritable palmarès, signifiant qu'il vaut mieux être le premier
(Achille) chez soi que le second *(Diomède)* ailleurs, ce qui n'est pas infamant — à
plus forte raison que le dernier *(Thersite)*, ce qui l'est.

──────── **QUESTIONS** ────────

131. Importance de cette double précision : *Si tu es ami de la France,
voire de toi-même.* Montrez qu'elle résume les deux principaux arguments
de Du Bellay.

132. SUR L'ENSEMBLE DU CHAPITRE XII. — Dégagez les trois arguments
développés par du Bellay dans ce chapitre : dites clairement de quel ordre
est chacun d'eux et montrez comment ils se complètent.

— Ton dominant de ce chapitre.

— L'emploi des métaphores : leur valeur (signification et expressivité)
au service des idées. (Relevez-les et classez-les pour pouvoir répondre
à cette question.)

133. SUR L'ENSEMBLE DU LIVRE II. — *La langue :* relevez ce qui, dans
ce second livre, complète des considérations déjà apparues dans le premier livre (en particulier, chapitres III et VI). Dans quelle mesure s'agit-il
là aussi d'un problème poétique?

— La *technique poétique :* quelles sont les principales recommandations
formulées par du Bellay concernant : 1° les procédés (chapitres VI, VII
et IX); 2° les conditions de la création poétique (chapitres III, IV, V, VIII et X).

— Le *métier de poète :* ce qu'en dit du Bellay, ses exigences et ses buts
(chapitres III, XI et XII).

— Du Bellay juge des auteurs (chapitres II, IV, V et XII) : qu'admire-t-il,
que rejette-t-il chez ceux dont il parle?

— Quelle est la conception de la poésie qui se dégage de ce second livre?

134. De quel ordre est ce nouvel argument?

cette superbe cité romaine, et des serves*   * asservies
dépouilles d'elle, comme vous avez fait plus d'une
fois, ornez vos temples et autels. [...] Donnez*   * chargez
en cette Grèce menteresse et y semez encore un
coup la fameuse nation des Gallo-Grecs[326]. Pillez-
moi sans conscience* les sacrés trésors de ce   * sans scrupule
temple delphique, ainsi que vous avez fait autrefois; ne craignez plus ce muet Apollon, ses faux
oracles ni ses flèches rebouchées*. Vous sou-   * émoussées
vienne de votre ancienne* Marseille, seconde   * antique
Athènes[327], et de votre Hercule gallique* tirant   * gaulois
les peuples après lui par leurs oreilles avec une
chaîne attachée à sa langue. **(135)**

Fin de « la Défense et illustration de la langue française ».

AU LECTEUR[328].

Ami lecteur, tu trouveras étrange, peut-être,
de ce que j'ai si brièvement traité un si fertile
et copieux* argument**, comme est l'illustra-   * riche ** sujet
tion de notre poésie française, capable certes de
plus grand ornement que beaucoup n'estiment.
Toutefois, tu dois penser que les arts et sciences
n'ont reçu leur perfection tout à un coup* et   * d'un seul coup
d'une même main; ainçois* par succession de   * mais
longues années, chacun y conférant* quelque   * apportant

---

326. Allusion à l'invasion de la Grèce par les Gaulois (279 av. J.-C.), qui furent
repoussés après avoir pillé les trésors du temple de Delphes. Ceux qui purent s'échap-
per passèrent en Asie Mineure, où, mêlés aux populations locales, ils constituèrent
la nation des Gallo-Grecs, ou Galates; **327.** Les écoles de Marseille (fondée 600 ans
avant l'ère chrétienne) étaient, sous les empereurs, si florissantes que la jeunesse
de Rome s'y rendait, comme auparavant à celles d'Athènes; **328.** Ce texte est précédé
d'un sonnet adressé *A l'ambitieux et avare ennemi des bonnes lettres* et suivi de la
devise latine de Du Bellay tirée des *Odes* d'Horace : *Coelo Musa Beat* (la Muse
donne l'immortalité).

——— QUESTIONS ———

135. SUR L'ENSEMBLE DE LA CONCLUSION. — Étudiez la mise en œuvre
de la métaphore guerrière. Quel ton confère-t-elle à cette conclusion?
— Pourquoi Apollon est-il ici *muet*? Dans quelle mesure est-ce métaphore, dans quelle mesure souvenir, dans quelle mesure réalité actuelle
au point de vue littéraire?
— En quoi la dernière image de l'*Hercule gallique* évoque-t-elle avec
pertinence toute l'argumentation de Du Bellay dans sa *Défense*?

portion de son industrie*, sont parvenus au point de leur excellence. * activité, zèle

Reçois donc ce petit ouvrage comme un dessin et portrait de quelque grand et laborieux édifice que j'entreprendrai, possible*, de conduire, croissant[329] mon loisir et mon savoir [...]. **(136)** * peut-être

Quant à l'orthographe, j'ai plus suivi le commun et antique usage que la raison, d'autant que cette nouvelle mais légitime, à mon jugement, façon d'écrire[330] est si mal reçue en beaucoup de lieux que la nouveauté d'icelle eût pu rendre l'œuvre non guère* de soi recommandable, mal plaisant, voire contemptible* aux lecteurs[331]. **(137)** * guère, peu * méprisable

Quant aux fautes qui se pourraient trouver en l'impression, comme de lettres transposées, omises, ou superflues, la première édition les excusera[332], et la discrétion* du lecteur savant qui ne s'arrêtera à si petites choses. **(138) (139)** * le discernement

Adieu, ami lecteur.

---

329. *Croissant :* en même temps que croîtront, pour peu que croissent; **330.** La réforme orthographique préconisée par Louis Meigret; **331.** Du Bellay reprendra cet argument dans la deuxième Préface de *l'Olive* l'année suivante, ainsi que Ronsard dans l'Avertissement qui précède ses *Odes* de 1550; **332.** Ce qui me servira d'excuse; c'est qu'il s'agit ici d'une première édition.

--- **QUESTIONS** ---

136. D'après ce passage, où s'arrête l'ambition de Du Bellay dans son ouvrage? Est-ce plausible?

137. Intérêt de cette remarque. Quelle raison incite du Bellay à conserver l'orthographe traditionnelle?

138. De quoi s'agit-il dans ce dernier paragraphe? Quel en est le ton? — Comment apparaît du Bellay?

139. SUR L'ENSEMBLE DE CET AVIS AU LECTEUR. — Quelle dernière impression du Bellay entend-il laisser? Laquelle laisse-t-il?

L'OLIVE

1

Je ne quiers* pas la fameuse couronne[333],
Saint ornement du dieu au chef* doré[334],
Ou que du dieu aux Indes adoré[335]
4   Le gai chapeau[336] la tête m'environne.

Encore moins veux-je que l'on me donne
Le mol rameau en Cypre décoré[337];
Celui[338] qui est d'Athènes honoré
8   Seul je le veux, et le ciel me l'ordonne.

O tige* heureux[339], que la sage déesse[340]
En sa tutelle et garde a voulu prendre
11   Pour faire honneur à son sacré autel!

Orne mon chef*, donne-moi hardiesse
De te chanter, qui espère te rendre
14   Égal un jour au Laurier[341] immortel*.

[Après avoir décrit la beauté de la Dame (sonnet 2), après avoir célébré la naissance de son amour pour elle le jour de Noël (sonnet 5), du Bellay chante la chevelure (sonnets 8, 9, 10), les yeux (sonnets 10, 11, 12), la main (sonnet 13) de celle qu'il aime. Puis c'est le thème,

---

333. La couronne de laurier; 334. Apollon; 335. Bacchus; 336. La couronne de pampres; 337. Le myrte, arbre de Vénus, la déesse de Chypre; 338. L'olivier, l'arbre d'Athènes, symbole de paix et de richesse offert à la ville par la déesse Pallas; 339. L'olivier; 340. Pallas; 341. Le laurier : chanté par Pétrarque pour célébrer Laure.

● QUESTIONS ●

● VERS 1-8. Relevez les périphrases. Commentez la signification des quatre « emblèmes » ainsi évoqués (vers 1, 4, 6 et 7) : à quel(s) aspect(s) de l'activité poétique peut se rapporter chacun d'eux?

● VERS 9-14. Quel propos annonce ici du Bellay?

■ SUR L'ENSEMBLE DU SONNET. — La structure des vers : étudiez la coupe des décasyllabes; les rimes : du Bellay observe-t-il l'alternance? Disposition des rimes des tercets.

— Montrez que, dès ce premier sonnet, du Bellay proclame son intention d'« imiter », conformément aux principes de *la Défense*. Qui va-t-il imiter? Comment cette imitation apparaît-elle ici (voir vers 7, 8 et 14)?

fréquent dans la poésie pétrarquiste, du songe qui comble les désirs de l'amant pour ne laisser au réveil qu'une amère désillusion. Ce sonnet est inspiré de Bembo.]

14

> Le fort sommeil, que céleste[342] on doit croire,
> Plus doux que le miel[343], coulait aux yeux lassés,
> Lorsque d'amour les plaisirs amassés
> 4 Entrent en moi par la porte d'ivoire[344].
>
> J'avais lié*[345] ce col de marbre, voire*
> Ce sein d'albâtre[346], en mes bras enlacés,
> Non moins qu'on voit les ormes embrassés*
> 8 Du cep lascif[347], au fécond bord de Loire.
>
> Amour avait en mes lasses moelles
> Dardé le trait de ses flammes* cruelles,
> 11 Et l'âme errait par ces lèvres de rose[348],
>
> Prête d'aller au fleuve oblivieux[349],
> Quand le réveil, de mon aise* envieux*,
> 14 Du doux sommeil a les portes décloses.

---

342. Les Anciens considéraient le sommeil comme envoyé par les dieux ; 343. Réminiscence d'Homère ; 344. La *porte d'ivoire* est celle qui, chez Homère comme chez Virgile, livre passage aux songes trompeurs ; 345. Deux syllabes : *li-é* ; 346. Traditionnellement, le *marbre* et l'*albâtre* évoquent la splendeur de la nudité ; 347. L'image de la vigne et de l'ormeau est, chez Catulle, chez Jean Second et chez Sannazar, associée au baiser ; 348. Le thème du souffle de l'âme ravi par le baiser est fréquent chez Jean Second ; 349. Le *fleuve oblivieux* est le Léthé.

■ QUESTIONS

● Vers 1-4. Richesse musicale de ce quatrain : sonorités (liquides, nasales, voyelles), rythme (notamment vers 2). — Montrez que le recours aux images mythologiques contribue à l'idéalisation.

● Vers 5-11. Peut-on parler de réalisme ? — Par quelle image personnelle du Bellay vivifie-t-il les métaphores traditionnelles ? Dégagez ce qui confère à ces vers une douceur harmonieuse.

● Vers 12-14. Relevez les mots repris du premier quatrain : montrez que ces reprises laissent de ce poème une impression d'achèvement — le songe s'est écoulé et prend fin.

■ Sur l'ensemble du sonnet. — L'exploitation d'un thème traditionnel : images, idées. La musicalité de l'ensemble : sonorités (allitérations, jeux de voyelles, liquides et nasales), rythmes. Montrez que l'élément esthétique l'emporte sur l'évocation sensuelle. (*Suite*, v. p. 123.)

[Sonnet inspiré de deux sonnets italiens, l'un de Pétrarque, l'autre de l'Arioste.]

33

Ô prison* douce, où captif je demeure
Non par dédain*, force, ou inimitié,
Mais par les yeux de ma douce moitié[350],
4   Qui m'y tiendra jusqu'à tant que je meure.

Ô l'an heureux, le mois, le jour, et l'heure,
Que mon cœur fut avec elle allié !
Ô l'heureux nœud, par qui j'y fus lié*,
8   Bien que souvent je plains, soupire et pleure !

Tous prisonniers*, vous êtes en souci*,
Craignant la loi et le juge sévère :
11   Moi plus heureux, je ne suis pas ainsi.

Mille doux mots, doucement exprimés,
Mil doux baisers, doucement imprimés,
14   Sont les tourments où ma foi* persévère[351].

---

350. Souvenir d'Horace ; 351. Au milieu des tortures, la foi du poète (son amour persévère).

--- QUESTIONS ---

Sonnet 14.

— En vous reportant à l'étude de *l'Olive* (voir Notice), vous caractériserez le ton de ce sonnet.

Sonnet 33.

● Vers 2. Expliquez le sens de ce vers.

● Vers 8. Quelle remarque grammaticale s'impose à propos de ce vers ? — En quoi sa position dans le sonnet le rend-elle antithétique ?

● Vers 9-14. Étudiez les rimes des tercets. — Quel effet produit le vers 14 ?

■ Sur l'ensemble du sonnet. — Dégagez l'antithèse fondamentale sur laquelle est composé le sonnet.

— Montrez que les quatrains, d'une part, et les tercets, d'autre part, sont construits sur des jeux d'antithèses (antithèses de thèmes, d'images, de mots).

— En quoi cela est-il pétrarquiste ?

— Ne sent-on pas ici la virtuosité de l'artiste plus que le sentiment de l'amant ? Justifiez votre réponse par des raisons précises (images, mots, constructions).

[Sonnet inspiré de Pétrarque, déjà imité par Scève et qui fut repris tour à tour par Baïf et Belleau.]

77

Ô fleuve heureux, qui as sur ton rivage
De mon amer* la tant douce racine,
De ma douleur la seule médecine,
4   Et de ma soif le désiré breuvage!

Ô roc feutré d'un vert tapis sauvage[352]!
Ô de mes vers la source caballine[353]!
Ô belles fleurs! ô liqueur* cristalline!
8   Plaisirs de l'œil qui me tient en servage*.

Je ne suis pas sur votre aise* envieux*,
Mais si j'avais pitoyables les dieux[354],
11   Puisque le ciel de mon bien vous honore,

Vous sentiriez aussi ma flamme* vive*,
Ou, comme vous, je serais fleuve et rive,
14   Roc, source, fleur, et ruisselet encore.

---

352. Cf. *les Regrets*, sonnet 6, vers 7; **353.** L'Hippocrène; **354.** Mais si les dieux avaient pitié de moi.

=== QUESTIONS ===

● VERS 1-8. Chez Pétrarque, c'est un paysage qui est associé à l'évocation de la Dame. Ici, c'est un fleuve. A partir de cette remarque dégagez ce qui, dans le sonnet, relève de la tradition et ce qui relève de la réalité. — Relevez les jeux d'antithèses dans les deux quatrains. Commentez la signification et la portée de l'image pétrarquiste du vers 2. — Quel est le thème de ces huit vers? — Étudiez les rimes : sonorités, images et thèmes qu'elles suggèrent.

● VERS 9-14. Sens du vers 11. Qu'est-ce que *mon bien?* — Expliquez le sens précis du dernier tercet. Que signifie *ma flamme vive* (vers 12)? Quel souhait expriment les vers 13-14? Quel étonnement suggère ce dernier tercet? — En quoi s'agit-il d'une chute précieuse? — Pourquoi cette nostalgie de se confondre ainsi au paysage? Que signifie-t-elle? En quoi apparaît-elle comme la suite logique de la première exclamation du premier quatrain?

■ SUR L'ENSEMBLE DU SONNET. — Commentez le jugement porté sur ce sonnet par Henri Weber : « On sent pourtant que le thème n'est ici associé à aucun souvenir amoureux précis, il n'est qu'un prétexte artistique à des recherches musicales, quand il s'agit d'évoquer la nature, célébrée pour son charme propre » (*ouvr. cit.*, page 323). Appuyez votre commentaire par des références précises au texte.

[Ce thème de la femme aimée éclipsant par sa beauté l'aurore et le soleil, qui paraît d'abord bien conventionnel et précieux, a été souvent traité par les pétrarquistes italiens de la fin du xvᵉ siècle. Déjà repris par Scève, il le sera encore par Ronsard, Magny, Desportes et bien d'autres au xvıᵉ siècle, puis, au xvıɪᵉ siècle, par Tristan l'Hermite, Malleville et Voiture dans des sonnets fameux. Mais aucun n'égalera du Bellay, qui, tout en s'inspirant de l'Italien Rinieri (cité dans l'anthologie de Giolito), donne à ce thème de *la Belle Matineuse* sa plus belle expression.]

83

Déjà la nuit en son parc amassait
Un grand troupeau d'étoiles vagabondes,
Et pour entrer aux cavernes profondes
Fuyant le jour, ses noirs chevaux chassait;

Déjà le ciel aux Indes[355] rougissait,
Et l'Aube encor de ses tresses tant blondes
Faisant grêler mille perlettes rondes[356]
De ses trésors les prés enrichissait;

Quand d'occident, comme une étoile vive*,
Je vis sortir dessus ta verte rive,
O fleuve mien! une Nymphe en riant.

---

355. A l'est; 356. La rosée.

──── **QUESTIONS** ────

● Vers 1-4. A qui est comparée la nuit? Quel ton cette comparaison confère-t-elle à l'allusion mythologique? — L'utilisation des termes descriptifs. Les images. Les rythmes et les sonorités. — Commentez à propos de ce premier quatrain ce qu'en dit Henri Weber : « La mythologie n'est plus qu'un prétexte pour animer les grandes forces de la nature et les rapprocher de l'homme sans pourtant en diminuer l'éclat. L'originalité du poète réside dans ce contact entre la grandeur et la familiarité... » (*ouvr. cit.*, page 305).

● Vers 5-8. Relevez les termes évoquant des couleurs. Justifiez l'emploi de ces termes dans cette strophe (comparez-la sur ce point au premier quatrain). — Par quels moyens du Bellay transforme-t-il l'image conventionnelle de l'Aurore mythologique en une simple fille de l'Anjou? Quelle impression produit cette simplicité? Commentez du même point de vue l'utilisation de la périphrase (vers 7) pour désigner la rosée : effet poétique ainsi produit.

● Vers 9. Justifiez la rupture de construction. — Soulignez la cohérence de la comparaison *comme une étoile vive* avec le tableau qui précède. Importance de la précision apportée par le mot *occident*.

Alors voyant cette nouvelle Aurore,
Le jour honteux d'un double teint colore
14   Et l'Angevin et l'Indique* orient.

[C'est ici la traduction d'un sonnet de Pétrarque.]

93

Ores* je chante, et ores* je lamente,
Si l'un me plaît, l'autre me plaît aussi,
Qui³⁵⁷ ne m'arrête à l'effet du souci*,
4   Mais à l'objet de ce qui me tourmente.

Soit bien ou mal, désespoir ou attente,
Soit que je brûle ou que je sois transi,
Ce m'est plaisir de demeurer ainsi :
8   Également de tout je me contente*.

—————

357. A moi qui.

——————— QUESTIONS ———————

Sonnet 83.

● Vers 10-11. Relevez toutes les notations confirmant l'idée exprimée par le mot *vive* au vers 9 et montrant la nature maintenant éveillée, éclairée. — De quel *fleuve* s'agit-il au vers 11? — Caractère insolite, familier et vrai de la précision *en riant*. Cela évoque-t-il la banalité des conventions littéraires ou la jeunesse? — Importance du rythme des vers 9 à 11 dans la réussite de cette évocation de la femme aimée.

● Vers 12-14. Dégagez en quoi ce dernier tercet est plus banal. Cependant relevez les notations de lumière. Le ton du madrigal est-il ici évité? Comment? — Expliquez le sens exact du vers 13.

■ Sur l'ensemble du sonnet. — Commentez point par point ce jugement d'Henri Weber : « Nous pouvons ainsi constater, dans un des plus beaux sonnets de *l'Olive*, comment la création se développe, non pas à partir d'un sentiment directement éprouvé, mais à partir d'images suggérées par un texte littéraire. La sobriété, le goût des oppositions simples de couleurs et de lumière, la vision gracieuse et familière de la nature, liée à l'évocation discrète du pays natal, l'art de choisir les mots à la rime sont quelques-uns des éléments qui déterminent la réussite » (*ouvr. cit.*, page 306).

Sonnet 93.

● Vers 1-8. Expliquez le sens de la précision contenue dans les mots *effet* et *objet* (vers 3 et 4). Malgré cette précision, les deux quatrains décrivent-ils l'*objet* ou l'*effet* du « souci » de l'amant?

Ma Dame donc, Amour, ma destinée,
Ne changent point[358] de rigueur obstinée,
Ou haut ou bas la Fortune[359] me pousse.

Soit que je vive ou bien soit que je meure,
Le plus heureux des hommes je demeure,
Tant mon amer* a la racine douce.

[L'image de la rose a donné naissance aux plus célèbres poèmes du
XVIe siècle. Ici, du Bellay s'inspire de l'Arioste, qui, lui-même, se
souvenait de Catulle.]

97

Qui a pu voir la matinale rose
D'une liqueur* céleste[360] emmïellée*[361],
Quand sa rougeur de blanc entremêlée
4   Sur le naïf* de sa branche repose,

Il aura vu incliner[362] toute chose
A sa faveur : le pied ne l'a foulée,
La main encor ne l'a point violée,
8   Et le troupeau approcher d'elle n'ose.

---

358. Subjonctif; 359. Souvenir d'Arioste : que la Fortune me pousse ou haut
ou bas; 360. La rosée; 361. Quatre syllabes : *em-mi-el-lé(e)*; 362. S'incliner.

─────── QUESTIONS ───────

● VERS 9-14. Si le poète parlait de son état dans les quatrains, quel est
le thème des tercets ? — Rapport entre le vers 8 et le vers 14 : progression
de l'un à l'autre.

■ SUR L'ENSEMBLE DU SONNET. — Relevez les éléments pétrarquistes
traditionnels.

— Quel sentiment, éprouvé ou non, décrit cette suite d'antithèses ?
Ce sentiment vous paraît-il vraisemblable ?

— Cherchez d'autres exemples d'un état d'âme analogue dans la littérature non directement pétrarquiste.

Sonnet 97.

● VERS 1-4. Que décrit ce quatrain ? Ton des vers 1, 3 et 5. Procédé
utilisé au vers 2. Le résultat est-il heureux ? — Dégagez et commentez
l'expressivité des adjectifs du quatrain. Montrez que du Bellay se conforme
aux préceptes énoncés dans *la Défense*. — Que symbolise la fraîcheur
de cette image ?

Mais si elle est de sa tige* arrachée,
De son beau teint la fraîcheur desséchée
11   Perd la faveur des hommes et des dieux.

Hélas! on veut la mienne dévorer,
Et je ne puis que de loin l'adorer
14   Par humbles vers, sans fruit, ingénieux*.

[Comme dans le *Canzoniere* de Pétrarque, c'est à une purification des sentiments qu'aboutissent ces chants d'amour, à une spiritualisation qui annonce les thèmes néo-platoniciens des « Sonnets de l'Honnête Amour ».]

108

Ô seigneur Dieu, qui pour l'humaine race
As été seul de ton père envoyé!
Guide les pas de ce cœur dévoyé,
4   L'acheminant au sentier de ta grâce.

———— **QUESTIONS** ————

Sonnet 97. (*Suite.*)

● Vers 5-8. Soulignez la progression d'une strophe à l'autre (début du vers 1 et début du vers 5) : de quel point de vue se situe cette progression? — Commentez la différence de ton entre la description du premier quatrain et les précisions négatives du second quatrain (valeur des verbes à la rime) : quelles menaces contiennent ces négations? A partir de là soulignez la justesse de la première épithète : *matinale* (vers 1); pourquoi cette précision était-elle indispensable?

● Vers 9-11. Dans le vers 9, comment l'inversion souligne-t-elle la brutalité, la rapidité du fait? Montrez comment le vers 10 reprend le premier quatrain et le vers 12 le second quatrain (termes, idées) : commentez cette reprise (signification, expressivité).

● Vers 1-11. Ces onze vers ne constituent-ils pas comme une petite fable? Quelle en est la moralité?

● Vers 12-14. Quel changement de ton souligne le premier mot du tercet? Montrez qu'on passe de l'image à la réalité.

■ Sur l'ensemble du sonnet. — Quelle que soit la vérité des sentiments chantés par *l'Olive*, montrez que, dans ce sonnet, du Bellay artiste est plus convaincant et plus intéressant que du Bellay amant.
    — Montrez comment l'image de la rose se prête à l'évocation de thèmes sensiblement différents : quelle est cependant l'idée commune à tous ces poèmes?
    — Essayez d'expliquer le succès du thème de la rose au xvie siècle : à quel sentiment correspond-il?

Sonnet 108. V. p. 129.

Tu as premier du ciel ouvert la trace,
Par toi la mort a son dard étuyé* :
Console donc cet esprit ennuyé*,
Que la douleur de mes péchés embrasse*.

Viens, et le bras de ton secours apporte
A ma raison, qui n'est pas assez forte,
Viens éveiller ce mien esprit dormant.

D'un nouveau feu* brûle-moi jusqu'à l'âme,
Tant que l'ardeur* de ta céleste flamme*
Fasse oublier de l'autre le tourment.

[Imité d'un poème de Bernardino Daniello, mais très supérieur à son modèle, ce sonnet valut à du Bellay d'être comparé par Sainte-Beuve à Lamartine : « Ce sonnet est dur, assurément, mais il est noble, élevé [...]. C'est un commencement de méditation. Jamais le flageolet de Marot n'eut de ces accents » *(Tableau de la poésie au XVIe siècle).*]

113

Si notre vie est moins qu'une journée
En l'éternel³⁶³, si l'an qui fait le tour³⁶⁴

---

363. Adjectif substantivé; 364. L'an dans sa révolution.

──── **QUESTIONS** ────

Sonnet 108.

● Vers 1-8. Montrez que la « prière » se fait de plus en plus précise : thème de ces huit vers.

● Vers 9-11. Expliquez le vers 10 : quelle volonté exprime-t-il? — Au vers 11 précisez le sens de *ce mien esprit dormant*.

● Vers 12-14. Correspondance entre le vocabulaire de ce tercet et le vocabulaire amoureux : relevez les termes illustrant cette correspondance. — Ce glissement du langage de l'amour humain à l'amour divin est-il chose courante dans les écrits mystiques? Comment cela s'explique-t-il? — Importance de l'idée exprimée dans le vers 14 (que désigne *l'autre?*).

■ Sur l'ensemble du sonnet. — Vous étudierez le thème de la purification des sentiments dans ce sonnet. Comment l'angoisse provoquée par la profondeur des sentiments conduit-elle le poète à la spiritualité? Vous comparerez ce poème avec le sonnet 6 des « Treize Sonnets de l'Honnête Amour ».

Chasse nos jours sans espoir de retour,
4   Si périssable est toute chose née,

Que songes-tu, mon âme emprisonnée*?
Pourquoi te plaît l'obscur de notre jour
Si pour voler en un plus clair séjour
8   Tu as au dos l'aile bien empennée*?

Là est le bien que tout esprit désire,
Là, le repos où tout le monde aspire,
11   Là est l'amour, là le plaisir encore.

Là, ô mon âme au plus haut ciel guidée!
Tu y pourras reconnaître l'Idée*
14   De la beauté, qu'en ce monde j'adore.

─────────── **QUESTIONS** ───────────

Sonnet 113.

● VERS 1-4. Quelle est la nature des propositions? Quel est le thème de ces quatre vers? Montrez le rapport entre l'idée qui inspire du Bellay et ces constructions grammaticales. — Relevez les termes et les expressions dépréciant ce qui est terrestre. — Importance expressive des rythmes (mesures des vers, rejets, enjambements), des rimes, des inversions.

● VERS 5-8. Structure des phrases. Montrez la progression : qu'évoque à présent le poète? — Comparez le rythme des vers de ce quatrain aux précédents.

● VERS 9-14. Importance des répétitions, de la forme affirmative. Commentez la rime des vers 9 et 10. Relevez les substantifs des vers 9 à 11 : qu'évoquent-ils? Comparez-les aux termes du premier quatrain. — Notez le changement de temps au vers 13 : sa valeur. Sens et caractère néo-platonicien (voir Notice) des vers 13 et 14.

■ SUR L'ENSEMBLE DU SONNET. — Dégagez le mouvement de ce poème : d'un quatrain à l'autre (remarquez la personne des pronoms personnels et des adjectifs possessifs — différence de valeur entre les *si* du premier quatrain et le *si* du vers 7); d'un tercet à l'autre (remarquez de même les sujets des verbes); des quatrains aux tercets.

— Vous expliquerez le jugement de Sainte-Beuve qui est rapporté dans le résumé qui précède le sonnet.

■ SUR LES SONNETS 108 ET 113. — Comparez l'inspiration de ces sonnets : similitudes et différences.

LES INVENTIONS

LA COMPLAINTE DU DÉSESPÉRÉ

[...] Si l'injure déréglée
        De la fortune* aveuglée,
        Si un faux bonheur promis
        Par les faveurs journalières,
        Si les fraudes familières
        Des trop courtisans amis,

        Si la maison mal entière[365]
        De cent procès héritière,
        Telle qu'on la peut nommer
        La galère désarmée,
        Qui sans guide et mal ramée
        Vogue par la haute mer[366],

        Si les passions cuisantes
        A l'âme et au cœur nuisantes*,
        Si le plus contraire effort
        D'une fière destinée
        Si une vie obstinée
        Contre un désir de la mort,

        Si la triste connaissance
        De notre frêle naissance
        Et si quelque autre douleur
        Gêne* la vie[367] de l'homme :
        Je mérite qu'on me nomme
        L'esclave de tout malheur.

---

365. Du Bellay venait de perdre son frère aîné : il en « héritait » la tutelle de son jeune neveu et un procès embrouillé qui empoisonnera son existence jusqu'à la veille de sa mort; **366.** Image fréquente dans *les Regrets*, où, comme ici, elle évoquera l'incertitude et les dangers de l'existence; **367.** Deux syllabes : *vi-e*.

--------- QUESTIONS ---------

● Vers 97-120. Dégagez le parallélisme de la construction de ces quatre strophes. — Étudiez les rimes (relevez les effets de rimes intérieures aux vers 97-100), le rythme : dites ce qui crée l'impression de monotonie, de litanie. En quoi cette impression convient-elle au thème traité ici? — Montrez que les soucis de Du Bellay sont exprimés avec un réalisme rare : précisez à quoi il fait allusion aux vers 97-98, 99-100, 101-102, 103-108, 109-114, 115-116, 117-118. — Ton général de ces quatre strophes.

Qu'ai-je depuis mon enfance
Sinon toute injuste offense*
Senti de mes plus prochains?
Qui ma jeunesse passée
Aux ténèbres ont laissée,
126   Dont ores* mes yeux sont pleins.

Et depuis que l'âge ferme[368]
A touché le premier terme
De mes ans plus vigoureux,
Las, hélas, quelle journée
Fut onc* si mal fortunée*
132   Que mes jours les plus heureux[369]?

Mes os, mes nerfs et mes veines,
Témoins secrets de mes peines,
Et mille soucis* cuisants
Avancent de ma vieillesse
Le triste hiver, qui me blesse
138   Devant l'été de mes ans.

Comme l'automne saccage
Les verts cheveux[370] du bocage
A son triste avènement,
Ainsi peu à peu s'efface
Le crêpe* honneur[371] de ma face
144   Veuve de son ornement.

---

368. *L'âge ferme, mes ans plus vigoureux* : l'âge adulte. En 1552, du Bellay a trente ans; 369. Quelle journée fut jamais si malheureuse que la plus heureuse des miennes? 370. Métaphore inspirée des Latins, fréquente chez les poètes de la Pléiade; 371. *Le crêpe honneur* : les cheveux, la barbe.

QUESTIONS

● Vers 121-126. Comparez cette strophe à ce que du Bellay, en 1559, confiera de lui-même dans une élégie latine à son ami Jean Morel : « Dès mon enfance, la perte de mes parents me livra pour mon malheur à la volonté d'un frère. Sous sa direction, ma première jeunesse périt sans être cultivée : il aurait fallu la développer par de bonnes études... » — Quel sentiment se dégage de cette strophe?

● Vers 127-132. Sur quoi, d'après cette strophe, porte le pessimisme de Du Bellay?

Mon cœur jà* devenu marbre,
En la souche d'un vieil arbre
A tous mes sens transmués[372] :
Et le soin*, qui me dérobe,
Me fait semblable à Niobe[373]
Voyant ses enfants tués.

Quelle Médée ancienne
Par sa voix magicienne
M'a changé si promptement?
Fichant d'aiguilles cruelles
Mes entrailles et moelles
Serves* de l'enchantement?

[...] Où tout cela que l'on nomme
Les bienheuretés* de l'homme
Ne me saurait éjouir*,
Privé de l'aise* qu'apporte
A la vie[374] demi-morte
Le doux plaisir de l'ouïr.

Et si d'un pas difficile
Hors du triste domicile
Je me traîne par les champs,
Le souci*, qui m'accompagne,
Ensemence la campagne
De mille regrets tranchants.

---

372. Inversion (A transmué tous mes sens en la souche d'un vieil arbre) : je suis devenu aussi insensible que la souche d'un arbre mort; **373.** Trois syllabes : *Ni-o-b(e)*. Du Bellay francise les noms anciens selon le principe proclamé dans *la Défense*; **374.** Voir note 367.

─────── **QUESTIONS** ───────────────────

● Vers 133-150. Du Bellay n'a que trente ans lorsqu'il écrit ces vers : comment se décrit-il? — Dégagez la correspondance du portrait physique et du portrait moral. Relevez les métaphores : en quoi sont-elles expressives?

● Vers 151-156. Quel thème déjà romantique apparaît ici (cf. vers 120)?

● Vers 283-288. Quelle raison précise du Bellay donne-t-il à sa profonde tristesse?

● Vers 289-294. Relevez les mots appartenant au vocabulaire de la mélancolie.

> Si d'aventure j'arrive
> Sur la verdoyante rive,
> J'essourde* le bruit des eaux :
> Si au bois je me transporte,
> Soudain je ferme la porte
> Aux doux gosiers des oiseaux [...].

300

TREIZE SONNETS DE L'HONNÊTE AMOUR[375]

2

> Ce ne sont pas ces beaux cheveux dorés,
> Ni ce beau front, qui l'honneur même honore[376];
> Ce ne sont pas les deux archets* encore[377]
> De ces beaux yeux de cent yeux adorés,

4

> Ce ne sont pas les deux brins colorés
> De ce coral*, ces lèvres que j'adore,
> Ce n'est ce teint emprunté de l'Aurore,
> Ni autre objet des cœurs énamourés,

8

---

375. L'amour humain spiritualisé, tel était déjà l'un des thèmes fondamentaux du *Canzionere* de Pétrarque. Mais ce sont les poètes néo-platoniciens, plus que les poètes pétrarquistes à strictement parler, qui, en France, au XVIᵉ siècle, reprendront ce thème ; **376.** On trouve le même renchérissement raffiné sur les mots *honorer* et *honneur* dans *les Regrets* (sonnet 16, vers 7 et 8); **377.** *Encore :* non plus.

——— QUESTIONS ———

● Vers 295-300. Dans quel décor du Bellay choisit-il de présenter sa tristesse? Montrez comment il souligne le contraste entre la nature riante et son propre état, état d'âme aussi bien qu'état physique, par une interprétation toute subjective (vers 297, 299 et 300).

■ Sur l'ensemble des extraits de « la Complainte du Désespéré ». — Dégagez l'accord entre les sonorités, les rythmes, les images et les thèmes. Le poème mérite-t-il son titre?
— Étudiez la strophe : structure et expressivité.
— Relevez quelques thèmes qui seront repris et développés dans *les Regrets*. A ce propos, comparez le vocabulaire de « la Complainte » à celui des *Regrets*.

Sonnet 2.

● Vers 1-10. Relevez les clichés pétrarquistes. Dégagez le caractère exclusivement visuel de ces notations. Expliquez et comparez les vers 4 et 8.

● Vers 11-14. Différence de construction et différence de thème avec les dix premiers vers. Élargissement et approfondissement apportés par le vers 13. (*Suite*, v. p. 135.)

Ce ne sont pas ni ces lis, ni ces roses,
Ni ces deux rangs de perles si bien closes,
C'est cet esprit, rare présent des cieux,

Dont la beauté de cent grâces pourvue
Perce mon âme et mon cœur et mes yeux
Par les rayons de sa poignante vue.

4

Une froideur secrètement brûlante
Brûle mon corps, mon esprit, ma raison,
Comme la poix anime le tison
Par une ardeur* lentement violente[378].

Mon cœur tiré d'[379]une force alléchante
Dessous le joug d'une franche* prison*,
Boit à longs traits l'aigre-douce poison*
Qui tous mes sens heureusement enchante.

Le premier feu* de mon moindre plaisir
Fait haleter mon altéré désir;
Puis de nos cœurs la céleste androgyne[380]

---

378. Prononcer *vi-o-len-t(e)* ; **379.** *Tiré de :* attiré par; **380.** La *céleste androgyne* est le mythe platonicien selon lequel, à l'origine de l'humanité, existait « un genre distinct, l'androgyne, qui, pour la forme comme par le nom, participait [...] du mâle comme de la femelle » et qui fut dédoublé ensuite par la volonté de Zeus. « Ainsi, c'est depuis un temps aussi lointain, qu'est implanté dans l'homme l'amour qu'il a pour son semblable : l'amour, réassembleur de notre primitive nature; l'amour qui, de deux êtres, tente d'en faire un seul, autrement dit, de guérir l'humaine nature » (*le Banquet*, trad. de L. Robin).

QUESTIONS

■ SUR L'ENSEMBLE DU SONNET. — D'après ce sonnet expliquez ce qu'est l'*honnête amour*.

— Comparez le ton et l'esprit de ce sonnet avec ceux du sonnet 113 de *l'Olive*.

Sonnet 4.

● VERS 1-8. Relevez les images (vers 3, 4, 6 et 7) : commentez-en la signification et l'expressivité. — Même exercice sur les antithèses : montrez-en le caractère encore pétrarquiste. Étant donné la volonté de maîtrise de soi exprimée par la fin du poème, dégagez-en le caractère expressif. — Montrez que l'amour évoqué par ces deux quatrains n'est pas l'*honnête amour*.

> Plus saintement vous oblige ma foi*;
> Car j'aime tant cela que j'imagine,
> 14   Que je ne puis aimer ce que je voi.

[« On a signalé à l'arrière-plan de ce sonnet le célèbre mythe du *Phèdre*[381], qui représente le chariot de l'âme attelé d'un cheval docile et d'un cheval indocile, dont les écarts provoquent la chute de l'âme dans le corps; celle-ci, cependant, possède deux ailes, dont elle sent repousser les plumes en présence de la beauté qui éveille l'amour; ces ailes lui permettent de regagner le ciel perdu » (Henri Weber, *ouvr. cit.*, page 251).]

6

> Quand je suis près de la flamme* divine
> Où le flambeau d'amour est allumé,
> Mon saint désir saintement emplumé*
> 4   Jusqu'au tiers ciel[382] d'un prin-vol* m'achemine.

> Mes sens ravis* d'une douce rapine
> Laissent* leur corps de grand aise* pâmé
> Comme le Saint des douze mieux aimé[383]
> 8   Qui reposa sur la sainte poitrine.

> Ainsi l'esprit dédaignant* notre jour
> Court, fuit et vole en son propre séjour
> 11   Jusques à tant que sa divine dextre

---

381. Dialogue de Platon; **382.** *Le tiers ciel :* le troisième ciel, le ciel de Vénus régi par la tempérance, dans *la Divine Comédie* de Dante; 383. Saint Jean.

■ QUESTIONS

● Vers 9-14. Commentez les jeux de sonorités (allitérations, rimes) et le rythme des vers 9 à 12 : comment le poète évoque-t-il l'effort sur soi, la conquête sur l'instinct? (Commentez à ce propos le changement de vocabulaire et de ton entre les vers 9-10 et les vers 11-12.)

Sonnet 6.

● Vers 1-6. Précisez l'allusion au mythe platonicien.

● Vers 7-8. Précisez l'importance de la comparaison : sens et portée.

● Vers 1-12. L'importance des notations plastiques. Relevez et commentez les images peignant l'envol : quel mouvement confèrent-elles au poème?

■ Sur l'ensemble du sonnet. — Sa structure : comment s'articule la comparaison?

— La différence de rythme entre quatrains et tercets.

Hausse la bride au folâtre désir
Du serviteur qui près de son plaisir
14 Sent quelquefois* l'absence de son maître[384].

10

J'ai entassé moi-même tout le bois
Pour allumer celle* flamme* immortelle*
Par qui mon âme avecques plus haute aile
4 Se guinde* au ciel, d'un égal contre-poids[385]

Jà* mon esprit, jà* mon cœur, jà* ma voix,
Jà* mon amour conçoit forme nouvelle*
D'une beauté plus parfaitement belle
8 Que le fin or épuré par sept fois.

Rien de mortel ma langue plus ne sonne* :
Jà* peu à peu moi-même j'abandonne,
11 Par cette ardeur*, qui me fait sembler tel

Que se montrait l'indompté fils d'Alcmène[386]
Qui dédaignant* notre figure humaine
14 Brûla son corps, pour se rendre immortel*.

---

384. Le *serviteur* : le corps; le *maître* : l'esprit. « Le mythe du *Phèdre* reste [...] indispensable pour comprendre le dernier tercet : l'esprit conducteur du char, emporté et ravi loin de la terre, oublie le cheval indocile, le « folâtre désir » qui voudrait secouer le joug, mais l'esprit doit lui tenir la bride haute *(hausse la bride)* pour que l'amour spirituel ne soit pas le prétexte des désirs charnels » (Henri Weber, *ouvr. cit.*); **385.** Sur le mythe du *Phèdre* voir la présentation du sonnet précédent (sonnet 6); **386.** Hercule.

--------- **QUESTIONS** ---------

Sonnet 10.

● Vers 1-4. Quelle est l'importance de la précision : *J'ai entassé* moi-même *tout le bois?* — Quelle exigence exprime l'ensemble du quatrain?

● Vers 9-10. Dégagez l'idéal platonicien qu'expriment ces deux vers.

● Vers 11-14. Quel est l'intérêt de l'allusion au mythe d'Hercule?

■ Sur l'ensemble du sonnet. — Dans quelle mesure ces propos de Frédéric Boyer sur les « Sonnets de l'Honnête Amour » vous paraissent-ils s'appliquer au sonnet 10 : « Bien souvent, le *ton* de ces sonnets ne trompe pas : cette méditation sur l'au-delà de l'amour n'a pas le caractère optimiste qu'elle prend chez un Pontus, à plus forte raison le caractère doctoral qu'elle a chez un Héroët. Elle est le palliatif du malheur *vrai* d'une conscience humaine, que « la Complainte du Désespéré » explicite » (*Joachim du Bellay*, page 77, Seghers)?

DIVERS JEUX RUSTIQUES[387]

[Poème traduit d'un des *Vœux* du poète néo-latin Naugerius, réédité à Paris en 1547 ou 1548.]

III

D'UN VANNEUR DE BLÉ, AUX VENTS.

> A vous troupe légère,
> Qui d'aile passagère
> Par le monde volez,
> Et d'un sifflant murmure
> L'ombrageuse* verdure
6 > Doucement ébranlez,

> J'offre ces violettes[388],
> Ces lis et ces fleurettes,
> Et ces roses ici[389],
> Ces vermeillettes roses,
> Tout fraîchement écloses,
12 > Et ces œillets aussi.

> De votre douce haleine
> Éventez cette plaine,
> Éventez ce séjour,

---

387. Nous reprenons ici la numérotation de l'édition Chamard; **388.** Prononcer *vi-o-let-t(es)*; **389.** Ces roses-ci.

────── QUESTIONS ──────

DIVERS JEUX RUSTIQUES. **III.**

● VERS 1-6. Les adjectifs et l'adverbe : à quoi se rapportent-ils? Quelle impression créent-ils par leur sens, par leurs sonorités? — Même question sur les verbes. — Que présente ainsi la première strophe?

● VERS 7-12. Quel est le personnage central de cette strophe? Que fait-il? Relevez les évocations directes ou indirectes de couleurs, d'odeurs : montrez que cela constitue une nouvelle façon d'animer les choses. — Quelle saison est ainsi évoquée? — Dégagez l'unité des deux premières strophes (thème, ton, musique, images). Sonorités dominantes dans ces deux strophes?

● VERS 13-18. Nombre, position, signification des verbes dans cette strophe : quelle nouvelle sonorité apparaît? — Thème de cette strophe. — D'où provient l'impression d'accablement? Est-elle lourde ou légère?

Cependant que j'ahanne*
A mon blé, que je vanne
A la chaleur du jour.

XIV

VILLANELLE[390].

En ce mois délicieux,
Qu'amour toute chose incite[391],
Un chacun à qui mieux mieux
La douceur du temps imite,
Mais une rigueur dépite*
Me fait pleurer mon malheur.
Belle et franche* Marguerite,
Pour vous j'ai cette douleur.

Dedans votre œil gracieux
Toute douleur est écrite,
Mais la douceur de vos yeux
En amertume est confite.
Souvent la couleuvre habite
Dessous une belle fleur.
Belle et franche* Marguerite,
Pour vous j'ai cette douleur.

Or* puisque je deviens vieux
Et que rien ne me profite,
Désespéré d'avoir mieux,
Je m'en irai rendre[392] ermite :
Je m'en irai rendre ermite

---

390. Poésie pastorale dont les couplets se terminent par le même refrain; **391.** Où l'amour anime toutes choses; **392.** J'irai me faire.

QUESTIONS

■ SUR L'ENSEMBLE DU POÈME. — Étudiez la strophe (mètre, rime) : pourquoi est-elle bien choisie pour traiter ce thème?
— L'exactitude et la transposition artistique : relevez les éléments correspondant à la réalité et étudiez la manière de traduire cette réalité.

XIV.

● VERS 9-14. Expliquez le sens de ces vers, en particulier les vers 11 et 12, et l'image des vers 13 et 14.

Pour mieux pleurer mon malheur.
Belle et franche* Marguerite,
24   Pour vous j'ai cette douleur.

Mais si la faveur des dieux
Au bois vous avait conduite,
Où, despéré* d'avoir mieux
28   Je m'en irai rendre ermite,
Peut-être que ma poursuite
Vous ferait changer couleur[393].
Belle et franche* Marguerite,
32   Pour vous j'ai cette douleur.

[Reprise et refonte de la pièce « A une Dame », publiée dans la seconde édition du *Recueil de poésie* de 1553. A propos de ce poème, V. L. Saulnier remarque : « Il entre, bien sûr, dans cette réaction, une lassitude de la contention. [...] Mais ce qui surtout décourageait la Pléiade, c'était de voir n'importe qui, la mode une fois lancée, rimer ses petits couplets transis. » En effet, « la Pléiade regrette son pétrarquisme comme Chateaubriand regrettait d'avoir écrit *René* depuis que tous les grimauds de collège se prenaient pour des Renés ».]

XX

CONTRE LES PÉTRARQUISTES.

J'ai oublié l'art de pétrarquiser,
Je veux d'amour franchement* deviser,
Sans vous flatter*, et sans me déguiser :
4   Ceux qui font tant de plaintes
N'ont pas le quart d'une vraie amitié,

---

393. *Changer couleur :* changer d'avis (arborer les couleurs de la reddition).

━━━━ **QUESTIONS** ━━━━

■ SUR L'ENSEMBLE DU POÈME. — Étude du vers et de la strophe (mètre, rime, refrain).

— En quoi ce poème est-il un badinage? Donnez une réponse fondée sur l'étude du rythme et du ton en rapport avec le thème.

■ SUR LE VŒU D'UN VANNEUR DE BLÉ ET LA VILLANELLE. — Dégagez le rapport de ces deux poèmes avec le titre du recueil des *Divers Jeux rustiques*.

— La qualité de l'humour, du sourire de Du Bellay.

Et n'ont pas tant de peine la moitié[394]
Comme[395] leurs yeux, pour vous faire pitié,
   Jettent de larmes feintes.

Ce n'est que feu* de leurs froides chaleurs,
Ce n'est qu'horreur* de leurs feintes douleurs,
Ce n'est encor de leurs soupirs et pleurs
   Que vents, pluie et orages;
Et bref, ce n'est à ouïr leurs chansons,
De leurs amours que flammes* et glaçons,
Flèches, liens[396], et mille autres façons
   De semblables outrages*.

De vos beautés, ce n'est que tout fin or,
Perles, cristal, marbre, et ivoire encor,
Et tout l'honneur de l'indique* trésor,
   Fleurs, lis, œillets et roses;
De vos douceurs ce n'est que sucre et miel,
De vos rigueurs n'est qu'aloës et fiel,
De vos esprits, c'est tout ce que le ciel
   Tient de grâces encloses.

[Le poète cite d'autres clichés pétrarquistes : beauté irrésistible et fatale de la Dame; amour, le pire des malheurs en même temps que le plus grand bonheur. Mais, de tout cela, rien n'est vrai. Et du Bellay reprend la litanie des fausses douleurs à la mode.]

Cestui*, voulant plus simplement aimer,
Veut un Properce et Ovide exprimer,
Et voudrait bien encor se transformer
   En l'esprit d'un Tibulle;
Mais cestui*-là, comme un Pétrarque ardant*,
Va son amour et son style fardant;
Cet autre après va le sien mignardant*
   Comme un second Catulle.

---

394. Moitié tant de peine; 395. Que; 396. Deux syllabes : *li-ens*.

―――― ● **QUESTIONS** ――――――――――――

CONTRE LES PÉTRARQUISTES. **XX.**

● VERS 1-24. Relevez les images et les tournures pétrarquistes. Par quel(s) procédé(s) du Bellay les ridiculise-t-il? — Dégagez le thème central de chacune des trois strophes.

Quelque autre encor la terre dédaignant*
Va du tiers ciel[397] les secrets enseignant,
Et de l'amour, où il se va baignant,
132   Tire une quinte essence* ;
Mais quant à moi, qui plus terrestre suis,
Et n'aime rien, que ce qu'aimer je puis,
Le plus subtil, qu'en amour je poursuis,
136   S'appelle jouissance[398].

[...] Nos bons aïeux, qui cet art démenaient*,
Pour en parler Pétrarque n'apprenaient,
Ains* franchement leur Dame entretenaient
148   Sans fard ou couverture ;
Mais aussitôt qu'Amour s'est fait savant,
Lui qui était Français auparavant
Est devenu flatteur* et décevant*,
152   Et de tusque* nature.

Si vous trouvez quelque importunité
En mon amour, qui votre humanité
Préfère trop* à la divinité
156   De vos grâces cachées,
Changez ce corps, objet de mon ennui* :
Alors je crois que de moi ni d'autrui,
Quelque beauté que l'esprit ait en lui,
160   Vous ne serez cherchées.

---

397. Voir note 382 du sonnet 6 des « Sonnets de l'Honnête Amour », page 136 ;
398. C'est le pétrarquisme le plus philosophique, le style « platonisant-pétrarquiste »,
que vise cette strophe.

QUESTIONS

● Vers 121-136. A quelle sorte de « snobisme » s'en prend chacune des
strophes ? — Relevez dans ces seize vers tous les termes et tous les procédés exprimant l'ironie et le mépris. — Précisez le ton des vers 133-136.

● Vers 145-152. Comparez les propos des vers 145-148 et la réaction
qu'ils expriment aux propos d'Alceste dans *le Misanthrope* (acte I, scène II,
vers 385-416). — Intérêt de la précision apportée par les vers 151 et 152 :
quel sentiment apparaît ? Comment se justifie-t-il ici ?

● Vers 153-160. Commentez le contraste entre le raffinement des termes
et la brutalité du ton : quel effet provoque-t-il ? Pourquoi cette brutalité ?
— Relevez les termes employés parodiquement : justifiez cet emploi.
— Intérêt du pluriel du vers 160.

Et qu'ainsi soit[399] quand les hivers nuisants*
Auront séché la fleur de vos beaux ans,
Ridé ce marbre, éteint ces feux* luisants,
64   Quand vous verrez encore[400]
Ces cheveux d'or en argent se changer,
De ce beau sein l'ivoire s'allonger,
Ce lis fanir*, et de vous s'étranger*
68   Ce beau teint de l'Aurore,

Qui pensez-vous qui aille vous chercher,
Qui vous adore, ou qui daigne toucher
Ce corps divin, que vous tenez tant cher[401]?
72   Votre beauté passée
Ressemblera un jardin à nos yeux
Riant naguère aux hommes et aux dieux,
Ores* fâchant* de son regard les cieux
76   Et l'humaine pensée.

N'attendez donc que la grand'faux du Temps
Moissonne ainsi la fleur de vos printemps,
Qui rend les dieux et les hommes contents* :
80   Les ans, qui peu séjournent[402],
Ne laissent rien, que regrets et soupirs,
Et empennés* de nos meilleurs désirs[403]
Avecques eux emportent nos plaisirs,
84   Qui jamais ne retournent

Je ris souvent, voyant pleurer ces fous,
Qui mille fois voudraient mourir pour vous,

---

399. Rappel du vers précédent : « Alors [...] vous ne serez cherchées » ; **400.** *Encore :* en outre ; **401.** Que vous préservez si chèrement ; **402.** *Séjournent :* s'attardent, durent ; **403.** Voir la présentation du sonnet 6 des « Sonnets de l'Honnête Amour », page 136.

——— QUESTIONS ———

● Vers 161-168. Pourquoi la reprise des images pétrarquistes souligne-t-elle la brutalité du thème ? — Commentez le temps des verbes. Par quelles sortes de verbes du Bellay évoque-t-il le vieillissement dans les vers 162, 163 et 165-167 ? — Quels termes de cette strophe rappellent plus loin les vers 178 et 179 ?

● Vers 169-184. Quel thème épicurien apparaît dans ces deux strophes ? Cherchez d'autres poèmes du xvie siècle, notamment de Ronsard, traitant ce même thème. — Malgré cette évocation de la vieillesse, quel est le ton de ces strophes ?

Si vous croyez de leur parler si doux
188   Le parjure artifice* ;
Mais quant à moi, sans feindre ni pleurer,
Touchant ce point, je vous puis assurer
Que je veux sain et dispos demeurer
192   Pour vous faire service.

De vos beautés je dirai seulement
Que si mon œil ne juge follement,
Votre beauté est jointe également
196   A votre bonne grâce ;
De mon amour, que mon affection
Est arrivée à la perfection
De ce qu'on peut avoir de passion
200   Pour une belle face.

Si toutefois Pétrarque vous plaît mieux,
Je reprendrai mon chant mélodieux
Et volerai jusqu'au séjour des dieux
204   D'une aile mieux guidée[404] :
Là dans le sein de leurs divinités
Je choisirai cent mille nouveautés*
Dont je peindrai vos plus grandes beautés
208   Sur la plus belle Idée*[405].

---

404. Rappel de l'image du vers 182 ; 405. Voir le sonnet 113 de *l'Olive*.

--- **QUESTIONS** ---

● Vers 193-208. Quel est le ton de ces trois dernières strophes ? Montrez comment, dans la dernière (vers 201-208), du Bellay joint la parodie au reniement.

■ Sur l'ensemble du poème. — Étudiez la structure de la strophe. Choisissez-en une ou deux où vous montrerez comment du Bellay tire parti des changements de rythme, dans le ton comme dans les thèmes de son poème.

— Montrez que du Bellay est d'autant plus efficacement antipétrarquiste qu'il a pratiqué le pétrarquisme avec conviction. Comparez quelques-unes de ces strophes, que vous choisirez, avec quelques sonnets pétrarquistes de *l'Olive*.

— A partir de là, vous étudierez l'art de la parodie et les procédés de l'humour dans ce poème.

— Du Bellay, autant qu'au pétrarquisme, ne s'en prend-il pas aussi au néo-platonisme ? Précisez votre réponse par des références aux « Sonnets de l'Honnête Amour » (et, éventuellement, à *l'Olive*).

(*Suite*, v. p. 145.)

[Cette pièce est le fruit d'un concours entre du Bellay et son ami Magny, sur la mort du chien Peloton, qui appartenait à un grand seigneur (peut-être d'Avanson, à qui furent dédicacés *les Regrets*).]

XXVII

ÉPITAPHE D'UN PETIT CHIEN.

83   [...] Mon dieu quel plaisir c'était

    Quand Peloton se grattait,

85   Faisant tinter sa sonnette[406]

    Avec sa tête follette !

    Quel plaisir quand Peloton

    Cheminait sur un bâton,

    Ou coiffé d'un petit linge,

90   Assis comme un petit singe

    Se tenait mignardelet*

    D'un maintien damoiselet* !

    Ou sur les pieds de derrière,

    Portant la pique guerrière

95   Marchait d'un front assuré

    Avec un pas mesuré[407] !

    Ou couché dessus l'échine,

    Avec ne sais quelle mine

    Il contrefaisait le mort !

100   Ou quand il courait si fort

    Qu'il tournait comme une boule

    Ou un peloton qui roule !

---

406. Son grelot ; **407.** En cadence.

——— **QUESTIONS** ———

— En fait n'y a-t-il pas dans cette attitude antipétrarquiste autant de convention littéraire que dans l'attitude opposée ? En d'autres termes, le *réalisme* dans la création artistique ne comporte-t-il pas la même volonté d'interprétation que son contraire ? Répondez en vous référant à l'exemple précis de Du Bellay.

— Comparez ce texte au rondeau de Marot *De l'amour du siècle antique* (Documentation thématique, p. 175).

— De ces deux du Bellay, l'idéaliste (le pétrarquiste) et l'autre, lequel vous paraît le plus vrai ? Pourquoi ?

XXVII.

● VERS 83-102. Les rythmes et les sons au service de la description. — Combien de postures évoque ce passage ? — Dégagez la progression dans l'enthousiasme du poète qui se souvient. — Ton de cet hommage.

Bref le petit Peloton
Semblait un petit mouton :
105 Et ne fut onc* créature
De si bénigne nature.
Las, mais ce doux passe-temps
Ne nous dura pas longtemps :
Car la Mort ayant envie*
110 Sur l'aise*[408] de notre vie,
Envoya devers Pluton
Notre petit Peloton,
Qui maintenant se promène
Parmi cette ombreuse plaine[409]
115 Dont nul ne revient vers nous.
Que maudites soyez-vous,
Filandières de la vie[410]
D'avoir ainsi par envie*
Envoyé devers Pluton
120 Notre petit Peloton :
Peloton qui était digne
D'être au ciel un nouveau* signe,
Tempérant le Chien[411] cruel
D'un printemps perpétuel[412].

[Après plusieurs pièces consacrées à la satire des courtisanes, vient ce que V. L. Saulnier appelle le *finale*, où du Bellay, dit-il, « s'élève

---

408. *Ayant envie sur l'aise :* jalouse du bonheur; **409.** Le séjour des morts; **410.** Les trois Parques; **411.** *Le Chien cruel :* la Canicule, signe du zodiaque correspondant à une période de chaleur excessive; **412.** Peloton divinisé qui aurait transformé les ardeurs caniculaires en un printemps perpétuel.

■ **QUESTIONS** ─────────────

● VERS 107-124. Relevez les termes parodiques. Étudiez les procédés de la parodie. D'où naît le comique?

■ SUR L'ENSEMBLE DU POÈME. — A propos du *Lutrin*, Boileau définissait ainsi le genre héroï-comique qu'il opposait au burlesque : « C'est un burlesque nouveau, dont je me suis avisé en notre langue : car au lieu que, dans l'autre burlesque (chez Scarron par exemple), Didon et Énée parlaient comme des harengères et des crocheteurs, dans celui-ci une horlogère et un horloger [...] parlent comme Didon et Énée. » L'épitaphe de Peloton répond-elle à cette acception classique?

— Comparez ce poème à quelques textes du XVIIe siècle de genre héroï-comique (de Boileau ou de La Fontaine par exemple).

— A-t-on l'impression que du Bellay aimait bien ce petit chien qui vient de mourir? Justifiez votre réponse.

à des considérations de philosophie sur la destinée humaine, sans perdre, dans le ton, le caractère d'ironie que, plus ou moins léger ici ou là, le poète a voulu donner à tout son recueil, pour en assurer l'unité ».]

XXXVIII

Hymne de la Surdité.
A P. de Ronsard, Vendômois[413].

    Je ne suis pas, Ronsard, si pauvre de raison
2   De vouloir faire à toi de moi comparaison. [...]

7   Bien ai-je, comme toi, suivi dès mon enfance
    Ce qui m'a plus acquis d'honneur que de chevance* :
    Cette sainte fureur* qui, pour suivre tes pas
10   M'a toujours tenu loin du populaire bas,
    Loin de l'ambition, et loin de l'avarice*,
    Et loin d'oisiveté, des vices la nourrice,
    Aussi peu familières aux soldats de Pallas[414]
    Comme elle est domestique* aux prêtres et prélats.

15   Au reste, quoique ceux qui trop me favorisent,
    Au pair de tes chansons les miennes autorisent,
    Disant, comme tu sais, pour me mettre en avant
    Que l'un est plus facile et l'autre plus savant, —
    Si ma facilité semble avoir quelque grâce,
20   Si* ne suis-je pourtant enflé de telle audace
    De la contre-peser* avec ta gravité
    Qui sait à la douceur mêler l'utilité.

    Tout ce que j'ai de bon, tout ce qu'en moi je prise*,

---

413. Ronsard avait publié ses *Hymnes* en 1555-1556. D'après Henri Chamard, « ce poème, qui date de la fin de 1556 et que du Bellay dédie à Ronsard, est un essai de l'auteur pour rivaliser avec son ami dans le genre qu'il avait innové [...]. Mais, si la forme est celle de Ronsard (alexandrins à rimes plates), le ton est différent : l'œuvre appartient au genre bernesque. » Sur Berni voir Notice; 414. *Soldats de Pallas :* les lettres.

QUESTIONS

XXXVIII.

● Vers 1-14. Portrait de l'auteur par lui-même : quels sont les traits saillants de ce portrait? — Relevez, esquissés ici, les thèmes satiriques développés dans *les Regrets*.

● Vers 15-22. Intérêt de ce passage? Du Bellay dit-il vrai? (Comparez aux Jugements.)

C'est d'être comme toi sans fraude et sans feintise,
25   D'être bon compagnon, d'être à la bonne foi*,
Et d'être, mon Ronsard, demi-sourd, comme toi :
Demi-sourd, ô quel heur*! plût aux bons dieux que j'eusse
Ce bonheur si entier, que du tout* je le fusse.

[Ici, à la manière de Berni, va commencer l'éloge burlesque de la surdité.]

95   Or celui qui est sourd, si tel défaut lui nie[415]
Le plaisir qui provient d'une douce harmonie,
Aussi est-il privé de sentir mainte fois
L'ennui* d'un faux accord, une mauvaise voix,
Un fâcheux* instrument, un bruit, une tempête,
100 Une cloche, une forge, un rompement de tête,
Le bruit d'une charrette, et la douce chanson
D'un âne qui se plaint en effroyable son.
      Et s'il ne peut goûter le plaisir délectable
Qu'on a d'un bon propos qui se tient à la table[416],
105 Aussi n'est-il sujet à l'importun caquet
D'un indocte prêcheur ou d'un fâcheux* parquet*,
Au babil d'une femme, au long prône d'un prêtre,
Au gronder d'un valet, aux injures d'un maître,
Au causer d'un bouffon, aux brocards d'une cour,
110 Qui font cent fois le jour désirer d'être sourd.

[Du Bellay réfute toutes les objections qu'on peut opposer à cette préférence : le sourd n'aura pas de succès auprès des femmes, sa susceptibilité sera excessive, ses chances de réussite dans la vie publique seront nulles, il deviendra taciturne, il manquera d'amis, il laissera passer de beaux propos. Qu'importe! Dans la mesure où

---

415. Si une telle infirmité lui interdit; 416. *A la table :* en public.

■ **QUESTIONS** ━━━━━━━

● Vers 23-28. Faites la part du sérieux et du bouffon dans ces vers (en rapport avec les faits, en rapport avec le ton). — Étudiez l'art de la transition dans ce passage.

● Vers 95-110. Quelles sont les deux sortes de « bruits » désagréables qu'énumère du Bellay (vers 95-102 et 103-110)? Montrez qu'il y a là progression de la bouffonnerie à la satire. — Indiquez dans ces bruits déplaisants ceux qui relèvent d'un comique traditionnel et ceux qui correspondent à la situation personnelle de Du Bellay à Rome. — La verve de Du Bellay dans ce passage.

elle exclut les facilités de la vie mondaine, la surdité est un bien, et
du Bellay en prend Ronsard à témoin : « Tu lui dois ton laurier. »]

185   Ô que j'ai de regret en la douce saison
     Que je soulais* régner paisible en ma maison,
     Si sourd que trois marteaux tombant sur une masse
     De fer étincelant n'eussent rompu la glace
     Qui me bouchait l'ouïe, heureux s'il en fut onc* :
190   Las, fussé-je aussi sourd comme j'étais adonc* !
     Le bruit de cent valets, qui mes flancs environnent,
     Et qui soir et matin à mes oreilles tonnent,
     Le devoir de la cour, et l'entretien commun
     Dont il faut gouverner[417] un fâcheux* importun,
195   Ne me fâcherait* point; un créditeur* moleste[418]
     (Race de gens, Ronsard, à craindre plus que peste)
     Ne troublerait aussi l'aise* de mon repos
     Car, sourd, je n'entendrais ni lui ni ses propos.
     Je n'orrais* du Castel[419] la foudre et le tonnerre[420],
200   Je n'entendrais le bruit de tant de gens de guerre,
     Et n'orrais* dire du mal de ce bon Père Saint[421]
     Dont ores* sans raison toute Rome se plaint,
     Blâmant sa cruauté et sa grand' convoitise
     Qui ne craint, disent-ils, aux dépens de l'Église
205   Enrichir ses neveux, et troubler sans propos
     De la Chrétienté[422] le publique repos.
     Je n'orrais* point blâmer la mauvaise conduite
     De ceux qui tout le jour traînent une grand' suite
     De braves* courtisans, et pleins de vanité,
210   Voyant les ennemis autour de la cité,
     Portent Mars en la bouche et la crainte dans l'âme[423],
     Je n'orrais* tout cela, et n'orrais* donner blâme
     A ceux qui nuit et jour dans leur chambre enfermés[424]
     Ayant à gouverner tant de soldats armés,
215   Font aux plus patients perdre la patience[425],

---

417. Les égards dont il faut entourer; **418.** Voir *les Regrets*, sonnet 85; **419.** Le
Castel : le château Saint-Ange; **420.** Voir *les Regrets*, sonnets 83 et 116; **421.** Le
pape Paul IV; **422.** Prononcer *Chré-ti-en-té;* **423.** Voir *les Regrets*, sonnets 83 et 116;
424. Voir *les Regrets*, sonnet 114; **425.** Prononcer *pa-ti-ent, pa-ti-en-c(e)*.

————— QUESTIONS —————

● Vers 185-190. Le fait évoqué est-il réel? En tenant compte de cela,
précisez le ton de ces quelques vers.

Tant superbes* ils sont et chiches d'audience[426].
    Je n'entendrais le cri du peuple lamentant
Qu'on voise* sans propos ses maisons abattant,
Qu'on le laisse au danger d'un sac épouvantable[427]
220 Et qu'on charge son dos d'un faix insupportable.
    O bienheureux celui qui a reçu des dieux
Le don de Surdité! voire* qui n'a point d'yeux,
Pour ne voir et n'ouïr en ce siècle où nous sommes
Ce qui doit offenser* et les dieux et les hommes.

[Vient alors la conclusion de l'hymne, à la manière de ceux de Ronsard : « Je te salue, ô sainte et alme[428] Surdité », dont voici les derniers vers :]

    Donc, ô grand' Surdité, nourrice de sagesse,
    Nourrice de raison, je te supplie, Déesse,
245 Pour le loyer* d'avoir ton mérite vanté,
    Et d'avoir à ton los* ce cantique chanté,
    De m'être favorable, et si quelqu'un enrage
    De vouloir par envie* à ton nom faire outrage*,
    Qu'il puisse un jour sentir ta grande déité
250 Pour savoir, comme moi, que[429] c'est de Surdité.

---

426. Voir *les Regrets*, sonnet 112; **427.** *Un sac épouvantable*. Les Romains avaient gardé un souvenir terrifié du sac de leur ville par les Impériaux en 1527. En 1556, après la rupture de la trêve de Vaucelles, ils redoutaient qu'il ne se renouvelle. — Voir *les Regrets*, sonnet 83; **428.** *Alme* : nourricière, tutélaire; **429.** Ce que.

──────── **QUESTIONS** ────────

● VERS 191-220. Les allusions satiriques : relevez-les et précisez autour de quels thèmes elles s'ordonnent (vers 191-198, 199-216 et 217-220). Quel aspect de la réalité contemporaine visent-elles? — Similitude des thèmes et différence des procédés entre ce passage et les sonnets satiriques des *Regrets* signalés en notes.

● VERS 221-224. L'outrance volontaire de ces quatre vers est-elle simple parodie bouffonne de l'hymne sérieux ou renchérissement de la satire? Précisez et justifiez votre réponse.

● VERS 243-250. L'ambiguïté du ton de ces derniers vers?

■ SUR L'ENSEMBLE DU POÈME. — Relevez toutes les allusions qui, malgré une présentation parfois parodique, correspondent à des faits réels. Classez-les.

— Décelez les passages où, sous la légèreté du ton ou des propos, apparaît le pessimisme de Du Bellay, si souvent évident dans *les Regrets*.

ANTIQUITÉS DE ROME

[Un premier sonnet dédie l'ouvrage « *Au Roi* ».]

1

Divins esprits[430], dont la poudreuse* cendre
Gît sous le faix de tant de murs couverts[431],
Non votre los*[432], qui vif* par vos beaux vers
4 Ne se verra sous la terre descendre,

Si des humains la voix se peut étendre
Depuis ici jusqu'au fond des enfers,
Soient à mon cri les abîmes ouverts,
8 Tant que d'à bas vous me puissiez entendre.

Trois fois cernant sous le voile des cieux
De vos tombeaux le tour dévotieux[433]
11 A haute voix trois fois je vous appelle[434] :

J'invoque ici votre antique fureur*,
En cependant que d'une sainte horreur*
14 Je vais chantant votre gloire plus belle[435].

---

430. Les grands écrivains de l'Antiquité romaine; **431.** Recouverts, cachés (par les ronces ou par des bâtiments plus modernes); **432.** Verbe non répété : votre *cendre* est ensevelie, mais vos mérites, votre gloire *(votre los)* ne le sont pas; **433.** *Le tour dévotieux* : hypallage (transfert de l'adjectif *dévotieux*, qui, normalement, s'applique à la personne du poète, à l'acte qu'il accomplit); **434.** « Évocation magique, avec valeur incantatoire du chiffre 3. Le poète cherche à ressusciter par ses vers les esprits des anciens Romains » (note d'Henri Weber); **435.** La plus belle.

--- **QUESTIONS** ---

● Vers 1-4. Quelle théorie chère à la Pléiade apparaît ici? En quoi cette théorie peut-elle sembler confirmée par ce que constate du Bellay?

● Vers 5-8. Ton de ce quatrain. — Valeur des mots *à mon cri* (vers 7).

● Vers 9-11. Quel intérêt présente l'évocation de ce rituel magique (voir note 434)? — Montrez que du Bellay présente ainsi ses *Antiquités* comme un recueil poétique au moins autant que comme une méditation humaniste.

● Vers 12-14. La richesse des sentiments, l'état d'âme de Du Bellay devant Rome.

■ Sur l'ensemble du sonnet. — Dégagez la structure du sonnet.
— Relevez les grands thèmes chers à la Pléiade et à du Bellay.
— Pourquoi du Bellay place-t-il son ouvrage sous le patronage des *divins esprits* de Rome?

3

Nouveau venu, qui cherches Rome en Rome
Et rien de Rome en Rome n'aperçoit,
Ces vieux palais, ces vieux arcs[436] que tu vois,
4   Et ces vieux murs, c'est ce que Rome on nomme.

Vois quel orgueil, quelle ruine[437], et comme
Celle qui mit le monde sous ses lois,
Pour[438] dompter tout, se dompta quelquefois*,
8   Et devint proie au temps, qui tout consomme*.

Rome de Rome est le seul monument*,
Et Rome Rome a vaincu seulement[439]
11   Le Tibre seul, qui vers la mer s'enfuit,

Reste de Rome. O mondaine* inconstance!
Ce qui est ferme est par le temps détruit,
14   Et ce qui fuit au temps fait résistance.

---

436. *Arcs* de triomphe; 437. Prononcer *ru-i-n(e)*; 438. *Pour* : valeur concessive; 439. Et seule Rome a vaincu Rome.

━━━━━ QUESTIONS ━━━━━

● Vers 1-4. Commentez les allitérations et les reprises de mots : effet musical, impression générale produite. — Importance des mots mis ainsi en relief par rapport au thème du sonnet.

● Vers 5-8. Comparez le verbe du vers 5 à celui du vers 1 : progression du point de vue. — Commentez le caractère saisissant du raccourci dans les deux noms du vers 5 : pourquoi est-il important qu'ils dépendent directement du verbe *Vois?* — Au vers 6 justifiez l'emploi de la périphrase : sa raison d'être, sa valeur dans ce poème. En quoi le vers 7 est-il une reprise du vers 5? Cependant, quelle différence de point de vue y a-t-il entre ces deux vers? — Quel thème nouveau et important apparaît au vers 8? — Comment la strophe illustre-t-elle le thème de la décadence?

● Vers 9-12. Expliquez le sens du vers 9. — Commentez les reprises de *seul, seulement :* valeur expressive. — Dégagez le mouvement de dégradation dans ces quatre vers. — Valeur du rejet du vers 12.

● Vers 11-14. L'élargissement de la réflexion.

■ Sur l'ensemble du sonnet. — Dégagez clairement le mouvement de ce sonnet de strophe en strophe. Quel en est le ton général? Pourquoi?

— Étudiez les rythmes et les sonorités : leur valeur expressive.

— En quoi un tel poème permet-il de comprendre la confiance des lettrés du XVIe siècle dans l'immortalité littéraire?

— Quels en sont les deux grands thèmes?

5

Qui voudra voir tout ce qu'ont pu nature,
L'art et le ciel, Rome, te vienne voir[440] :
J'entends s'il peut ta grandeur concevoir
4 Par ce qui n'est que ta morte peinture[441].

Rome n'est plus : et si l'architecture
Quelque ombre encor de Rome fait revoir,
C'est comme un corps par magique savoir
8 Tiré de nuit hors de sa sépulture[442].

Le corps de Rome en cendre est dévallé*,
Et son esprit rejoindre s'est allé
11 Au grand esprit de cette masse ronde[443].

Mais ses écrits, qui son los* le plus beau
Malgré le temps arrachent au tombeau,
14 Font son idole* errer parmi le monde.

6

Telle que dans son char la Bérécynthienne[444]
Couronnée[445] de tours, et joyeuse d'avoir

---

440. Souvenir de Pétrarque; **441.** Voir sonnet 3; **442.** « Nouvelles assimilations des *Antiquités* à l'évocation magique des esprits des morts » (note d'Henri Weber). Voir sonnet 1; **443.** Et son esprit s'en est allé rejoindre le grand Tout. C'est-à-dire que ce qui animait Rome, ce qui la faisait vivre, l'a désertée; **444.** Cybèle. — Prononcer *Bé-ré-cyn-thi-en-n(e)*; **445.** Dans *couronnée*, faire entendre le *e* final comme une syllabe supplémentaire.

——— QUESTIONS ———

● VERS 1-8. Pourquoi Rome peut-elle enseigner aux hommes le destin de toutes choses? — De la curiosité ou de l'imagination, quelle est la faculté la plus nécessaire, selon du Bellay, pour « retrouver » Rome? — Quel est le ton de ces deux quatrains? Quelle impression produisent les vers 7 et 8?

● VERS 9-14. Montrez que les tercets expriment une antithèse fondamentale pour du Bellay et les humanistes du XVIe siècle : laquelle?

■ SUR L'ENSEMBLE DU SONNET. — Dégagez les éléments qui créent la double antithèse sur laquelle est construit ce sonnet : grandeur passée et déclin de Rome; ruine et grandeur des restes de Rome.

— A quoi sent-on, dans ce poème, le reflet d'une expérience et d'une réflexion personnelles?

Enfanté tant de dieux, telle se faisait voir
4   En ses jours plus heureux cette ville ancienne :

Cette ville qui fut plus que la Phrygienne[446]
Foisonnante en enfants, et de qui le pouvoir
Fut le pouvoir du monde, et ne se peut revoir
8   Pareille à sa grandeur, grandeur sinon[447] la sienne.

Rome seule pouvait à Rome ressembler,
Rome seule pouvait Rome faire trembler[448] :
11 Aussi n'avait permis l'ordonnance fatale*

Qu'autre pouvoir humain, tant fût audacieux[449]
Se vantât d'égaler celle qui fit égale
14 Sa puissance à la terre et son courage aux cieux.

9

Astres cruels[450], et vous dieux inhumains,
Ciel envieux*, et marâtre nature[451],
Soit que par ordre ou soit qu'à l'aventure[452]
4   Voise* le cours des affaires humains[453]

---

446. Troie. — Prononcer *Phry-gi-en-n(e)* ; **447.** *Grandeur sinon :* d'autre gran-deur que; **448.** Souvenir d'un vers d'Horace; **449.** Si audacieux fût-il; **450.** *Astres cruels* parce qu'ils président à la destinée des choses de ce monde; **451.** *Marâtre nature :* expression fréquente chez les poètes de la Pléiade (cf. Ronsard, *Mignonne allons voir si la rose*, et du Bellay, *la Défense et illustration* et *les Regrets*, sonnet 45); **452.** Au hasard; **453.** Question philosophique souvent posée dans l'Antiquité.

━━━━━ **QUESTIONS** ━━━━━━━━━━━━━━━━━━━━━━

Sonnet 6.

● Vers 1-8. Thème et ton de ces quatrains. — Valeur et signification des images : leur expressivité, leur exactitude. — Relevez les correspondances d'un quatrain à l'autre.

● Vers 9-10. Précisez le changement de ton et de rythme. Justifiez-en la valeur et commentez-en l'effet.

● Vers 11-14. Montrez que ces quatre vers constituent un commentaire du vers 8. D'où provient l'ampleur de l'expression des deux derniers vers?

■ Sur l'ensemble du sonnet. — Structure de ce sonnet : le vers, les rythmes (enjambement, mesures intérieures), les sonorités, les images au service d'un thème. Quel est ce thème? Montrez la progression du mouvement : étudiez notamment le temps des verbes.

— Ce sonnet ne peut-il apparaître comme la réalisation du projet esquissé dans les vers 7 et 8 du sonnet 5? Donnez une réponse précise.

— Relevez tout ce qui, dans ce poème, désigne Rome comme la ville « élue ». Ne peut-on déceler ici quelque chose d'une inspiration épique?

Pourquoi jadis ont travaillé vos mains
A façonner ce monde qui tant dure?
Ou que ne fut de matière aussi dure
8 Le brave* front de ces palais romains?

Je ne dis plus la sentence commune,
Que toute chose au-dessous de la Lune
11 Est corrompable et sujette à mourir⁴⁵⁴ :

Mais bien je dis (et n'en veuille déplaire
A qui s'efforce enseigner le contraire)
14 Que ce grand Tout doit quelquefois* périr⁴⁵⁵.

14

Comme on passe en été le torrent sans danger,
Qui soulait* en hiver être roi de la plaine
Et ravir* par les champs d'une fuite hautaine
4 L'espoir du laboureur et l'espoir du berger⁴⁵⁶;

Comme on voit les couards⁴⁵⁷ animaux outrager*
Le courageux lion gisant dessus l'arène*,
Ensanglanter leurs dents, et d'une audace vaine
8 Provoquer l'ennemi qui ne se peut venger;

---

454. Selon Aristote, la lune sépare les astres immortels de ce qui est périssable dans le monde; **455.** Idée à la fois épicurienne et chrétienne; **456.** Souvenir d'Homère et de Virgile; **457.** Deux syllabes : *cou-ards*.

──────── **QUESTIONS** ────────

Sonnet 9.

● Vers 1-8. Montrez comment la méditation personnelle amène le lieu commun philosophique (voir note 453). — Quel est le sentiment qui s'exprime ici?

● Vers 9-11. Soulignez l'élargissement des quatrains aux tercets. — Pourquoi, devant la mort de l'ancienne Rome, du Bellay en vient-il à affirmer la mort inévitable de l'univers?

Sonnet 14.

● Vers 1-8. A quelle catégorie d'êtres et de choses sont empruntées les deux premières comparaisons? — Progression entre la description de l'image dans le premier quatrain et dans le second : quel aspect de chacune de ces images est particulièrement développé dans les vers 2-4 et 6-8? — Valeur expressive des adjectifs, en particulier dans le second quatrain.

Et comme devant Troie on vit des Grecs encor
Braver* les moins vaillants[458] autour du corps d'Hector :
11   Ainsi ceux qui jadis soulaient*, à tête basse,

Du triomphe romain la gloire accompagner[459],
Sur ces poudreux* tombeaux exercent leur audace,
14   Et osent les vaincus les vainqueurs dédaigner*.

15

Pâles Esprits[460], et vous ombres poudreuses*,
Qui jouissant[461] de la clarté du jour
Fîtes sortir cet orgueilleux séjour,
4   Dont nous voyons les reliques* cendreuses :

Dites, Esprits (ainsi les ténébreuses
Rives de Styx non passable au retour[462],
Vous enlaçant d'un trois fois triple tour,
8   N'enferment[463] point vos images* ombreuses),

---

458. Inversion : on vit les moins vaillants des Grecs « braver » [...]; **459.** Dans la cérémonie du triomphe, accordé par Rome au général vainqueur, le char de celui-ci était suivi des vaincus, enchaînés; **460.** Les anciens Romains (cf. sonnet 1); **461.** Alors que vous jouissiez [...]. — Prononcer *jou-is-sent*; **462.** Le Styx, fleuve des Enfers dont il fait neuf fois le tour, ne peut être retraversé; **463.** Subjonctif de souhait.

——— QUESTIONS ———

Sonnet 14. *(Suite.)*

● Vers 9-10. Progression dans ce troisième objet de comparaison : sa nature, son état. — Pourquoi l'accent est-il mis ainsi sur la valeur troyenne? (Quel est le rapport entre Troie et Rome?)

● Vers 11-14. Expliquez la signification et la valeur expressive des images : leur ampleur, leur exactitude, étant donné l'histoire de Rome dans les années où du Bellay s'y trouve.

■ Sur l'ensemble du sonnet. — Quel sentiment anime du Bellay? Vous comparerez ce sonnet avec le sonnet 28. Montrez que le poète évoque non seulement la ruine matérielle de Rome, mais la ruine de ce qui, selon lui, fut l'« esprit » romain.

Sonnet 15.

● Vers 1-10. Soulignez le mouvement de strophe en strophe : étudiez à ce propos les images et le temps des verbes. — Caractère inattendu du vers 10. Cette présence est-elle seulement un jeu littéraire pour un humaniste comme du Bellay?

Rome,
telle que la vit
du Bellay.

Gravure (1560)
de Jacques Androuet
Du Cerceau.

Phot. Larousse

Dites-moi donc (car quelqu'une de vous
Possible[464] encor se cache ici-dessous),
11   Ne sentez-vous augmenter votre peine

Quand quelquefois* de ces coteaux romains[465]
Vous contemplez l'ouvrage de vos mains
14   N'être[466] plus rien qu'une poudreuse* plaine?

18

Ces grands monceaux pierreux, ces vieux murs que tu vois,
Furent premièrement le clos d'un lieu champêtre;
Et ces braves* palais, dont le temps s'est fait maître,
4   Cassines* de pasteurs ont été quelquefois*.

Lors prirent les bergers les ornements des rois,
Et le dur laboureur de fer arma sa dextre;
Puis l'annuel pouvoir[467] le plus grand se vit être[468],
8   Et fut encor plus grand le pouvoir de six mois[469],

Qui, fait[470] perpétuel, crut en telle puissance
Que l'aigle impérial de lui prit sa naissance[471];
11   Mais le ciel s'opposant à tel accroissement

Mit ce pouvoir ès* mains du successeur de Pierre[472]
Qui sous nom de pasteur, fatal* à cette terre,
14   Montre que tout retourne à son commencement[473].

---

464. Peut-être; 465. Les sept collines de Rome; 466. Proposition infinitive, complément de *contemplez*; 467. Le consulat; 468. *Dextre-être* : du Bellay écrivait *dextre-estre*; 469. La dictature; 470. Devenu; 471. L'Empire naquit de la dictature perpétuelle accordée à César; 472. Le pape; 473. Ce sonnet est la paraphrase d'un distique latin de l'humaniste écossais Buchanan, qui joue sur le mot *pasteur* (= berger) : « Pour moi, je ne m'étonne pas qu'un pasteur dans la ville de Romulus / Porte le sceptre : un pasteur fonda la ville. »

QUESTIONS

Sonnet 17. *(Suite.)*

● Vers 11-14. Montrez qu'ici c'est le sentiment de Du Bellay qui s'exprime. Quel est exactement ce sentiment?

Sonnet 18.

● Vers 1-13. Relevez les épisodes de l'histoire de Rome : comment sont-ils présentés dans ce sonnet?

● Vers 14. Commentez la « moralité » qu'exprime ce dernier vers. (Suite, v. p. 159.)

27

Toi qui de Rome émerveillé contemples
L'antique orgueil, qui menaçait les cieux[474],
Ces vieux palais, ces monts audacieux,
4   Ces murs, ces arcs[475], ces thermes et ces temples,

Juge, en voyant ces ruines[476] si amples,
Ce qu'a rongé le temps injurieux,
Puisqu'aux ouvriers[477] les plus industrieux*
8   Ces vieux fragments encor servent d'exemples.

Regarde après, comme de jour en jour
Rome fouillant son antique séjour
1   Se rebâtit de tant d'œuvres divines :

Tu jugeras que le démon romain[478]
S'efforce encor d'une fatale* main
4   Ressusciter ces poudreuses* ruines.

---

474. « Ce vers évoque l'orgueil des géants, mais peut-être aussi la tour de Babel » (note d'Henri Weber); **475.** *Arcs* de triomphe; **476.** Prononcer *ru-i-nes*; **477.** Deux syllabes : *ou-vriers*; **478.** *Le démon romain* : le génie romain (sur *démon* voir Index des noms).

—————— **QUESTIONS** ——————————

Sonnet 18. *(Suite.)*

■ SUR L'ENSEMBLE DU SONNET. — Dégagez le mouvement du sonnet (montée et chute brutale).
— Relevez les effets de rimes et les reprises de mots : leur valeur expressive.

Sonnet 27.

● VERS 1-4. Quel mot décrit l'état d'esprit de Du Bellay dans le vers 1? Quel est le ton du quatrain?

● VERS 5-8. Quels sont les termes évoquant la déchéance de Rome? Comment, par l'évocation de cette déchéance, du Bellay renchérit-il cependant sur l'admiration que lui inspire Rome? — Montrez ce qui, dans les deux quatrains, révèle l'artiste et l'humaniste en du Bellay.

● VERS 9-14. Pour le poète (qui pourtant séjourne alors dans la prestigieuse Rome du XVIᵉ siècle), quelle est l'unique gloire de Rome? Comment cela apparaît-il dans ces vers?

■ SUR L'ENSEMBLE DU SONNET. — Relevez les termes de tonalité religieuse ou sacrée : leur signification, leur valeur. Quel ton confèrent-ils à cet hommage rendu à Rome?

[Poème inspiré de Lucain, qui, dans *la Pharsale*, exprimait par cette comparaison sa vénération pour le grand Pompée, glorieux mais âgé[479].]

28

Qui a vu[480] quelquefois* un grand chêne asséché,
Qui[481] pour son ornement quelque trophée[482] porte,
Lever encor au ciel sa vieille tête morte,
4 Dont le pied fermement n'est en terre fiché,

Mais qui dessus le champ plus qu'à demi penché
Montre ses bras tout nus et sa racine torte,
Et sans feuille ombrageux*, de son poids se supporte
8 Sur son tronc nouailleux[483] en cent lieux ébranché,

Et bien qu'au premier vent il doive sa ruine,
Et[484] maint jeune alentour ait ferme la racine,
11 Du dévot populaire être[485] seul révéré[486] :

Qui tel chêne a pu voir, qu'il imagine encore
Comme entre les cités qui plus fleurissent ore*,
14 Ce vieil honneur[487] poudreux* est le plus honoré.

---

479. *La Pharsale* est le récit de la guerre civile entre Pompée et César; 480. Début d'une période dont le verbe principal est au vers 12; 481. Pronoms relatifs dont l'antécédent est *chêne* (vers 1) : *qui* (vers 2), *dont* (vers 4), *qui* (vers 5); 482. *Trophée* : souvenir de victoire qu'on suspendait aux arbres. Prononcer le *e* final comme une syllabe supplémentaire : *tro-phé-e* ; 483. Noueux; 484. Et bien que [...]; 485. Deuxième proposition infinitive. La phrase est construite ainsi : *Qui a vu* [...], première proposition infinitive, *Un chêne* [...] (vers 1) *Lever encor au ciel* [...] (vers 3), deuxième proposition infinitive, *Et* [...] (vers 9) *Du dévot populaire être seul révéré* (vers 11); 486. On adorait les beaux arbres comme des divinités; 487. L'*honneur* de Rome déchue.

QUESTIONS

● VERS 1-8. Relevez les images. — Relevez les adjectifs particulièrement expressifs, les sonorités et les rythmes particulièrement heureux.

● VERS 9-11. Dégagez l'élargissement de l'image : valeur du contraste entre le vers 9 et le vers 11.

● VERS 1-11. Dans quelle mesure la construction embarrassée des phrases est-elle évocatrice de l'aspect noueux de l'arbre décrit? Quel effet produit cette construction élaborée?

● VERS 12-14. Caractérisez l'hommage ainsi rendu à Rome : sa profondeur, sa justesse, étant donné le siècle où vit du Bellay.

■ SUR L'ENSEMBLE DU SONNET. — Pourquoi la métaphore est-elle particulièrement expressive et significative?

30

Comme le champ semé en verdure foisonne,
De verdure se hausse en tuyau[488] verdissant,
Du tuyau se hérisse en épi fleurissant,
4 D'épi jaunit en grain, que le chaud assaisonne ;

Et comme en la saison le rustique moissonne
Les ondoyants cheveux du sillon blondissant,
Les met d'ordre en javelle[489], et du blé jaunissant
8 Sur le champ dépouillé mille gerbes façonne[490] ;

Ainsi de peu à peu crût l'empire romain,
Tant qu'il[491] fut dépouillé par la barbare main,
11 Qui ne laissa de lui que ces marques antiques

Que chacun va pillant : comme on voit le glaneur
Cheminant pas à pas recueillir les reliques*
14 De ce qui va tombant après le moissonneur.

32

Espérez-vous que la postérité
Doive, mes vers, pour tout jamais vous lire ?

---

488. Tige ; **489.** *Javelle :* poignée de blé coupée à la faucille qu'on dépose sur le sillon ; **490.** Inspiré de Virgile ; **491.** Jusqu'à ce que.

——— **QUESTIONS** —————————————————————

Sonnet 30.

● Vers 1-8. Valeur expressive des reprises de mots et du rythme. — Relevez les termes « techniques » et les notations de couleurs et de mouvements. — Quel est le ton général de ces deux strophes ?

● Vers 9-10. Commentez la reprise de l'image des quatrains dans ces deux vers : lequel prend ici la plus grande importance ? — Comparez les termes et le ton des vers 8 et 10.

■ Sur l'ensemble du sonnet. — Quelle est la nature de la comparaison ? Sa simplicité, sa richesse, sa valeur symbolique.

  — Dans quelle mesure cette comparaison souligne-t-elle la valeur universelle de l'exemple de Rome ?

■ Sur les sonnets 14, 18, 28 et 30. — Les images qu'utilise du Bellay pour évoquer Rome : les différents objets de comparaison, leur précision, leur richesse, leur profondeur. Leur signification commune.

  — Quelle impression générale laisse la lecture de ces quatre sonnets ?

Espérez-vous que l'œuvre d'une lyre
4 Puisse acquérir telle immortalité*?

Si sous le ciel fût quelque éternité,
Les monuments* que je vous ai fait dire,
Non en papier, mais en marbre et porphyre,
8 Eussent gardé leur vive* antiquité.

Ne laisse* pas toutefois de sonner,
Luth, qu'Apollon m'a bien daigné donner :
11 Car si le temps ta gloire ne dérobe,

Vanter te peux, quelque bas que[492] tu sois,
D'avoir chanté, le premier des François,
14 L'antique honneur du peuple à longue robe[493].

---

492. Si bas, si médiocre que; **493.** Les Romains, qui portaient la toge *(longue robe)*. Souvenir de Virgile.

QUESTIONS

Sonnet 32.

● Vers 1-8. Comment la foi humaniste et le pessimisme de Du Bellay apparaissent-ils dans ces deux quatrains? — Quelle théorie chère à la Pléiade évoque le premier quatrain? Comment les quatre vers suivants justifient-ils cette théorie?

● Vers 12-14. Du Bellay dit-il vrai?

■ Sur l'ensemble du sonnet. — Quel est le ton de ce poème? Comment du Bellay juge-t-il son œuvre? (Quelle qualité lui attribue-t-il? Voit-il juste?)

SONGE[494]

1

C'était alors que le présent des dieux[495]
Plus doucement s'écoule aux yeux de l'homme,
Faisant noyer dedans l'oubli du somme
4   Tout le souci* du jour laborieux,

Quand un démon apparut à mes yeux
Dessus le bord du grand fleuve de Rome,
Qui m'appelant du nom dont je me nomme,
8   Me commanda regarder vers les cieux ;

Puis m'écria[496] : « Vois, dit-il, et contemple
Tout ce qui est compris sous ce grand temple,
11   Vois comme tout n'est rien que vanité[497].

Lors connaissant la mondaine* inconstance,
Puisque Dieu seul au temps fait résistance,
14   N'espère rien qu'en la divinité[498]. »

[Après l'écroulement de bâtiments merveilleux, l'« arbre dodonien »
est apparu au poète. Puis :]

6

Une Louve je vis sous l'antre d'un rocher
Allaitant deux bessons* : je vis à sa mamelle

---

494. Inspiré d'une chanson de Pétrarque, déjà traduite par Marot sous le titre
Des visions de Pétrarque ; **495.** Le sommeil ; **496.** Puis il me cria ; **497.** Souvenir de
l'Ecclésiaste ; **498.** Cf. la conclusion de l'Ecclésiaste : « Crains Dieu et observe ses
commandements, car c'est là le tout de l'homme. »

■ QUESTIONS ■

● VERS 1-8. Comment du Bellay introduit-il le lecteur au climat particulier du *Songe?* Peut-on parler ici de réflexion, de méditation comme
dans certains sonnets des *Antiquités?*

● VERS 9-14. Dégagez le thème religieux de ces six vers.

■ SUR L'ENSEMBLE DU SONNET. — Sans vous prononcer sur la qualité
de ce procédé, en quoi le recours à la vision, au songe, est-il de nature
poétique?

— Pourquoi ce procédé convient-il parfaitement à la suite des *Anti-*
quités (thème, images, sentiments de Du Bellay à l'égard de Rome)?

— Comparez le ton de ce premier sonnet du *Songe* à celui du sonnet 1
des *Antiquités*.

Mignardement* jouer cette couple jumelle,
4   Et d'un col allongé la Louve les lécher.

Je la vis hors de là sa pâture chercher,
Et courant par les champs, d'une fureur* nouvelle*
Ensanglanter[499] la dent et la patte cruelle
8   Sur les menus troupeaux pour sa soif étancher.

Je vis mille veneurs descendre des montagnes[500]
Qui bornent d'un côté les lombardes campagnes,
11   Et vis de cent épieux lui donner dans le flanc.

Je la vis de son long sur la plaine étendue,
Poussant mille sanglots, se vautrer en son sang,
14   Et dessus un vieux tronc la dépouille pendue.

[Puis c'est l'apparition du phénix, l'oiseau qui renaît de ses cendres.
Ce sont des figures de monstres effrayants. C'est un feu merveilleux
éteint par une pluie de soufre. Ce sont des nymphes dispersées par
d'effroyables faunes. C'est enfin une nacelle engloutie.]

14

Ayant tant de malheurs gémi[501] profondément,
Je vis une Cité quasi semblable à celle

---

499. S'ensanglanter; 500. Les Alpes; 501. Déploré.

——— QUESTIONS ———

● Vers 1-4. Quelle est la Louve évoquée? — Dégagez ce qui fait la valeur
plastique de cette description.

● Vers 5-8. Soulignez le contraste entre les tableaux évoqués par les deux
quatrains. Valeur symbolique de ces évocations.

● Vers 9-11. Commentez et expliquez l'absence de transition. Quel est
l'effet ainsi produit? Quelle est la valeur évocatrice du procédé?

● Vers 12-14. L'accélération des images. A quoi correspond ce raccourci brutal? (Pensez à l'histoire de Rome et au titre du *Songe*.)

■ Sur l'ensemble du sonnet. — Comparez ce poème aux sonnets 14,
18, 28 et 30 des *Antiquités de Rome* : similitude(s) et différence(s) dans
le procédé et dans l'effet produit.

Que vit le messager de la Bonne Nouvelle[502],
4   Mais bâti sur le sable était son fondement.

Il semblait que son chef* touchât au firmament,
Et sa forme n'était moins superbe* que belle :
Digne, s'il en fut onc*, digne d'être immortelle*,
8   Si rien dessous le ciel se fondait fermement.

J'étais émerveillé de voir si bel ouvrage,
Quand du côté du Nord vint le cruel orage,
11   Qui soufflant la fureur* de son cœur dépité*

Sur tout ce qui s'oppose encontre sa venue,
Renversa sur le champ, d'une poudreuse* nue,
14   Les faibles fondements de la grande Cité.

15

Finablement sur le point que Morphée
Plus véritable apparaît à nos yeux[503],
Fâché* de voir l'inconstance des cieux,
4   Je vois venir la sœur du grand Typhée[504],

---

502. Saint Jean dans l'Apocalypse; 503. Les songes du matin passaient pour être plus véridiques; 504. Peut-être Echidna, qui est, selon Pierre Grimal ou selon V. L. Saulnier, une guerrière digne de Typhée.

──────── QUESTIONS ────────

Sonnet 14.

● Vers 1-4. Valeur symbolique et poétique de cette description. — Importance de la précision du vers 4.

● Vers 5-8. Précisez vers par vers la signification de cette description poétique de Rome. — Où apparaît le merveilleux? Pourquoi le poète a-t-il recours au merveilleux? — Comment le lieu commun du vers 8 s'adapte-t-il à la description qui précède et au ton général du sonnet? Dégagez le rapport entre le vers 4 et le vers 8.

● Vers 10. Que signifie ce vers? Montrez que, tout en correspondant au thème de la ruine de Rome, il se marie à la fiction développée par le sonnet.

■ Sur l'ensemble du sonnet. — Par quels termes (classez-les) et par quel(s) ton(s) du Bellay réussit-il à évoquer dans ce sonnet une description apocalyptique (cf. vers 2 et 3)?

— Montrez qu'ainsi il fait apparaître la ruine même de Rome comme un signe de sa grandeur.

Qui bravement* d'un morion*[505] coiffée
En majesté semblait égale aux dieux,
Et sur le bord d'un fleuve audacieux
8   De tout le monde érigeait un trophée[506].

Cent rois vaincus gémissaient à ses pieds,
Les bras au dos honteusement liés ;
11   Lors effrayé de voir telle merveille,

Le ciel encor je lui vois guerroyer,
Puis tout à coup je la vois foudroyer,
14   Et du grand bruit en sursaut je m'éveille.

---

505. Prononcer *mo-ri-on* ; 506. Voir *les Antiquités de Rome*, sonnet 28, note 482.

QUESTIONS

Sonnet 15.

● Vers 1-8. Différence entre l'aspect de la figure évoquée ici et les figures des sonnets précédents ? — En vous reportant à l'Index des noms (voir note 506), précisez ce que symbolise cette figure guerrière. — Relevez les allusions antiques : justifiez-les.

● Vers 11-12. Signification profonde de ces vers : quelle fut la grande faute de Rome ?

■ Sur l'ensemble du sonnet. — Dégagez l'ampleur que du Bellay sait donner à l'image qu'il évoque dans les vers 1 à 10.

— Commentez la brièveté et l'efficacité de la chute (vers 11-13).

— Quelle impression laisse le dernier vers ?

■ Sur les sonnets du « Songe ». — Ces sonnets répondent-ils à leur titre ? (Justifiez votre réponse.)

— Malgré le thème commun, quel(s) élément(s) différencie(nt) cette série de poèmes du recueil des *Antiquités de Rome ?*

LE POÈTE COURTISAN

[Du Bellay commence par donner des conseils négatifs : il ne s'agit pas de perdre son temps à fréquenter les grandes œuvres des Anciens, mais de commencer jeune à pratiquer le métier de courtisan.]

[...] Je ne veux que longtemps à l'étude il pâlisse,
Je ne veux que rêveur* sur le livre il vieillisse,
Feuilletant studieux tous les soirs et matins
Les exemplaires grecs et les auteurs latins[507].
Ces exercices-là font l'homme peu habile,
Le rendent catarrheux, maladif et débile,
Solitaire, fâcheux*, taciturne et songeard :
Mais notre courtisan est beaucoup plus gaillard[508].
Pour un vers allonger ses ongles il ne ronge,
Il ne frappe sa table, il ne rêve*, il ne songe[509],
Se brouillant le cerveau de pensements divers
Pour tirer de sa tête un misérable vers
Qui ne rapporte, ingrat, qu'une longue risée
Partout où l'ignorance est plus[510] autorisée[511]. [...]
　　Je veux en premier lieu que sans suivre la trace,
Comme font quelques-uns, d'un Pindare et Horace[512],
Et sans vouloir, comme eux, voler si hautement,
Ton simple naturel tu suives seulement[513]
Ce procès tant mené, et qui encore dure,
Lequel des deux vaut mieux, ou l'art ou la nature,
En matière de vers à la cour est vidé :
Car il suffit ici que tu sois[514] guidé

---

507. Opposer ces vers à *la Défense* (livre II, début du chapitre IV); 508. *Gaillard* : plein de santé et de vie; 509. Voir *les Regrets*, sonnet 2, vers 5 à 8; 510. La plus; 511. Voir *les Regrets*, sonnets 145 et 149; 512. C'est à Ronsard que du Bellay fait ici allusion; 513. Voir *la Défense*, livre II, chapitre III; 514. Deux syllabes : *soi-es*.

━━━━ QUESTIONS ━━━━━━━━━━━━━━━━━━━━━━━━━━━

● VERS 21-27. Sous la satire ne peut-on reconnaître ici le portrait de Du Bellay par lui-même? Relevez les traits qui dépeignent l'état moral et physique où se trouvait alors le poète.

● VERS 28-34. Faut-il prendre ces conseils à la lettre? — Par ce moyen, quel sentiment du Bellay entend-il exprimer? — Comparez cet apparent reniement de ses anciennes idées (cf. *la Défense*) à celui des sonnets 1 à 4 des *Regrets* : s'agit-il du même sentiment? Précisez la différence de ton et la différence d'état d'esprit.

Par le seul naturel, sans art et sans doctrine,
50   Fors[515] cet art qui apprend à faire bonne mine.
Car un petit sonnet qui n'a rien que le son,
Un dizain à propos, ou bien une chanson,
Un rondeau bien troussé, avec une ballade[516]
(Du temps qu'elle courait), vaut mieux qu'une *Iliade*.
55   Laisse-moi doncques là ces Latins et Grégeois[517]
Qui ne servent de rien au poète françois,
Et soit la seule cour ton Virgile et Homère
Puisqu'elle est, comme on dit, des bons esprits la mère[518]
La cour te fournira d'arguments[519] suffisants,
60   Et seras estimé entre les mieux disants[520],
Non comme ces rêveurs* qui rougissent de honte
Fors[515] entre les savants, desquels on ne fait compte[521]. [...]
Je veux qu'aux grands seigneurs tu donnes des devises[522],
70   Je veux que tes chansons en musique soient mises,
Et afin que les grands parlent souvent de toi
Je veux que l'on les chante en la chambre du Roi.
Un sonnet à propos, un[523] petit épigramme
En faveur d'un grand prince ou de quelque grand' dame
75   Ne sera pas mauvais; mais garde-toi d'user
De mots durs ou nouveaux, qui puissent amuser[524]
Tant soit peu le lisant : car la douceur du style
Fait que l'indocte vers aux oreilles distille[525];
Et ne faut s'enquérir s'il est bien ou mal fait,
80   Car le vers plus[526] coulant est le vers plus[526] parfait.

---

515. *Fors :* sinon, sauf; 516. Tous genres pratiqués par Marot et par ses disciples. Voir *la Défense,* livre II, chapitre IV; 517. Grecs; 518. Marot disait : « La cour du roi, ma maîtresse d'école » *(A Monseigneur le Dauphin du temps de son dit exil).* — Voir aussi *les Regrets,* sonnets 7, 8 et 16; 519. De sujets; 520. A l'égal des plus habiles, des plus savants; 521. Voir *les Regrets,* sonnet 145; 522. *Des devises :* des petits poèmes rimés expliquant les armoiries des grands, comme Marot et les marotiques en ont composé; 523. *Epigramme* était masculin au XVI⁰ siècle; 524. *Amuser :* arrêter, retarder, distraire; 525. *Distille :* coule agréablement; 526. Le plus; même emploi au vers 100.

QUESTIONS

● VERS 41-62. Valeur satirique de ce « conseil » : quel jugement exprime-t-il? — Montrez que, depuis *la Défense,* du Bellay, s'il a évolué, est resté fidèle aux mêmes grands principes : comment cela apparaît-il ici? — Quel est le principal reproche que du Bellay adresse aux marotiques? — Dégagez l'amertume profonde que trahit ce passage : justifiez-la.

[Il faut encore savoir accueillir et patronner tout nouveau poète arrivant à la cour : soit pour s'en amuser s'il est peu habile, soit s'il a de la valeur pour ne pas risquer de lui laisser le chemin libre.]

Je te veux enseigner un autre point notable :
Pour ce que[527] de la cour l'école c'est la table[528],
Si tu veux promptement en honneur parvenir,
C'est où[529] plus sagement il te faut maintenir[530].
Il faut avoir toujours le petit mot pour rire,
Il faut des lieux communs[531] qu'à tous propos on tire[532]
Passer ce qu'on ne sait, et se montrer savant
En ce que l'on a lu deux ou trois soirs devant[533]
Mais qui des grands seigneurs veut acquérir la grâce,
Il ne faut que les vers seulement il embrasse*,
Il faut d'autres propos son style déguiser,
Et ne leur faut toujours des lettres deviser.
Bref, pour être en cet art des premiers de ton âge[534],
Si tu veux finement jouer ton personnage,
Entre les courtisans du savant tu feras,
Et entre les savants courtisan tu seras.

[Nouvelle précaution : publier le moins possible pour éviter le risque d'être jugé et critiqué à son tour[535].]

Retiens doncques ce point, et si tu veux m'en croire
Au jugement commun[536] ne hasarde ta gloire.
Mais, sage, sois content* du jugement de ceux,
Lesquels trouvent tout bon, auxquels plaire tu veux,
Qui peuvent t'avancer en états et offices[537]
Qui te peuvent donner les riches bénéfices[538],
Non ce vent populaire[539] et ce frivole bruit[540]

---

527. Parce que; 528. Voir *les Regrets*, sonnet 145, vers 9; 529. L'endroit où; 530. *Maintenir :* demeurer, attarder; 531. Des réflexions générales; 532. On met en avant; 533. Plutôt; 534. De ton époque; 535. Cela, bien entendu, visait Mellin de Saint-Gelais, et peut-être aussi Pascal; 536. Au jugement de tous; 537. En charges et en titres rétribués; 538. Les bénéfices ecclésiastiques, accordés par le roi, donc par son entourage; 539. Ce souffle de popularité, cette estime générale; 540. *Bruit :* renom.

--- QUESTIONS ---

● VERS 97-112. S'agit-il de conseils à proprement parler « littéraires »? Quelle réussite est ici l'objet des sarcasmes de Du Bellay? — Dans quelle mesure du Bellay s'en prend-il à ce qui sera au siècle suivant l'idéal de l'« honnête homme »? Essayez de montrer l'incompatibilité entre cet idéal et celui des humanistes. — A quel vice le poète s'en prend-il particulièrement dans les vers 110-112?

140 Qui de beaucoup de peine apporte peu de fruit.
  Ce faisant tu tiendras le lieu[541] d'un Aristarque,
Et entre les savants seras comme un monarque :
Tu seras bien venu entre les grands seigneurs,
Desquels tu recevras les biens et les honneurs,
145 Et non la pauvreté, des Muses l'héritage,
Laquelle est à ceux-là réservée en partage,
Qui dédaignant* la cour, fâcheux* et mal plaisants
Pour allonger leur gloire accourcissent leurs ans[542].

---

541. Tu tiendras la place, tu feras office; 542. Abrégeant leur vie.

   ━━━ QUESTIONS ━━━

● Vers 133-140. Sur quoi porte l'ambition des poètes courtisans? Comment ce but suffit-il à démontrer leur insincérité?

● Vers 145-148. Dégagez la confidence qu'exprime ce passage. Quel en est le ton? (*N. B.* — Du Bellay mourra quelques mois plus tard.)

■ Sur l'ensemble du poème. — Composition du poème.

 — Étudiez les procédés de l'ironie et leur efficacité satirique.

 — Les allusions personnelles et les attaques précises dans *le Poète courtisan*?

 — Quel portrait du vrai poète se dégage par contraste de cette pièce satirique?

 — Comparez ce portrait à celui que trace Boileau dans son *Art poétique* (chant IV, vers 111-132).

 — En comparant ce poème notamment aux chapitres III et IV du second livre de *la Défense* (voir aussi l'Index des thèmes de *la Défense*), montrez la fidélité de Du Bellay à ses idées de jeunesse : différence de ton (à justifier) entre ces passages de *la Défense* et le poème.

DOCUMENTATION THÉMATIQUE

1. L'inspiration poétique de la Pléiade : la « fureur divine ».

2. Quelques sources de *l'Olive*.

3. Pétrarque et les pétrarquistes.

4. L'antipétrarquisme.

5. Quelques sources des *Antiquités de Rome*.

1. L'INSPIRATION POÉTIQUE DE LA PLÉIADE :
LA « FUREUR DIVINE »

Voici le texte, extrait du dialogue de Platon intitulé l'*Ion*, qui (commenté par Marcile Ficin dans sa *Théologie platonicienne* de 1582) est à l'origine de la théorie de l'inspiration, considérée comme une « fureur divine » :

> Socrate : [...] Ce n'est pas, sache-le, par un effet de l'art, mais bien parce qu'un Dieu est en eux et qu'il les possède, que tous les poètes épiques, les bons s'entend, composent tous ces beaux poèmes, et pareillement pour les auteurs de chants lyriques, pour les bons. [...] Le poète est chose légère, chose ailée, chose sainte, et il n'est pas encore capable de créer jusqu'à ce qu'il soit devenu l'homme qu'habite un dieu, qu'il ait perdu la tête, que son propre esprit ne soit plus en lui! [...] Ce n'est pas en effet en vertu d'un art qu'ils *(les poètes)* tiennent leur langage, mais grâce à un pouvoir divin [...], et voilà pourquoi la Divinité, leur ayant ravi l'esprit, emploie ces hommes à son service pour vaticiner et pour être des devins inspirés de Dieu; afin que nous comprenions bien, nous qui les écoutons, que ce n'est pas eux qui disent ces choses dont la valeur est si grande, eux de qui l'esprit est absent, mais que c'est la Divinité elle-même qui parle, qui par leur entremise nous fait entendre sa voix! [...]

> (*Ion*, 533-534. Trad. L. Robin.)

2. QUELQUES SOURCES DE *L'OLIVE*

SONNET 33.

Un sonnet de Pétrarque :

> Béni soit le jour, et le mois, et l'année, et la saison, et l'heure, et le moment, et le beau pays, et le lieu où je fus pris par deux beaux yeux qui m'ont lié. Bénie soit la première douce inquiétude que j'ai eue pour être attaché à l'amour, et l'arc et les flèches dont je fus atteint, et les plaies qui me vont jusqu'au fond du cœur. Bénies soient les paroles si nombreuses que j'ai répandues en appelant le nom de ma Dame, et les soupirs, et les larmes, et le désir. [...]

Un sonnet d'Arioste :

> Ce filet fut tressé de mailles d'or, où ma pensée errante se prit les ailes, et ces sourcils sont l'arc, et ces regards les traits, et ces beaux yeux sont ce qui m'a blessé. Par eux je suis blessé,

par eux je suis en prison. La plaie est au milieu de mon cœur, âpre et mortelle, et la prison est dure, et pourtant dans un tel mal j'adore qui m'a frappé et qui m'a enchaîné. [...]

(Trad. Agosta.)

SONNET 97.

Un poème de Catulle :

Comme une fleur, à l'abri dans l'enceinte d'un jardin, croît ignorée du bétail, préservée des atteintes de la charrue; les zéphyrs la caressent, le soleil l'affermit, la pluie la nourrit; beaucoup de jeunes garçons, beaucoup de jeunes filles l'ont désirée; puis, lorsque, cueillie du bout de l'ongle, elle s'est fanée, il n'y a plus de jeunes garçons ni de jeunes filles qui la désirent. [...]

(Trad. G. Lafaye. Les Belles Lettres.)

SONNET 113.

Un sonnet de Bernardino Daniello publié dans l'anthologie de Giolito :

Si notre vie n'est qu'une journée obscure et brève devant l'éternité, pleine d'angoisses et de maux; si, plus rapides que vents et flèches, je vois fuir les années pour ne plus revenir : mon âme, que fais-tu? Ne te vois-tu pas, ensevelie dans l'aveugle erreur entre les lourds soucis des mortels? Et puisque te sont données des ailes pour voler vers l'éternel séjour là-haut, agite-les, pauvre âme, car il est bien temps désormais, pour fuir la glu du monde si tenace, et déploie-les vers le ciel, tout droit. Là est le bien que tout homme désire, là le vrai repos, là la paix qu'ici-bas tu cherches en vain.

3. PÉTRARQUE ET LES PÉTRARQUISTES

A comparer avec le *sonnet 108* de *l'Olive* : voici la *Prière* composée par Pétrarque pour le onzième anniversaire de sa rencontre avec Laure, en 1338 :

Père du ciel! Après les jours perdus,
Après les nuits consumées en la vanité
De ce désir qui enflamma mon cœur,
A la vue d'actions, pour mon mal, si charmantes;

Permets que désormais, par ta lumière, j'arrive
A une autre vie, à des desseins plus beaux;
Si bien qu'ayant tendu ses rêts en vain,
Mon cruel adversaire en reste pour sa honte!

Voilà, mon Seigneur, que passe l'onzième année
Où j'ai été soumis à ce joug sans pitié,
Qui sur les plus dociles est plus farouche.

Miserere! — Pitié pour mes tourments peu dignes;
Ramène mes pensers errants en meilleur lieu :
Rappelle-leur qu'aujourd'hui tu fus mis en croix[1] !

(Trad. H. Cochin.)

A propos du *sonnet 14* de *l'Olive*, inspiré de Bembo, voici deux sonnets de la Pléiade reprenant le même modèle italien. D'abord celui de Baïf, qui transpose fidèlement le sonnet de Bembo :

Songe, qui par pitié m'as rescous[2] de la mort,
Et qui m'as mis au cœur de mon mal l'oubliance,
De quel endroit du ciel en ma grand' doléance
M'es-tu venu donner un si doux réconfort?

Quel ange a pris souci de moi jà presque mort,
Ayant l'œil sur mon mal hors de toute espérance?
Je n'ai jamais trouvé à mon mal allégeance,
Songe, sinon en toi, en son plus grand effort.

Bienheureux toi qui fais les autres bienheureux,
Si l'aile tu n'avais si prompte au départir,
Nous l'ôtant aussitôt que tu donnes la chose :

Au moins, reviens me voir, moi chétif amoureux,
Et me fais quelquefois cette joie sentir,
Que d'ailleurs que de toi me promettre je n'ose.

(*Les Amours de Francine*, I, 9, 1555.)

Puis celui de Ronsard :

Ange divin, qui mes plaies embasme[3],
Le truchement et le héraut des dieux,
De quelle porte es-tu coulé des cieux
Pour soulager les peines de mon âme?

Toi, quand la nuit comme un fourneau m'enflamme,
Ayant pitié de mon mal soucieux,
Or dans mes bras, ore dedans mes yeux,
Tu fais nouer l'idole[4] de ma Dame.

---

1. C'est le jour de Pâques, en 1327, que Pétrarque avait rencontré Laure;
2. Secouru; 3. Embaume; 4. Tu fais nager l'image.

Las, où fuis-tu? Attends encore un peu,
Que vainement je me soye repu
De ce beau sein, dont l'appétit me ronge,

Et de ces flancs qui me font trépasser :
Sinon d'effet, souffre au moins que par songe
Toute une nuit je les puisse embrasser.

(*Les Amours*, 30, 1552.)

A propos du *sonnet 77* de *l'Olive*, voici un dizain de Maurice Scève inspiré du même sonnet de Pétrarque :

Bienheureux champs, et ombrageux coteaux,
Prés verdoyants, vallées florissantes,
En vos déduits[1] ici-bas, et là-haut,
Et parmi fleurs non jamais flétrissantes
Vous détenez mes joies périssantes,
Celle occupant[2], que les avares cieux
Me cachent ore en vos seins précieux,
Comme enrichis du trésor de Nature,
Où, mendiant, je me meurs soucieux
Du moindre bien d'une telle aventure.

(*Délie*, 236, 1544.)

4. L'ANTIPÉTRARQUISME

A l'origine du thème de « Contre les pétrarquistes », on trouve un rondeau de Marot :

De l'Amour du Siècle antique

Au bon vieux temps un train d'Amour régnait,
Qui sans grand art et don se démenait[3],
Si qu'[4]un bouquet donné d'amour profonde,
C'était donné toute la Terre ronde :
Car seulement au cœur on se prenait.

Et si par cas à jouir on venait,
Savez-vous bien comme on s'entretenait?
Vingt ans, trente ans : cela durait un monde
Au bon vieux temps.

---

1. Divertissements, plaisirs; 2. En occupant celle-là; 3. Pratiquait; 4. Si bien que.

Or est perdu ce qu'Amour ordonnoit,
Rien que pleurs feints, rien que changes on oit[1].
Qui voudra donc qu'à l'aimer je me fonde,
Il faut premier que l'amour on refonde,
Et qu'on la mène ainsi qu'on la menoit
Au bon vieux temps.

5. QUELQUES SOURCES DES *ANTIQUITÉS DE ROME*

SONNET 3.

L'épigramme latine d'un poète inconnu publiée dans l'anthologie de Giolito :

Nouveau venu, toi qui cherches Rome au milieu de Rome,
Et qui ne trouves rien de Rome au milieu de Rome,
Regarde la masse de ces murailles et ces pierres brisées,
Et ces vastes théâtres accablés sous une ruine affreuse.
Voilà Rome : ne vois-tu pas comme les cadavres d'une telle
Ville, impérieux, respirent encore la menace?
De même qu'elle vainquit le monde, elle parut se vaincre elle-même :
[elle vainquit
Pour que rien dans l'univers ne fût par elle invaincu.
Maintenant vaincue à Rome, Rome l'invincible est ensevelie,
Et cette même Rome fut victorieuse et vaincue.
Le Tibre reste maintenant la marque du nom romain :
Mais lui-même par ses flots rapides est emporté vers la mer.
Apprends donc ce que peut la Fortune. Ce qui est immobile s'abat
Et ce qui est sans cesse agité demeure.

SONNET 6.

Du Bellay s'inspire d'un passage de Virgile, ainsi rendu dans sa traduction posthume du livre VI de *l'Enéide* :

[Aux Enfers, Anchise montre à son fils Énée sa glorieuse descendance.]

Sous cestui-ci [Romulus], mon fils, prendra naissance
Rome la grand', Rome, qui sa puissance
De la rondeur du monde bornera
Et son courage aux cieux égalera.
Elle emmurant sept montagnes ensemble,
Grosse d'enfants à Cybèle ressemble,
Mère des dieux, qui de tours couronnée,
Et sur un char de triomphe menée,
Des Phrygiens traverse les cités,

---

1. On entend parler.

> S'éjouissant de tant de déités,
> Et de se voir cent neveux[1] autour d'elle,
> Tous jouissant de nature immortelle,
> Tous possédant le haut séjour des cieux.

SONNET 14.

1er quatrain inspiré d'Arioste :

> Comme un torrent qui, plein d'orgueil, gonflé par de longues pluies ou par la fonte des neiges, porte avec lui le désastre et se précipite du haut des montagnes, en entraînant les arbres, les rochers, même les champs cultivés et leurs moissons, sa violence est affaiblie au point qu'une femme, qu'un enfant, peut le passer partout et souvent à pied sec : ainsi Marganor le félon [...].

> *(Roland furieux.)*

1er tercet inspiré de *l'Iliade* :

> Les autres fils des Achéens accoururent, contemplant la stature et la beauté d'Hector : aucun ne s'approcha sans blesser le cadavre.

Vers 14 inspiré de Sannazar :

> Du vrai vainqueur triomphe le vaincu.

SONNET 28.

Du Bellay s'inspire de Lucain :

> Tel, dans une campagne fertile, un chêne superbe chargé des trophées antiques du peuple et des offrandes consacrées des princes : il ne tient plus que par des racines affaiblies, son poids seul l'y attache encore; n'étendant plus dans les airs que ses branches dépouillées, son tronc, non son feuillage, donne de l'ombre. Mais, bien qu'il soit prêt à tomber au premier souffle du vent, bien que s'élèvent alentour des forêts d'arbres robustes, c'est pourtant lui seul qu'on révère.

> *(La Pharsale.)*

---

1. Descendants.

JUGEMENTS SUR DU BELLAY

XVIᵉ SIÈCLE

Dès l'année 1549, Thomas Sébillet riposte aux attaques dont il était l'objet dans la Défense et illustration :

Cette mienne mignardise à l'aventure déplaira à la délicatesse de quelques hardis repreneurs [...]. Si quelqu'un par fortune prend plaisir à mes passe-temps, je ne suis pas tant envieux de son aise que je lui veuille défendre la communication de mes ébats pour les réserver à une affectée demi-douzaine des estimés princes de notre langue, et par ce moyen chercher leur applaudissement [...]. Si je fais moins pour moi en traduisant anciens auteurs qu'en cherchant inventions nouvelles, je ne suis toutefois tant à reprendre que celui qui se vante d'avoir trouvé ce qu'il a mot à mot traduit des autres.

Thomas Sébillet,
Préface à la traduction de l'« Iphigène »
d'Euripide (1549).

L'année suivante, Guillaume Des Autels critique en particulier la théorie de l'imitation et son application dans l'Olive :

En premier lieu je ne suis pas de l'avis de ceux qui ne pensent point que le français puisse faire chose digne de l'immortalité de son invention, sans imitation d'autrui : si c'est imiter dérober un sonnet tout entier d'Arioste, ou de Pétrarque, ou une ode d'Horace, où ils [...] ne diffèrent en rien des translateurs qu'ils méprisent tant, sinon en ce qu'ils laissent et changent ce qui leur plaît : quelque immodeste plus librement dirait ce qu'ils ne peuvent traduire [...]. Qui l'empêchera (notre poète français) de faire sortir de la France chose que ni l'arrogante Grèce, ni la curieuse Rome, ni la studieuse Italie n'avaient encore vue ?

Guillaume Des Autels,
Réplique aux furieuses défenses de Louis Meigret (1550).

Mais la réplique la plus acerbe, la plus minutieuse est celle de Barthélemy Aneau, pédant et doctoral, qui, point par point, reprend le manifeste de Du Bellay, parfois en cuistre, parfois judicieusement :

Il n'est point défense, sans accusation précédente [...]. Qui accuse ou qui a accusé la langue française ? Nul certes : au moins par écrit. Et si tu dis que si par paroles, je réponds que les paroles sont libres et volantes : auxquelles par semblables paroles faut contester, quand on se trouve au droit, et à propos. Mais à procès verbal ne faut défense par écrit. Autrement cela est se faire ré[accusé] par soi-même, et confesser son défaut [...].

Tu ne fais autre chose par tout l'œuvre, même au second livre, que nous induire à gréciser et latiniser en français, vitupérant toujours notre forme de poésie, comme vile et populaire [...]. Est-ce là défense et illustration, ou plutôt offense et dénigration ? Car en tout ton livre n'y a un seul chapitre, non pas une seule sentence, montrant quelque vertu, lustre, ornement, ou louange en notre langue française.

*Il reprend aussi l'*Olive :

Ici et partout tu t'immortalises pour rien, ce que font aussi tes consorts. Mais à la vérité de vos beaux livres, qui en voudra voir et avoir, se faut dépêcher d'en acheter [...] : car après la première impression ne s'en fera plus. Mais de votre immortalité, ci-dessus a été assez parlé.

Barthélemy Aneau,
Quintil Horatian (1550).

Cependant, l'influence de la Défense *est considérable, d'autant plus que, partout, « des voix s'élèvent pour la défense et illustration de la langue nationale : celle, en France, de Joachim du Bellay n'est que la plus mémorable » (V. L. Saulnier). Et en Angleterre, par exemple, paraîtra en 1595 la* Defense of Poesy *de sir Philip Sidney, qui avait lu du Bellay. Quant au poète de l'*Olive, *on l'admire dès 1550. C'est Ronsard qui le célèbre :*

Le ciel ordonne
Que le premier rang on te donne,
Du Bellay, qui montres tes vers
Entés dans le tronc d'une Olive,
Olive, dont la feuille vive
Se rend égale aux Lauriers verts.

Ronsard,
Odes, liv. III (1550).

C'est la reine de Navarre qui, vers cette date, évoque les grands anciens « gémissant aux Champs élysiens » :

C'est qu'ils voudraient (pour certain je le sais)
Revivre ici et avoir un Bellay,
Ou qu'un Bellay de leur temps eût été.

Jeanne d'Albret,
dans *Sonnets à la reine de Navarre*
(publié en 1561).

*En 1553, du Bellay figure dans la liste de la Pléiade placée par Ronsard en tête de l'*Élégie à Jean de La Péruse. *Communément associés désormais, « le doux Bellay et le grave Ronsard » (Baïf) sont salués par Tyard* comme les « fils aînés des Muses », par du Perron comme « les plus excellents poètes que nous ayons eus ». Quant à Montaigne, qui loue « les riches descriptions de l'un et les délicates inventions de l'autre », il leur décerne l'éloge suprême :

Aux parties en quoi Ronsard et du Bellay excellent, je ne les trouve guère éloignés de la perfection antique.

Montaigne,
Essais, II, 17 (1580).

Et si l'humaniste Etienne Pasquier préfère Ronsard, il ne laisse pas d'apprécier du Bellay :

Quant aux œuvres de Du Bellay, combien que du commencement son *Olive* fût favorisée, si crois-je que ce fut plutôt pour la nouveauté que pour la bonté. Car ôtez trois ou quatre sonnets qu'il déroba de l'italien, le demeurant est fort faible. Il y a en lui plusieurs belles odes et chants lyriques, plusieurs belles traductions comme les quatre et sixième livres de Virgile, toutefois il n'y a rien de si beau que ses *Regrets* qu'il fit dans Rome.

Pasquier,
Recherches de la France, VII, 7
(publié en 1611).

Cependant, après le succès de ses recueils romains, du Bellay est souvent admiré, souvent imité, en France et à l'étranger. En Angleterre, le poète Spenser traduit les Antiquités dans ses Ruins of Rome.

XVIIᵉ-XVIIIᵉ SIÈCLE

Malherbe rejette le XVIᵉ siècle; il trouve du Bellay « trop facile », et c'est l'oubli : à part son nom, son œuvre est à peu près ignorée.

XIXᵉ SIÈCLE

Du Bellay sera redécouvert par Sainte-Beuve, qui admire surtout en lui le satirique :

Il mérite d'être appelé véritablement le premier en date de nos satiriques classiques.

Sainte-Beuve,
Tableau de la poésie au XVIᵉ siècle (1828).

Du Bellay a laissé une belle réputation, moins haute et par là même plus à l'abri des revers et des chutes que celle de Ronsard. Quand on le considère de près, il justifie, somme toute, sa réputation, si même il ne la dépasse pas. Il est digne de la conserver entière. Son principal titre est *l'Illustration*.

Sainte-Beuve,
Nouveaux Lundis, tome XIII (1867).

Mais il faut attendre la fin du siècle pour que du Bellay soit enfin accepté et sa valeur mieux reconnue. Heredia lui consacre un sonnet des Trophées en 1893, reconstitution digne du pire Viollet-le-Duc : la Belle Viole. La même année, Faguet en parle d'une manière plus intéressante :

Du Bellay est le poète le plus distingué et le plus original, non le plus grand du XVIᵉ siècle. D'une imagination brillante, mais peu riche, c'est la sensibilité qui, chez lui, est la faculté maîtresse [...]. C'est de tous les poètes du XVIᵉ siècle le plus personnel, celui qui a mis le plus de lui-même dans ses écrits.

Émile Faguet,
XVIᵉ siècle (J. du Bellay) [1893].

XXᵉ SIÈCLE

Le nouveau siècle commence avec un hommage rendu au poète, la thèse d'Henri Chamard, qui, cependant, commente sévèrement le désordre de la Défense (surtout dans sa partie linguistique) :

Cette partie du manifeste est de beaucoup la moins heureuse. Du Bellay n'est pas un linguiste, on s'en aperçoit en lisant son œuvre. Ses intentions sont généreuses, mais sa science est en défaut, son argumentation laisse à désirer. Il raisonne faiblement, affirmant plus qu'il ne démontre — circonstance aggravante —, il n'a pas le moindre souci de mettre de l'ordre dans ses déductions. Essayons de nous reconnaître à travers cette incohérence.

Mais Chamard apprécie le poète, surtout l'auteur des recueils romains :

Du Bellay a pensé que la poésie était autre chose qu'un futile passe-temps. Il a voulu l'élever au-dessus de l'éphémère et du frivole : il a voulu qu'elle traduisît son rêve de beauté. Tour à tour, il a redit dans ses vers les pures jouissances d'un amour idéal, son désir passionné de gloire, les ruines imposantes d'un passé qui fut grand, les voix rustiques de la nature [...]. Il a fait de ses chants un écho de son cœur; il a laissé jaillir du fond de lui-même une source de poésie réelle, intime, vraiment vécue.

Henri Chamard,
Joachim du Bellay (1900).

Du Bellay, désormais, est unanimement reconnu comme un très grand poète, même par un linguiste comme Ferdinand Brunot, au demeurant sans indulgence pour la Défense :

Du Bellay et les siens, en particulier Ronsard, qui fut probablement son collaborateur, eurent l'habileté de se poser, comme le font si souvent poètes et artistes, en prophètes d'un art non encore vu, et, allant jusqu'au bout de l'audace, de prétendre non seulement qu'ils renouvelaient, mais qu'ils créaient de toutes pièces. Quoiqu'ils n'osassent au fond qu'une demi-émancipation, substituant à l'esclavage de la traduction le servage de l'imitation, ils présentèrent si bien leurs emprunts comme des conquêtes, cachèrent la simplicité de leur dessein sous des phrases si enthousiastes et si sonores que les contemporains s'y trompèrent, que la postérité même s'y est méprise et qu'aujourd'hui encore leur réclame rencontre l'indulgence et même la faveur de juges cependant bien informés.

> Ferdinand Brunot,
> *Histoire de la langue française*, tome II (1906).

*S'il n'est pratiquement pas question du manifeste dans l'*Histoire de la littérature française *publiée par Bédier et Hazard, Pierre de Nolhac, dans l'article consacré à du Bellay, parle avec chaleur du poète :*

Qu'aurait pu donner encore ce poète, délivré des entraves de l'école, enrichi par une expérience exceptionnelle de la vie et par une forte observation morale? Quelle musique eût rendu ce luth si pur, exactement accordé sur une grande âme, désireuse et capable de s'exprimer? Cette question traverse la rêverie, quand on écoute en soi-même les échos d'un chant immortel.

> Pierre de Nolhac *in* Bédier et Hazard,
> *Histoire de la littérature française* (1923).

Quant à Joseph Vianey, c'est dans un esprit de sympathie qu'il lit la Défense :

La Défense et illustration a de grands défauts : mais ils contribuèrent probablement au succès. Très peu d'ordre : mais les idées directrices, sans cesse reprises, frappèrent davantage. Peu de précision dans les préceptes de détail : mais l'essentiel de la poétique nouvelle n'en apparaissait que plus clairement. Beaucoup d'intolérance : mais ce ne sont pas les modérés qui font les révolutions. Des qualités incontestables, la verve et l'esprit, devaient, d'ailleurs, produire une grande impression. Applaudi par une partie du public, attaqué par les marotiques, défendu par Ronsard et du Bellay, le manifeste eut un retentissement immense et une influence lointaine.

En même temps, il porte sur le poète un jugement nuancé et sensible :

De tous les poètes de la Pléiade, si ce ne fut pas le plus fécond, ni le plus novateur, ce fut le plus intelligent, le plus curieux, le plus indépendant, le moins asservi à ses théories, le plus disposé à se contredire quand l'expérience l'avait averti d'une erreur, le seul qui eût beaucoup d'esprit : pour tout dire en un mot, celui qui est le plus près de nous.

Joseph Vianey,
Chefs-d'œuvre poétiques du XVIe siècle (1932).

V. L. Saulnier parle avec une chaleur convaincante du poète auteur de la Défense :

Du Bellay a le sentiment de la langue française. Il n'est pas sans charme qu'un autre amoureux du langage, Remy de Gourmont, ait écrit de lui : « C'est aux grammairiens de génie comme du Bellay, que les hommes d'une race doivent d'avoir gardé un peu de sens de la beauté de leur langue. » Mais *la Défense*, Dieu merci, n'est pas un traité de stylistique ou de poétique. C'est un écrit polémique [...]. Surtout, remarquons-le, un manifeste : et le premier, dans notre langue, des manifestes modernes. Manifeste patriotique : c'est pour l'honneur de son pays que du Bellay combat. Si l'on veut, manifeste littéraire d'une équipe, dont toute la ferveur l'échauffait : mais surtout le manifeste personnel d'un homme, et le cri d'un tempérament. Dès lors, la forme compte plus que le fond : parce qu'une telle proclamation n'est efficace que par sa forme, et parce qu'elle seule révèle tout le génie de l'auteur. Qu'on relise, après Sébillet, *la Défense*, ne prenant garde qu'à l'ardeur passionnée du style, mise au service d'une grande cause : on ne sera plus tenté de dire que ce livre n'était pas le plus original des livres.

En même temps, il s'attache à montrer la richesse et la diversité des dons d'un du Bellay encore mal connu et trop vite catalogué :

Du Bellay fut à coup sûr l'un des mieux doués de nos poètes : mais il ne fut pas victime de ses dons, et c'est bien à tort qu'on le croit facile [...]. On ne connaît guère de poésie plus diversement séduisante, et c'est pourtant au-delà de son charme, dans sa teneur humaine, qu'est sa garantie de durée : autrement Joachim ne serait rien qu'un poète aimable. Sous la force de l'accent, une constante fragilité se devine, souvent inquiète et menacée; la puissance est celle d'une faiblesse qui se domine, oublieuse de sa peine, heureuse d'atteindre, avec le calme et le sourire que gagne le poème à s'élaborer, une forme de sérénité rassurante; mais donnant au vers une perspective, une dimension de plus que celle des surfaces.

V. L. Saulnier,
Du Bellay, l'homme et l'œuvre (1951).

En 1956, dans sa thèse, Henri Weber consacre de belles pages à l'auteur des Regrets. Etudiant d'autre part les théories poétiques du XVIᵉ siècle en fonction des circonstances propres à l'époque, il s'attache à en faire comprendre l'esprit, permettant ainsi une lecture plus « sympathique » et plus féconde de la Défense :

A travers les contradictions de l'époque, les poètes de la Pléiade ont saisi les contradictions entre lesquelles se débattent les poètes de tous les temps. Dans la reconnaissance simultanée de la valeur de l'inspiration et du principe de l'imitation se manifeste la double exigence d'une authenticité individuelle et d'un recours à la tradition littéraire. La valeur créatrice de l'émotion est ainsi jugée inséparable de l'effort d'assimilation du métier poétique. La tentative un peu maladroite pour concilier le principe de la vérité avec le principe de la fiction poétique traduit la double nécessité pour la poésie d'être fidèle à la réalité et d'exprimer cependant le rêve. Enfin dans la recherche d'un style à la fois orné et « signifiant », dans le double désir d'enrichir la langue par des constructions rares et de puiser à son fond le plus authentique, on peut retrouver d'une part la reconnaissance du principe de la surprise poétique, qui a été poussé à ses conséquences extrêmes par les surréalistes et, d'autre part, la nécessité du style naturel, qui sera la préoccupation essentielle des classiques de 1660.

Henri Weber,
la Création poétique au XVIᵉ siècle en France (1956).

Dans un autre ouvrage, après avoir ainsi présenté les Antiquités de Rome :

Ce qui domine le recueil, c'est à la fois la nostalgie d'une grandeur dont il ne reste que des monceaux de pierre et le sentiment d'un cycle naturel inévitable qui ruine toute grandeur, pour le ramener à l'humilité de ses origines. C'est pourquoi le cycle de la végétation et celui de l'eau fournissent au poète d'admirables images; le mythe des géants foudroyés pour avoir voulu escalader le ciel symbolise l'audace coupable de Rome; du Bellay exprime ainsi, peut-être inconsciemment, dans sa méditation historique son penchant à la désillusion.

Il dégage ce qui fait l'originalité de Du Bellay en son siècle :

Malgré la variété de ses tentatives, l'œuvre de Du Bellay, plus concentrée dans le temps, ne possède sans doute pas l'ampleur et la variété de celle de Ronsard. Mais peut-être aucun recueil de Ronsard ne présente-t-il autant d'intérêt, d'originalité que *les Regrets*. Paradoxalement, du Bellay, qui, mieux que Ronsard, nous livre le

plus intime de lui-même, est aussi un peintre de la réalité sociale
plus aigu et plus pénétrant, peut-être parce qu'il a davantage souffert.

Henri Weber,
Histoire littéraire de la France, tome Ier (1965).

*Et si désormais les éditions des Regrets et des Antiquités sont courantes,
on trouve aussi, témoignant de la faveur du poète auprès du public d'aujourd'hui, des extraits de l'œuvre publiés de plus en plus fréquemment
et précédés d'une introduction rapide, mais précise, comme celle
d'A. M. Schmidt :*

Il prend au piège de ses strophes tout ce qui peuple une création
dont il observe la décadence. Quant aux hommes, il note avec fidélité
et tristesse leurs particularités. Il maudit leur corruption, sans se
bercer de l'illusion qu'une satire, même véhémente, ait assez d'efficacité pour les induire à s'amender. D'ailleurs il lui arrive parfois
de flatter quelque douce fable. Paysan angevin, il s'oblige à trouver
dans les mœurs campagnardes sinon la continuation des bons procédés de l'Age d'or, du moins quelques reflets d'une intégrité perdue :
de là l'étrange allégresse de ses esquisses champêtres.

Au reste, lorsqu'il s'attarde sur les gradins du théâtre du monde,
il ne résiste ni à l'ennui, ni à la mélancolie.

Albert Marie Schmidt,
Poètes du XVIe siècle (1953).

*On trouve également, en tête de ces éditions, des études plus impor-
tantes, comme celle de Frédéric Boyer, dont voici les dernières lignes :*

N'oublions pas que du Bellay est mort à trente-sept ans [...] d'où
l'aspect quelque peu décharné de sa poésie [...]. Mais la maigreur
ombrageuse de Du Bellay fait de lui un homme, qui nous est plus
fraternel. Certes son époque est là pour nous interdire de le suivre
sur bien des chemins, pour nous empêcher, peut-être, de *comprendre*
certaines de ses idées, de ses attitudes. Mais son ombre nous reste,
où nous reconnaissons les contours de l'homme éternel : éternel
par sa souffrance et, parce qu'il fut poète, par la rémission de cette
souffrance, alors enclose dans la *musique* d'un destin.

Frédéric Boyer,
Joachim du Bellay (1958).

SUJETS DE DEVOIRS ET D'EXPOSÉS

NARRATIONS, LETTRES ET DIALOGUES

● Une tradition veut que ce soit dans une hôtellerie de la région de Poitiers que du Bellay, encore étudiant en droit, ait rencontré Ronsard, revenant de Gascogne. Les deux jeunes hommes sont à peu près du même âge. Ils sympathisent, se découvrent vaguement parents, tous deux connaissent Peletier du Mans. Ils s'aperçoivent qu'ils nourrissent la même passion pour la poésie, les mêmes idées sur ce qu'elle doit être. Vous raconterez cette rencontre de 1547.

● Un soir au collège de Coqueret en 1548. Sébillet vient de publier son *Art poétique* : du Bellay, Ronsard et quelques autres — le jeune Baïf âgé de seize ans, des élèves du collège de Boncourt comme Jodelle et Belleau — discutent et s'irritent de l'ouvrage. On projette une réponse : sur quels points répliquer, quelles idées lancer ? On s'exalte. On dessine l'ébauche de grandes œuvres. Peu à peu s'élabore le projet de *la Défense*. Du Bellay s'en charge. Vous imaginerez le dialogue.

● Après avoir relu le texte du poème « Contre les pétrarquistes », vous composerez une scène à la manière de celle du sonnet d'Oronte dans *le Misanthrope* de Molière (acte I, scène II), où vous imaginerez du Bellay en proie à l'importunité d'un poète de cour pétrarquiste. Vous pourrez introduire la présence d'un tiers, comme Ronsard par exemple. Bien entendu vous tiendrez compte du tempérament de Du Bellay et de l'époque.

● A Rome, du Bellay découvre ce qui reste des ruines de l'ancienne capitale du monde. Vous imaginerez qu'il fait part, le soir même, de ses impressions au cardinal du Bellay ou vous écrirez la lettre qu'il adresse à son ami Ronsard.

● Dès son arrivée à Rome, jour après jour, du Bellay est allé contempler les ruines. Une nuit, il en rêve. Vous raconterez ce songe. (A cette occasion vous pourrez, si vous le voulez, vous essayer à la composition d'un sonnet.)

EXPOSÉS ET DISSERTATIONS

● Dans quelle mesure les poèmes de *l'Olive* répondent-ils aux exigences formulées par du Bellay dans *la Défense* ?

● La théorie de l'*imitation* : quelle en est la fécondité ? Quels en sont les dangers ? Commentez l'application de cette théorie par du Bellay dans ses ouvrages (*la Défense*, *l'Olive*, *les Antiquités*).

● Dans la seconde Préface de *l'Olive*, en 1550, du Bellay répondant à ses détracteurs, en particulier à Sébillet, s'écrie : « Et puis-je me vanter d'avoir inventé ce que j'ai mot à mot traduit des autres? » Que veut-il dire? Comment ces paroles se vérifient-elles dans *l'Olive*, mais aussi dans ses autres recueils poétiques?

● Sur les influences subies par Apollinaire, Jean Cocteau écrit : « Apollinaire s'est inspiré parfois d'autres poètes, mais le filtre rend l'origine méconnaissable, sauf qu'il lui donne une manière d'écho lointain, cet air de ressemblance (sans ressemblance) d'une famille et d'une race. »

● Ne pourrait-on appliquer ces propos à l'*imitation* telle que la conçut et la pratiqua du Bellay?

● Le sentiment patriotique dans *la Défense* : comment se manifeste-t-il? En quoi consiste-t-il? Quelle en est l'importance?

● Le pétrarquisme de Du Bellay : la part de la tradition (valeur de cette tradition pour un poète du milieu du XVIe siècle, telle qu'elle apparaît dans *l'Olive*), la signification personnelle de cette inspiration chez le poète.

● Du Bellay pamphlétaire. Étudiez la qualité polémique de *la Défense* : procédés, thèmes, efficacité.

● La satire de Du Bellay, en particulier dans « Contre les pétrarquistes », « Hymne de la Surdité » et *le Poète courtisan* : ses procédés, son efficacité. Quels en sont les grands thèmes? Dans quelle mesure, en s'en prenant aux autres, du Bellay s'en prend-il aussi à lui-même? Cela ne rend-il pas compte, en partie, de la profondeur de cette satire?

● Fantaisie et érudition dans les *Divers Jeux rustiques*.

● Peut-on parler, dans les *Divers Jeux rustiques*, du sentiment de la nature — au sens moderne du terme, tel que l'implique le mot *rustique* dans le vocabulaire de Du Bellay?

● En quoi le recueil des *Antiquités* (sans négliger *le Songe*) est-il *situé* dans son époque? En quoi répond-il à la sensibilité moderne?

● L'évolution du sonnet de *l'Olive* aux *Antiquités* : vers, rimes, rythmes, harmonie, expressivité, structure.

● Par les principes énoncés dans *la Défense* et par son œuvre poétique (même si l'on ne tient pas compte des *Regrets*), du Bellay a souvent été présenté comme un précurseur des classiques. Dites ce qui justifie ce jugement. En quoi, cependant, peut-on le considérer parfois comme anticlassique?

INDEX DES TITRES ET *INCIPIT* DES POÈMES

[Les titres sont indiqués en lettres capitales.]

TABLE DES MATIÈRES

Imprimerie-Reliure Mame - 37000 Tours.
Dépôt légal Novembre 1971. — Nº 10905. — Nº de série Éditeur 12502.
IMPRIMÉ EN FRANCE *(Printed in France)*. — 870 016 D Janvier 1985.

les dictionnaires Larousse

sont constamment tenus à jour :

NOUVEAU PETIT LAROUSSE

Le seul dictionnaire encyclopédique mis à jour tous les ans, aussi bien dans la partie « vocabulaire » que dans la partie « lettres, arts, sciences ». L'auxiliaire indispensable de l'écolier, du lycéen et de l'étudiant, dans toutes les disciplines.
1 896 pages (15 × 21 cm), 5 535 illustrations et 215 cartes en noir, 56 pages en couleurs dont 26 hors-texte cartographiques, atlas.
Existe également en édition grand format (18 × 24 cm), mise en pages spéciale, illustré en couleurs à chaque page : **NOUVEAU PETIT LAROUSSE EN COULEURS.**

LAROUSSE CLASSIQUE

Le dictionnaire du baccalauréat, de la 6e à l'examen : sens moderne et classique des mots, tableaux de révision, cartes historiques, etc.
1 290 pages (14 × 20 cm), 53 tableaux historiques, 153 planches en noir, 48 h.-t. et 64 cartes en noir et en couleurs.

NOUVEAU LAROUSSE UNIVERSEL
en deux volumes

A la fois dictionnaire du langage (mots nouveaux, prononciation, étymologie, niveaux de langue, remarques grammaticales, tableaux de conjugaison,...) et encyclopédie alphabétique complète et à jour. 1 800 pages (23 × 30 cm), 5 000 photographies, dessins et cartes, 198 pages de hors-texte en couleurs.

LAROUSSE 3 VOLUMES EN COULEURS

retenu parmi les « 50 meilleurs livres de l'année ».
Le premier grand dictionnaire encyclopédique illustré en 4 couleurs à chaque page, qui fera date par la nouveauté de sa conception. Reliure verte ou rouge au choix (23 × 30 cm), 3 300 pages, 400 tableaux, 400 cartes.

en dix volumes + un supplément (21 × 27 cm)
GRAND LAROUSSE ENCYCLOPÉDIQUE

Dans l'ordre alphabétique, toute la langue française, toutes les connaissances humaines. 11 264 pages, 450 000 acceptions, 34 524 illustrations et cartes en noir, 346 hors-texte en couleurs.

un dictionnaire révolutionnaire
pour l'étude de la langue française

DICTIONNAIRE DU FRANÇAIS
CONTEMPORAIN LAROUSSE

par Jean Dubois, René Lagane, Georges Niobey, Didier Casalis, Jacqueline Casalis, Henri Meschonnic.

Réalisé par des universitaires et utilisant les méthodes les plus récentes de la linguistique, ce dictionnaire de langue diffère totalement des ouvrages traditionnels.

Aux élèves de l'Enseignement secondaire, à tous ceux qui, Français et étrangers, enseignent ou étudient le français, comme à tous ceux qui veulent trouver une expression exacte, le « Dictionnaire du français contemporain » donnera les moyens d'exprimer leur pensée d'une manière précise et sûre au niveau de langue et de style qu'ils recherchent.

en un seul volume :

un dictionnaire de la langue écrite et parlée usuelle ;

un dictionnaire qui facilite l'acquisition des moyens d'expression par les regroupements et les dégroupements de mots ;

un dictionnaire qui classe les significations d'un mot d'après les constructions grammaticales ;

un dictionnaire de phrases où tous les emplois des termes de la langue sont donnés avec les nuances qui les distinguent ;

un dictionnaire des synonymes et des contraires, avec leurs différences de sens et d'emploi ;

un dictionnaire des niveaux de langue (familier, populaire, argotique, langue soignée, littéraire,...) ;

un dictionnaire de prononciation utilisant l'alphabet phonétique international ;

un dictionnaire de grammaire par les nombreux tableaux qu'il contient.

1 volume relié pleine toile (18 × 24 cm), sous jaquette en couleurs, 1 252 pages, plus de 25 000 articles, 90 tableaux linguistiques.